MOEWIG
DOKUMENTATION

W0034335

Zum Buch

Dieses Buch schildert die Untergrundaktivitäten europäischer Partisanenorganisationen. Entgegen der gängigen Meinung führender Militärs, daß „mit den Partisanen jeder gute Soldat fertig werde", nahmen sie eine, wenn nicht kriegsentscheidende, so doch nicht selten schlachtentscheidende Funktion wahr.

Der Autor veranschaulicht gesondert die ideologische Basis der Partisanentätigkeit im allgemeinen und behandelt ausführlich die verschiedenen politischen Tendenzen der Partisanenbewegungen einzelner Nationen, ihre Organisation, Verknüpfungen und Machtkämpfe untereinander und ihre Beziehungen zu den Streitkräften.

Besonders umfassend wird ihre direkte Auswirkung auf das Kriegsgeschehen, werden Strategien, Erfolge, Niederlagen, Operationen und Gegenoperationen dargestellt; dies ermöglicht dem Leser, sich von der Tätigkeit der Untergrundorganisationen ein realistisches, unverzerrtes Bild zu machen.

L. V. Richard

Partisanen

Kämpfer
hinter den Fronten

MOEWIG

MOEWIG Band Nr. 4358
Verlag Arthur Moewig GmbH, Rastatt
Lektorat: Anne Kaiser

Inhaltsverzeichnis

Einführung

Im Zweiten Weltkrieg brach erstmals und überraschend eine neue taktische Variante der Kriegführung, ein Movens des Widerstandes, in die konventionelle Denkschablone der deutschen Militärs ein und begann das Frontgeschehen maßgeblich und immer nachhaltiger zu beeinflussen: der Partisanenkampf.

General und Grenadier standen dieser Heimtücke aus dem Hinterhalt, jener verschlagenen Aktionsweise des militanten Zivilisten anfangs gleichermaßen mißtrauisch und ziemlich hilflos gegenüber, denn der deutsche „Angriffs"-Soldat war schließlich kaum auf Waldgefechte und schon gar nicht für den Heckenschützenkrieg gedrillt worden. Und diese Textlücken im Programm der Heeresdienstvorschrift wurden nun für Führung und Mann zum Verhängnis und mußten notgedrungen mit blutiger Feder nachgetragen werden.

Zwar hatte der deutsche Angriffsschwung in Rußland die gegnerische Front schnell zerschlagen und ihre Trümmer weit ins Hinterland gedrängt, so daß die schon in der Vorkriegszeit erarbeiteten subversiven Abwehrpläne und die in den Volkswehreinheiten erprobten Verteidigungsmanöver nicht mehr realisiert werden konnten, doch mitten im Chaos des sowjetischen Rückzugs, der Industrieverlagerungen und Evakuierungen entstanden die ersten Inseln des militanten Widerstandes, formierten sich die Partisanenzellen. Selbst aus der bitteren Niederlage erwuchs den Russen in jenen Sommertagen einundvierzig neues Grün: Tausende versprengter Rotarmisten aus den gewaltigen Kesselschlachten von Kiew, Wjasma-Brjansk und andernorts bildeten den Grundstock für die Bildung eines wirksamen Partisanenwesens, das sich nun proportional zum Vordringen der deutschen Invasoren zu entwickeln begann; je länger die Nachschubwege auf Schiene und Straße wurden, desto intensiver und umfangreicher gestaltete sich die Partisanentätigkeit. Die für den Schutz der Etappe bereitgestellten Sicherungskräfte reichten bald längst nicht mehr aus, um die über riesige Entfernungen, durch Steppengebiete und Beinahe-Urwälder führenden Versorgungslinien der Deutschen sowie Depots, Kommandanturen und Rückwärtigen Dienste vor Anschlägen zu bewahren. Oft genug und in zunehmendem Maße mußten Fronttruppen zum Partisaneneinsatz herangezogen werden, wodurch wiederum die Kampfkraft der Front geschwächt wurde. Auch die Verwendung landeseigener Verbände wie Kosaken und Ukrainer oder verbündeter Einheiten, etwa der Slowaken und Ungarn, erzielte — obwohl sie sich auf die „Partisanenjagd" spezialisierten — eher psychologische als militärische Erfolge. Weiterhin flogen Gleise und Züge in die Luft, und der meuchlerische Schuß aus dem Gebüsch, die Mine auf der holprigen Piste des Waldtunnels sowie die Handgranate aus der Panjehütte genügten auch fortan meist, um der Kradmelder und Troßfahrer habhaft zu werden, die dann (sofern ihnen nicht die „Gnade" des schnellen Todes zuteil wurde) bewußt und gezielt bestialisch umgebracht wurden. Schließlich gehörten die Folter und die Greueltaten zur psychologischen Kriegführung der Partisanen; sollten sie doch den Gegner einschüchtern und zu Strafmaßnahmen provozieren, die wiederum den Partisanen Zulauf verschafften: ein teuflischer Kreislauf! Zumal in Rußland erfuhr der zwangsläufig entstehende Haß auf die deutschen Eindringlinge noch eine weitere Vertiefung durch die Gegensätze von Sowjetdogmatismus und Nazi-Ideologie sowie zwischen „Herren"- und „Untermenschen"-Status.

Das Partisanentum, das in den Hitzetagen des Sommers einundvierzig aus recht dürftigen Anfängen zu sprossen begann, gewann nun zusehends an Form, Umfang und Festigkeit. Stalins Appell vom 3. Juli und der nachfolgende ZK-Aufruf zwei Wochen später zur Bildung von Partisanenorganisationen im Rücken des Feindes fanden in der Bevölkerung ein breites Echo und weckten patriotische Gefühle, denen die inzwischen anlaufenden Zwangsdeportationen junger Russen zur Arbeitsverpflichtung ins Reich noch zusätzliche Schützenhilfe brachten.

Die russischen Partisanen operierten erstmals wirksam in der „Rasputitza" des turbulenten Herbstes 1941, als Mann, Roß und Wagen buchstäblich im Morast versanken. Erstmalig auch widerfuhr einer hochgerüsteten Armee, daß simpler Schlamm jede Technik lahmzulegen vermag und das Panje-Pferdchen jeden Panzer aufwiegt.

Vor Moskau gerieten dann die Deutschen zwischen Hammer und Amboß: vorn die Rote Armee — hinten die Partisanen. Und bereits in der sowjetischen Offensive vom 5./6.12.1941 koordinierten die Partisanen ihre Aktionen mit denen der Fronttruppen, avancierten sie zum kalkulierbaren Posten in künftigen Operationsplanungen. Nicht von ungefähr etablierte sich dann am 30.5.1942 beim sowjetischen Oberkommando ein „Zentralstab der Partisanenbewegung", den der bewährte General Ponomarenko führte und der fortan die Partisanen-Aktivitäten mit den Absichten der STAWKA (sowjetisches Hauptquartier) koordinierte.

Vor und während der Sommeroffensive 1944 bereiteten die Partisanenverbände — inzwischen zu kampfstarken, ideologisch ausgerichteten und durch Politoffiziere und Waffenexperten ergänzte Einheiten — besonders in Weißrußland durch Schienensprengungen und Anschläge anderer Art der Roten Armee den Weg nach Westen ...

In *Jugoslawien* gelang es der kommunistisch indoktrinierten Partisanenbewegung unter Marschall Tito, sich aus kleinsten Anfängen heraus sowohl gegen ethnische und religiöse Widersacher als auch gegen die weit überlegenen deutschen und die italienischen Okkupanten zu behaupten, auf einem langen und opfervollen Weg in einer regulären Armee aufzugehen und sogar im neu gegründeten Staat die Macht zu übernehmen.

Während in den übrigen ost- und südosteuropäischen Staaten die Partisanentätigkeit (oft aus opportunistischen Gründen) erst relativ spät, nämlich mit dem Näherrücken der Front, einsetzte und zudem (z.B. beim Aufstand in Warschau und in der Slowakei) erfolglos blieb, machte im Westen besonders die Résistance in *Frankreich* von sich reden.

Hier begünstigten zwei Umstände die Freischärler: der von den Deutschen nicht besetzte Landesteil und die geländemäßigen Vorteile der Provence: Wald und Gebirge. Dadurch ergab sich auch automatisch ein Operationsschwerpunkt der sogenannten Maquisards, die besonders im Vercors und in Hochsavoyen operierten, obwohl auch in der Bretagne und sogar in Paris Widerstandskräfte arbeiteten.

Zusammenfassend ist festzustellen, daß die Partisanen in allen von den Achsenmächten in Europa besetzten Ländern mehr oder minder erfolgreich waren, jedoch – und darin stimmen alle Militärs überein – auf keinem Kriegsschauplatz schlachtentscheidend zu wirken vermochten, obwohl sie als Wegbereiter und Helfer der regulären Truppe zweifellos in einem kaum meßbaren Umfang am Endsieg beteiligt sind.

Das Partisanenwesen

„Partisan" – seine Definition

Schon den Marschällen Napoleons I., die 1808 im Spanienfeldzug erstmals dem Freischärler (spanisch: „guerilla") begegneten, war dieser militante Zivilist ebenso ein Rätsel wie Hitlers Generalen im Rußlandkrieg. Jenen illegalen Täter, den anarchischen Einzelkämpfer, konnte man allenfalls als eine Mischung aus Bandit und Spion definieren. Hinzu kam, daß die Grenzen der mehr oder minder versteckten und aus dem Dunkel der Wälder oder Straßenschluchten heraus geführten Attacken zu den Aktivitäten der Geheimdienste, Saboteure und Kommandotrupps fließend waren. Der Ausdruck „Partisan" bedeutet z.B. im russischen Sprachgebrauch „Anhänger", „Parteigänger" und war schon bei der Invasion Napoleons in Rußland 1812 sowie im russischen Bürgerkrieg 1918 bis 1922 geläufig.

Die Stabsoffiziere aller Armeen vertraten stets die Ansicht, der Partisanenkrieg sei für große militärische Operationen nie sonderlich bedeutsam gewesen, denn „mit den Guerillas werde doch jeder gute Soldat fertig." Diese Einstellung aber zeigte deutlich die Einfallslosigkeit traditioneller Militärs, die nicht die (aus der Politik stammende) Eigengesetzlichkeit des Partisanenkrieges erkannten. Und da sich der revolutionäre Kampf nicht in die Schemata der Heeresdienstvorschriften einfügen läßt, standen (und stehen) die Militärs dem Phänomen des Partisanentums meist hilflos gegenüber.

Besonders im Rußland- und Balkanfeldzug mußten die Troupiers ihre vorgefaßte Meinung von der „Harmlosigkeit" des getarnten Guerillas in Zivil mit Maschinenpistole und Molotow-Cocktail*) grundlegend revidieren. Nahmen doch die Anschläge auf Truppen- und Nachschubtransporte, gegen uniformierte Einzelpersonen und Gruppen im Kriegsverlauf sukzessiv erschreckende Ausmaße an, die, weil für das Frontgeschehen nachteilig, radikaler Abstellung bedurften: Abschreckungsstrategien sollten die virulente Bedrohung eindämmen helfen, Strafexpeditionen mit inquisitorischer Note das Territorium des Partisanen mit totaler Zerstörung heimsuchen. Doch die Ergebnisse blieben meist weit hinter den Erwartungen zurück. Denn das revolutionäre Element, der jeder Ideologie innewohnende Absolutheitsanspruch lieferte besonders dem marxistisch-leninistisch ausgerichteten russischen Partisan stets neue Antriebskräfte für sein subversives Handeln. Schließlich war der deutsch-russische Krieg ja nicht nur eine „reguläre militärische Fehde", vielmehr ein ideologischer Machtkampf zwischen Bolschewismus und Nationalsozialismus.

Hitlers vom faschistischen Dogma getragener „Ostlandritt" verfolgte zweifellos imperialistische Absichten. Doch bei der Konfrontation mit dem Bolschewismus entartete er dann zwangsläufig schnell zur weltanschaulichen Auseinandersetzung, zum Existenzkampf zwischen Gog und Magog. Hierbei blieb es völlig unerheblich, daß beide Ideologien Berührungspunkte zeigten, in Organisationsmustern und Durchsetzungsprozeduren weitgehend übereinstimmten, aber in der Zielgebung diametral auseinanderliefen: Hier ein national-chauvinistischer Machtanspruch der „Herrenrasse" und des „Ariertums" — dort die etablierte Herrschaft des Mar-

---

*) Mit Benzin gefüllte Flaschen zum Inbrandsetzen von Fahrzeugen oder Panzermotoren.

xismus-Leninismus mit dem Auftrag, ihn weltweit zu exportieren. Und für beide Diktaturen brachte dieser Krieg eine direkt schicksalhafte, unwiederbringliche Gelegenheit, ihre papierenen Vorstellungen zu realisieren.

Ein Akteur in diesem geschichtlichen Prozeß war offensichtlich auch der Partisan mit seinem Impuls der Auflehnung gegen die Ordnungsmächte jedes Herrschaftssystems, das sich äußerlich und provokant stets durch Fahnen, Embleme und Uniformen präsentiert, als Usurpatorenwillkür jedoch die Einzelperson und Gruppe üblicherweise schikanös und erniedrigend zu treffen vermag. Der Unterdrücker pflegt sich in der Regel vielfältig und machtheischend darzustellen: in Armeen, Statthaltern und Ordnungsfaktoren mannigfacher Art. Die Unterworfenen wiederum scheiden sich in Widersetzliche und Kollaborateure. Aus dem erzwungenen Respekt vor der feindlichen Uniform erwächst leicht das Unbehagen, entwickelt sich aktiver Widerstand, wobei sicher das subjektive Erlebnis der Erniedrigung den Weg zur militanten Mündigkeit zu weisen vermag. Letztlich aber interessiert nicht die persönliche Gesinnung des einzelnen, sondern das Faktum der Usurpation und ihre Abwehr: Die Person muß dem Kollektiv untergeordnet und in Funktion gesetzt werden, so daß sogar der Zusammenschluß politisch divergierender Gruppen und deren Ausrichtung auf das gemeinsame Ziel – nämlich die Vernichtung des Usurpators – möglich wird, wie es z.B. unter den jugoslawischen Partisanen praktiziert wurde. Jeder konspirative Kampf ist nur dann erfolgversprechend, wenn ideologische Polaritäten zum Wohle der gemeinsamen Sache ausgeräumt werden können; nur solidarisches Tun kann sich mit aufbrechender Zentrifugalkraft auf den Usurpator entladen. Selbst restaurative Cliquen sind diesem Erfolgszwang ausgeliefert, auch wenn – wie so oft geschehen – in den Widerstandsgruppen das verhaßte kommunistische Element domierend wurde. Jeder Widerstand hat nun einmal eine revolutionäre Komponente, und im Zweiten Weltkrieg war das Engagement der Kommunistischen Internationale in den Untergrundbewegungen ein prägender Faktor: Die Marxschen Opiate waren Initialzündung zur subversiven Tätigkeit und angsttötendes Narkotikum für den subjektiven personalen Widerstand zugleich.

Der Partisan wurde (und wird) zu einer faszinierenden Figur, zur neuen Instanz in den Machtkämpfen unseres Jahrhunderts, zum einzigen autonomen Träger des Untergrundkampfes gegen den äußeren und inneren Usurpator. Er rangiert, an der Effizienz seiner im Zweiten Weltkrieg ausgeübten Aktivitäten gemessen, gewiß über den anderen Gestalten des illegalen Kampfes, den Revolutionären und Agenten.

Dem Partisanenkrieg kamen nur einige Spezialeinsätze der westlichen Geheimdienste nahe: Der britische Brigadier Fitzroy McLean unterstützte mit seiner Mission die Tito-Partisanen; US-Trupps halfen den französischen Maquisards; eine chinesisch-amerikanische Organisation („Saco") führte antijapanische Guerillas im Pazifik-Krieg an. Doch auch diese Spezialeinheiten koordinierten ihre Aktionen mit den Operationen ihrer nationalen Armeen, was dem Grundprinzip des Partisanenwesens, nämlich einer gewissen Eigendynamik und Freizügigkeit, entgegensteht. Denn: Der „echte" Partisanenkrieg folgt anderen Gesetzen, indem er die Feindseligkeit der Volksmassen in militante Aktionen umsetzt, den Haß der Unterdrückten als Schubkraft zum Handeln gegen ein Terrorregime benutzt, der Volkswut als Ventil ein Gewehr anbietet.

So unterscheidet sich denn der Partisanenführer auch radikal vom militärischen Führer. Der amerikanische Publizist William H. Hessler bezeichnet den Guerilla-Chef treffend als einen Politiker, der sich „zufällig statt des Wahlzettels der Kugeln bedient: ‚bullets instead of ballots'".

In seiner Grundeinstellung ist der Partisan eigentlich kein bloßer Aktivist einer Ideologie, wenn er auch eine fundamentale politische Orientierung besitzt; ihm geht es mehr um die militante Revision bestehender Unrechtsverhältnisse. Deshalb handelt er auch unmittelbar aus seinem Gewissen heraus, während der Revolutionär z.B. seinen Tätigkeitsimpuls im sozialen Solidaritätsbewußtsein findet.

Schroers[1] schreibt hierzu: „... hat der Begriff vom Zweiten Weltkrieg her eine speziellere Färbung. Er galt für den Widerstandskämpfer, für die Résistance, für die Behauptung gegen den Fremdherrn. Erst in dieser Fassung des Begriffs bekommt der Partisan tiefere geschichtliche Kontur. Er bezeichnet dann nicht nur funktional eine bestimmte — ungesetzliche — Kampfweise, sondern er meint kämpferische Selbstbehauptung.

Auch diese Begriffsbestimmung wird fraglich, sobald man sie auf die konkrete Erscheinung anwendet. Ist der Widerstand gegen eine etablierte Diktatur, gegen einen Usurpator, partisanisch? Oder gilt der Begriff nur für den Kampf gegen den fremden Herrn? Ist Widerstand, der sich so häufig mit revolutionärer Ideologie verbindet, eine ursächlichere oder andere Kategorie als die der Revolution? Besteht ein Unterschied zwischen dem Partisan und dem Revolutionär, die ja beide illegale Kämpfer und als solche nicht zu unterscheiden und doch zugleich etwas anderes als ein zum Partisanenkampf ausgebildeter Truppenteil sind?

Mit dem Begriff vom Widerstand wird ein Legitimitätsanspruch deklariert, dem offenbar keine partisanische Grausamkeit Abbruch tut. Ein Fingerzeig für die genauere Erfassung der schillernden Gestalt scheint darin zu liegen, daß der Begriff des Partisanen usurpiert wird, offenbar um von dieser ihm zugesprochenen Legi-

---

1) Rolf Schroers: Der Partisan, Seite 18 ff.

timität zu profitieren. Die usurpatorische Begriffsübertragung müßte dann als negatives Mittel dienen können, Genaueres über die Gestalt auszumachen. Auch ließe sie Rückschlüsse auf die geschichtliche Rolle des Partisanen in unserer Zeit zu.

Für den Gang einer Untersuchung des Partisanen wird es gegenüber solchen Zweifelhaftigkeiten nützlich sein, den Begriff enger zu fassen, ihn auf seine eigenste Substanz hin zu ergründen und selbst auf die Gefahr einer idealen Übertreibung hin zu verdichten. Es könnte sich zeigen, daß die funktionale Auflösung der Figur zu einem allgemeinen illegalen Kämpfer auch die Bedrohlichkeit des eigentlichen Partisanen selber meint und trifft. So daß, wer von der geläufigen Verallgemeinerung des Begriffs ausgeht, die Figur statt zu erfassen nihilisiert.

Der Partisan verbreitet nicht nur Grauen, sondern ist wirklich gefährlich. Sein Ungehorsam schreitet zur Tat, die, indem sie gegen die herrschende Ordnung gerichtet ist, alle Ordnung aufhebt. Er behauptet eine unterdrückte Legitimität. Terrorisiert, antwortet er mit Terror. Selber ungerecht, kämpft er gegen den ungerechten Feind seinen absoluten Kampf und wird absolut bekämpft. Illegal streitet er für sein Recht gegen den Usurpator. So macht er die herrschende Ordnung als usurpatorische kenntlich.

Die bestrittene Herrschaft bekämpft den Widerstand als verbrecherisch. Sie ist nicht nur für die Aufrechterhaltung der Ordnung verantwortlich, sondern sie verteidigt ihr Recht, diese Verantwortung zu tragen. Denn der Partisan bekämpft nicht die Ordnung als solche, sondern die aus dem usurpatorischen Anspruch abgeleitete Ordnung. Er bricht nicht ein Gesetz, sondern er will an die Macht..."

Die augenfälligste Form der Unterdrückung ist wohl die Fremdherrschaft. Der Okkupant demonstriert durch die Eroberung „seinen" Rechtsanspruch und verfügt „seine" Ordnung, die für alle Bewohner des betreffenden Landes verbindlich wird. Hoheitsrechte genießt jeweils nur, wer ein Territorium beherrscht. Darauf basiert ja auch jede Militärgerichtsbarkeit in besetzten Gebieten; sie schafft „Befriedung". Doch gerade hier liegt das auslösende Moment für partisanische Initiativen. Der besiegte, in die Illegalität getriebene Mensch wird zum Partisan, ficht gegen Besatzerrecht, Besatzerwillkür; der Invasor wiederum erklärt ihn als „Friedensgefährder" für vogelfrei — und damit beginnt sich die Gewalt- und Gegengewaltspirale unaufhörlich zu drehen.

Besonders in dem von der marxistischen Ideologie getragenen Kampf der russischen und jugoslawischen (Tito-)Partisanen prallte diese weltanschauliche Komponente vehement auf das faschistische Gedankengut deutscher SS- und SD-Verbände, woraus die von beiden Seiten verübten Scheußlichkeiten an Gefangenen und Sympathisanten resultieren.

Der beleidigte und erniedrigte Einzelkämpfer, den es in die Illegalität trieb, findet meist leicht Gleichgesinnte, mit denen er sich zur Kampfgemeinschaft bindet. Dennoch bleibt der Impuls, die Motivation zur Solidar-Tat stets ein reiner Persönlichkeitsbezug.

Vom Revolutionär unterscheidet sich der Partisan allein schon durch die Zielvorgabe. Während der Revoluzzer seine Pläne (meist für eine vermeintlich „bessere Welt") in die Zukunft projiziert, verfolgt der Partisan weiter nichts als die Behauptung bzw. Wiedergewinnung seines Rechts, das ihm der Usurpator zu entziehen droht oder schon genommen hat. Mit dem Agenten hat er wenig gemein. Denn: Agenten sind lediglich die illegalen Emissäre ihrer Auftraggeber; sie agieren für fremde Macht gegen die jeweils herrschende Gewalt.

Wie dem auch sei; die Aktivitäten von Partisanen, Revolutionären und Agenten sind oft divergierend und kongruent zugleich, dieweil es partisanisch operierende Revolutionäre, revolutionär indoktrinierte Partisanen und revolutionär-partisanisch auftretende Agenten gab und geben wird. Als Außenseiter sei hier noch der Putschist angeführt, der „das Klima der Illegalität temporär und aus purer Aufsässigkeit" liebt und für seine Zwecke zu nutzen sucht. Er ist (so Schroers) „der Landstreicher, der Clochard des Untergrunds".

Motive und Ursprünge

Die Gründe für den Eintritt in eine Partisanenbewegung sind — wie bereits an anderer Stelle ausgeführt — vielfältiger Art. Die Zusammensetzung der subversiven Einheiten läßt gute Rückschlüsse auf die Beweggründe des Individuums zum militanten aktiven Widerstand zu, wie auch die Tätigkeit als Kollaborateur unterschiedlichen, aber letztlich subjektiven Ursprungs ist. Mag nun der Intellektuelle, wenn auch seinem Wesen nach keine Kämpfernatur, vielleicht aus verletztem Nationalstolz heraus zur Waffe greifen, so können für einen Fabrikarbeiter politische Motive den Antrieb zum konkreten Widerstand liefern, Bauern dagegen schon ein Religionsverbot zur Auflehnung genügen. Allen diesen Charakteren gemeinsam aber scheint Unterdrückung, Besatzergehabe, persönliche Erniedrigung und nicht zuletzt physische Angst als der gemeingültige Anlaß und Vorwand zur Mitgliedschaft in einer Widerstandsorganisation primär gültig zu sein. Und für die versprengten Rotarmisten aus den Kesselschlachten war es die simple Alternativfrage: Gefangenschaft mit allen sich daraus ergebenden unauslotbaren Folgen — oder Zuflucht bei den Partisanen?

Die deutschen Invasoren jedenfalls „züchteten" durch ihre Ungeschicklichkeit und Überheblichkeit förmlich das Partisanenwesen: Hitlers Absicht, „Lebensraum im Osten" zu gewinnen, war mit der Landausbeutung gekoppelt und provozierte erwartungsgemäß den Abwehrwillen der Bevölkerung. Hinzu kamen selbstherrliches Gehabe der Okkupanten und der distanzwahrende Umgang zwischen germanischem „Herren-" und slawischem „Untermenschen".

Die Wehrmacht zumal, mit ihren militärischen Operationen vollauf beschäftigt und weitgehend vom Nachschubfluß abhängig, hatte fürwahr allen Grund, das Hinterland ruhig zu halten, der Zivilbevölkerung, die oft im Kampfgebiet verblieb, keinen Vorwand für Auflehnung zu liefern. Doch im Schatten der Fronttruppe wurden − trotz Kompetenzgerangels und Konkurrenzwirrwarrs unter- und gegeneinander − verschiedene faschistisch indoktrinierte Kräftegruppen aktiv:

▷ Fritz Sauckel, Generalbevollmächtigter für den Arbeitseinsatz

▷ Joseph Goebbels, Reichspropagandaminister

▷ Joachim von Ribbentrop, Reichsaußenminister, der ein Rußlandkomitee des Auswärtigen Amtes einrichtete

▷ Hermann Göring, Reichsmarschall und Beauftragter des Vierjahresplans

▷ Martin Bormann, Reichsleiter der Partei

▷ Heinrich Himmler, Chef der Deutschen Polizei und Reichsführer der SS, dessen vier „Einsatzgruppen" nicht nur Partisanen, sondern auch Juden, Zigeuner und andere „mißliebige" ethnische Gruppen liquidierten.

Die o.a. Ressortleiter und ihre Institutionen ließen allein aus Rußland fast vier Millionen Menschen, meist Ukrainer, als Fremdarbeiter nach Deutschland zwangsdeportieren. Besonders Sauckel schaltete selbstherrlich in den Reichskommissariaten.

Alfred Rosenberg, Nazi-Chefideologe − von Hitler ignoriert, von Göring verachtet, von Goebbels und Ribbentrop der Konzeptionslosigkeit geziehen −, betrachtete den Ostkrieg als „Germanenzug" und „Landnahme" zur Realisierung seiner völkischen Rassentheorien. Schon im Mai 1941 gab sein „Ostministerium" Richtlinien für die künftige Verwaltung dieser Gebiete heraus. Die Leiter des „Rassen- und Siedlungshauptamtes" (Otto Hofmann) und des „Reichskommissariats für die Festigung des Deutschtums" (Konrad Meyer-Hetring) entwarfen schon vorsorglich einen „Generalplan Ost", der innerhalb weniger Dezennien die „klare Eindeutschung" sowie „lückenlose Integration" russischer Gebiete vorsah. Diese Politik schaffte böses Blut. Denn als SS-Obergruppenführer (General) Otto Hofmann mit Umsiedlungsaktionen begann, indem er Volksdeutsche aus Rumänien und Jugoslawien auf russische Höfe setzte, gingen die so Vertriebenen unter die Partisanen.

Am 16. Juli 1941 gab Hitler seine Absicht bekannt, von der Krim alle „Fremdvölker" zu evakuieren und dort, im „Gibraltar am Schwarzen Meer", die Südtiroler anzusiedeln. Robert Ley, Führer der Deutschen Arbeitsfront und der „Kraft-durch-Freude"-Bewegung, wollte die Halbinsel zu einem potentiellen Erholungsgebiet für regenerationsbedürftige Volksgenossen herrichten.

Rosenberg allerding hatte ganz andere Ambitionen. Nachdem er entdeckt haben wollte, daß im 16. Jahrhundert auf der Krim die letzten Goten gelebt hätten, schlug er im Dezember 1941 Hitler vor, die Peninsula in „Gotenland", die Städte Sinferopol und Sewastopol in „Gotenberg" bzw. „Theoderichhafen" umzutaufen. Doch daraus wurde dann nichts, zumal die Krimtataren mit den Deutschen kollaborierten. Auch lehnten Hitler, Göring, Himmler und Koch (Reichskommissar für die Ukraine) Rosenbergs „liberale" Lösungen rundweg ab; für sie waren alle Ostvölker nur ein Sammelsurium von „Untermenschen". Hitler drückte das in seiner Posener Rede vom 4.10.1943 auch deutlich aus: „Ob bei dem Bau eines Panzergrabens 10 000 russische Weiber an Entkräftung umfallen oder nicht, interessiert mich nur insoweit, als der Panzergraben für Deutschland fertig wird." Und genauso dachten seine Statthalter.

Wurde die Wehrmacht beim Einmarsch von der Bevölkerung als Befreierin vom Bolschewismus begrüßt, so war von der Begeisterung bald nichts mehr zu spüren, nachdem die ukrainischen Patrioten und Nationalistenführer Melnik, Jaroslaw Stesko und Stefan Bandera ins Konzentrationslager gesteckt, Gebietsteile abgetrennt (Galizien und die Westukraine wurden ins Generalgouvernement Polen integriert) und kirchenfeindliche Maßnahmen durchgeführt wurden.

Besonders der Gauleiter von Ostpreußen und Reichskommissar für die Ukraine, Erich Koch, verschaffte den Partisanen viele Zugänge, als er die Kolchose nicht auflöste, den Bauern somit die erhoffte Landrückgabe verweigerte und sie zur Fronarbeit verpflichtete. Den Sowjetführern allerdings paßte Kochs Diktatur gut ins Konzept.

Kommissar Wilhelm Kube (er saß selbst einmal im KZ) regierte dagegen in Weißrußland mit lockerem Zügel, was die Sowjetführung maßlos verärgerte. Doch auch seine Tage waren gezählt, als er in Minsk aus deutschfreundlich gesinnten Russen einen „Vertrauensrat" bildete. Die Partisanen reagierten darauf mit Terror und brachten Tausende Belorussen um; auch Landwirtschaftsführer, Ortskommandanten, SD-Leute u.a. wurden ermordet. Am 22.9.1943 starb auch Kube: Ein Dienstmädchen hatte ihm eine Mine unters Bett gelegt.

Besonders zwei Umstände trieben die russischen Menschen in den Untergrund: Judenmorde und Deportationen.

Werth[1] schreibt: „Göring soll gesagt haben, das beste sei, alle Männer über fünfzehn in der Ukraine zu töten und dann die SS-Hengste hinzuschicken."

Der sowjetische Historiker Telpuchowskij weist ebenfalls darauf hin, „daß die deutsche Politik in den besetzten Gebieten der Partisanenbewegung enormen Auftrieb gab. Das Terrorregime in den Städten, die Massendeportationen junger Leute nach Deutschland, die bereits im März 1942 begannen, hatten die Zivilbevölkerung zutiefst empört."

Auch auf dem Balkan löste die deutsche Politik Ärger und Haß aus, sorgte für Partisanennachschub. Hitler hatte in Griechenland keine besonderen Ziele und überließ deshalb nach Abschluß des Balkanfeldzugs – bis auf wenige Reservate – das Besatzungsrecht dem Duce, der sich nun als Beherrscher der Ägäis fühlte.

Jugoslawien jedoch traf ein hartes Los. Die Außenminister von Deutschland und Italien – Ribbentrop und Ciano – erklärten das jugoslawische Staatsgebilde kurzerhand für aufgelöst, denn Hitler hatte folgende Regelung getroffen:

Nordslowenien (Untersteiermark und Teile von Krain) kamen zum Deutschen Reich. Restslowenien (einschließlich Laibach), der dalmatinische Küstenbereich, die Bucht von Cattaro und alle westgriechischen Inseln fielen an Italien. Der Drau-Winkel und die halbe Batschka erhielt Ungarn. Westmazedonien und griechisch Thrazien wurden von den Bulgaren übernommen. Montenegro wurde unabhängig. Serbien erhielt innerhalb seiner Grenzen von 1912 unter General Milan Georg Nedić eine Selbstverwaltung.

Kroatien (seit dem Mittelalter nicht mehr existent) wurde neu geschaffen. Dabei sollte der Sonderbeauftragte des Auswärtigen Amtes Edmund Veesenmayer kräftig mithelfen. Aber sein Protegé, der populäre Bauernführer Vladimir Maček, hinter dem die stärkste Partei des Landes stand, kam dennoch gegen die kleine, radikal-faschistische Gruppe der „Ustascha" nicht an, die Ante Pavelić anführte. Im Namen dieses „Poglavnik" (Staatsführer), der erst aus 12jähriger Emigration zurückgeholt wurde, rief Slavko Kraternik ein kroatisches Königreich aus. Als Pavelić dann aus Rom nach Agram kam, enttäuschte er vor allem die kroatischen Patrioten, denn Mussolini hatte ihm Auflagen erteilt (eine Art „Albanisierung" des Landes): Italien würde künftig den Träger der Krone König Sratomirs bestimmen, drei Territorialbereiche besetzt halten und verwalten. Folge: Die schlecht kontrollierten italienischen Besetzungsregionen wurden zum Dorado der Anhänger Mačeks, versprengter serbischer Soldaten und Komintern-Agenten. Sie bildeten den Kern der Partisanenbewegung auf dem Balkan.

---

1) Alexander Werth: Rußland im Krieg 1941 – 1945, Seite 411.

Auch in den besetzten Ländern West- und Südeuropas löste die deutsche Politik Ärger und Haß aus und sorgte so für Partisanenzulauf. Doch Geländeverhältnisse, Waffenmangel, dürftige Indoktrination, Mentalität und nicht zuletzt der fehlende Makel des „Untermenschentums" begrenzten sowohl den Umfang der Untergrundbewegung als auch die Intensität und Effektivität ihrer Einsätze.

Der erste Theoretiker der revolutionären Kriegführung war auch ein Zivilist, nämlich der kommunistische Stammvater Karl Marx. Schon als Korrespondent der „Neuen Rheinischen Zeitung" damals in Italien tätig, stellte er 1849 in einem Artikel heraus, daß der österreichische Feldherr Radetzky in der Schlacht von Novara das Heer des Königs von Sardinien und die mit ihm verbündeten italienischen Revolutionäre schlug.

Aus diesem sardischen Desaster filterte Karl Marx die Grundsubstanzen für eine erfolgversprechende Theorie des Partisanenkrieges. Quintessenz seines Bemühens und Erkenntnis: Eine Nation, die für ihre Freiheit kämpft, kann sich nicht an die überlieferten Regeln der Kriegführung halten. Massenerhebungen (levée en masse), revolutionäre Kampfmethoden und Partisanenkrieg sind die einzigen Mittel, mit denen sich eine kleine Nation gegen den materiell überlegenen Gegner durchsetzen kann. Zugegeben: Damals waren noch Lanzen und Säbel die schlachtentscheidenden Waffen der Kavallerie-Attacken. Dennoch haben Marx' Schlußfolgerungen bis heute nichts an ihrer Aktualität eingebüßt und wurden zum Evangelium der kommunistischen Funktionäre. So erkannte z.B. die Sowjetführung schon früh im Partisaneneinsatz das ihren Zwecken angepaßte Instrumentarium. Stalin gab 1923 in einer Rede zu, daß die Rote Armee nur mit Hilfe russischer und asiatischer Partisanen die militärischen Gegner überwinden konnte und erinnerte daran: „Vergeßt das nie, Genossen!" Er bereitete Rußland auch intensiv und jahrelang auf einen Partisanenkrieg vor.

Auch der chinesische Kommunistenführer Mao Tse-tung partizipierte am Marxschen Novara-Report und entnahm ihm Elemente für seine Partisanenarbeit.

Aber sowohl Stalin als auch Mao sahen in der Partisanentätigkeit zwar eine mächtige, jedoch keineswegs kriegsentscheidende Komponente der bewaffneten Auseinandersetzung: eine Hilfstruppe für die reguläre Armee, der es schließlich wie bisher vorbehalten blieb und bleiben wird, den endgültigen Sieg zu erringen. Mao: „Die strategische Rolle des Partisanenkriegs ist eine doppelte: die reguläre Kriegführung zu unterstützen und die eigene Kriegführung in eine reguläre umzuwandeln." Und genau das tat Tito in Jugoslawien.

In den besetzten Ländern erhob sich der Widerstand gegen die Okkupanten, der von verschiedenen einheimischen Gruppen und Organisationen getragen wurde. Vor allem nach den ersten Rückschlägen der Deutschen in Rußland (Winter 1941/42) begann sich der aktive Freiheitskampf zu verstärken. Der revolutionäre Widerstand in Form des Partisanenkrieges wuchs sich in den rückwärtigen Gebieten der deutschen Rußlandfront sowie in der unzugänglichen Karstregion Jugoslawiens zu einer echten Bedrohung für die Besatzer aus, während er im Westen nur langsam wirksam wurde. Triebkraft für die Partisanenbewegung in den einzelnen Ländern war neben dem Nahziel einer Befreiung auch die künftige Staatsform; und gerade hier prallten die ideologischen und nationalen Interessen hart aufeinander, die einigenorts in blutigen Fehden und Bürgerkriegsansätzen mündeten.

Ende Juli 1940 entstand in England die „Special Operations Executive" (S.O.E.) mit verschiedenen Länderabteilungen; diese Institution unterstand dem „Minister for Economic Warfare", Hugh Dalton. Ihn hatte Churchill beauftragt, „Europa in Brand zu setzen". Dafür sollten in den achsenbesetzten Ländern Nachrichtendienste und geheime Streitkräfte aufgebaut werden, die bei einer Landung der Alliierten helfen würden. Ab 1943 wurde die S.O.E. durch die Europa-Abteilung des amerikanischen „Office of Strategic Service" (O.S.S.) unter Allen Welsh Dulles unterstützt.

Über die Widerstandsbewegungen allgemein schreibt Gruchmann[1]: „Obwohl die Résistance und ihr Kampf in allen besetzten Ländern als eine europäische Gegenbewegung gegen das totalitäre Regime und die Ideologie des Nationalsozialismus aufgefaßt worden ist, gab es keine ‚europäische Résistance' als einheitlich Ganzes: Es wirkten getrennte Gruppen mit unterschiedlichen politischen und sozialen Zielen, die es für ihre nationale Pflicht hielten, an der Befreiung ihres eigenen Volkes von der Fremdherrschaft aktiv mitzuwirken. Auch soweit sie sich im Partisanenkrieg völkerrechtswidriger Mittel und Methoden bedienten, die den Krieg auf beiden Seiten durch Grausamkeit und Opferung unschuldiger Menschen verschärften, werden nur wenige Anhänger im Kampf gegen das nationalsozialistische Besatzungsregime einen Widerspruch zwischen sittlicher und nationaler Pflicht empfunden haben. Wohl nur eine unter den Widerstandsgruppen in Europa ist mit diesem Problem im vollen Ausmaß konfrontiert worden: die Widerstandsbewegung in Deutschland."

---

1) Lothar Gruchmann: Der Zweite Weltkrieg, Seite 328 ff.

Aufbau der Partisanenbewegung

Ost- und Südosteuropa

Das Schicksal der Partisanen in **Rußland** war zugleich auch das
Los des russischen Volkes zwischen 1941 und 1945. In keinem Fall
aber hatte das Partisanendasein etwas mit der falschen Romantik
zu tun, die in der Vorstellungswelt des sowjetischen (und anderer)
Menschen möglicherweise vorherrschte und noch heute vorhanden
sein mag. Die oft von der Parteipropaganda mystifizierte Gestalt
des russischen Partisans der Bürgerkriegsära war im Zweiten Weltkrieg längst überholt. Die meisten wurden nicht Partisan aus
Abenteuerlust, sondern weil sie ihr persönliches Schicksal dazu
zwang.

Werth[1] schreibt: „Die Geschichte der russischen Partisanenbewegung von 1941 – 44 ist eines des kompliziertesten und noch
am wenigsten erhellten Kapitel des sowjetisch-deutschen Krieges.
Dieses Kapitel ist nicht nur zu einem großen Teil bisher nicht er-
forscht; es wird auch, wie die Geschichte der Widerstandsbewegungen in Jugoslawien, Frankreich und anderen Ländern weitgehend unerforschbar bleiben, ganz einfach, weil bei zahlreichen
Partisanenoperationen sämtliche Teilnehmer den Tod fanden und
deshalb niemand mehr über diese Unternehmungen berichten
kann.

Viele Mißverständnisse entstanden daraus, daß die Sowjetpro-
paganda in den ersten Phasen des Krieges die Partisanenbewegung über die Maßen verherrlichte. Diese Übertreibungen auf russischer Seite hatten ihr deutsches Gegenstück; nach der heute übli-
chen deutschen und teilweise auch amerikanischen Darstellung gab
es in der Sowjetunion zunächst gar keine Partisanenbewegung, da
sowohl in Weißrußland wie auch in der Ukraine die Bevölkerung
den Deutschen gegenüber durchaus freundlich eingestellt gewesen
sei. Erst später habe sich – und zwar wegen der von den Deutschen begangenen ‚Irrtümer‘ – eine Partisanentätigkeit entwik-
kelt.

Das ist natürlich eine simplifizierte Darstellung. Tatsache ist,
daß sich in den auf die Invasion folgenden turbulenten Monaten
des Jahres 1941 in den riesigen, von den Deutschen eben erst besetzten Gebieten alles in chaotischem Zustand befand und daß von

---

[1] Werth, Seite 479.

sowjetischer Seite im voraus praktisch nichts dafür getan worden war, um im Falle einer Besetzung in diesem Teil des Landes eine Partisanenbewegung organisieren zu können. Es war, um im Sowjetjargon zu sprechen, keine ‚materielle Basis' für den Partisanenkrieg vorhanden: Es gab keine geheimen Waffen- und Verpflegungslager, es gab keine geheimen Vorräte an Medikamenten und ähnlichem, was zu einer solchen ‚materiellen Basis' gehört hätte."

Sowohl Werths Ausführungen über den „unwahren" Jubel der Bevölkerung als auch seinen Bemerkungen über die Anfänge des Partisanenwesens in Rußland stehen – wie meist bei kriegsgeschichtlichen Fakten – die durchaus glaubhaften Aussagen anderer Historiker gegenüber.

Fest steht, daß sich Stalin am 3.7.1941, 12 Tage nach Kriegsbeginn, um 6.30 Uhr im Moskauer Rundfunk erstmals mit einer Rede an die Öffentlichkeit wandte, die so begann: „Genossen, Bürger, Brüder und Schwestern, Kämpfer unserer Armee und Flotte. Ich spreche zu euch, zu meinen Freunden!" Das war etwas völlig Neues. Niemals zuvor hatte Stalin solche Worte gebraucht. Doch sie entsprachen genau der gegebenen Atmosphäre. Nachdem er den deutsch-sowjetischen Pakt (vom 23.8.1939) gerechtfertigt, den Feind verdammt und die Politik der „Verbrannten Erde" propagiert hatte, gab er Direktiven für den Partisanenkrieg: „Kein einziger Waggon, keine einzige Lokomotive, kein Kilo Getreide und kein Liter Brennstoff dürfen in die Hand des Feindes fallen. In den vom Feind besetzten Gebieten sind Partisaneneinheiten zu Fuß und zu Pferd sowie Gruppen von Diversionsagenten zu schaffen, die gegen die feindlichen Einheiten kämpfen, überall den Guerillakrieg entfachen, die Telefon- und Telegraphenleitungen zerstören, Wälder, Depots und so weiter in Brand stecken. In den überfallenen Gebieten sind für den Feind unerträgliche Verhältnisse zu schaffen, und er muß auf Schritt und Tritt verfolgt und vernichtet werden..."

Die Rede an das verstörte Volk hatte eine enorme Wirkung. Ende Juni wurden – neben anderen Mobilmachungsvorschriften, z.B. dem Aufruf der „Osoawiachim" („Freiwillige Gemeinschaft") zur Abwehr von Luft- und Gasangriffen – wichtige Anordnungen für die Führung des Partisanenkampfes im Rücken des Feindes erlassen; obwohl es sich um eine im Prinzip wichtige Sache handelte, entwickelten sich die Partisanenaktionen erst viel später und sehr schleppend.

Die Kampfweise selbst war den Russen nicht fremd, wurde sie doch schon in der erwähnten Osoawiachim, der Volkswehreinheit, einer Art militärischer Organisation, ausgiebig geübt und in einem Handbuch über das Partisanenwesen auch schriftlich festgehalten. Diese Anleitung wurde dann aufgrund neuer Erfahrungen 1942 revidiert.

Die Partisanenbewegung in der UdSSR – sie widersprach den Bestimmungen der Haager Landkriegsordnung – war hierarchisch aufgebaut, an der Spitze stand pro forma der farblose Marschall Kliment E. Woroschilow, ein Bürgerkriegsveteran.

Der oberste Partisan und eigentliche Macher aber war Panteleimon Kondratjewitsch Ponomarenko: geboren 1902, stammte aus Belorußland, seit 1937 im Obersten Sowjet, ab 1939 im ZK (Zentralkomitee), von 1938 bis 1948 in Minsk Parteichef von Weißrußland, in Personalunion auch Premier. Er war ein überaus harter Mann und schuf nicht nur mit seinen Schriften („Maloja wojna" und „Partisanschtschina") die Voraussetzungen für den später so erfolgreichen Partisanenkampf in Weißrußland. Seit dem 30.3.1942 leitete er (unter dem belanglosen Oberbefehl Woroschilows) den neugegründeten Zentralen Partisanenstab beim Oberkommando, wurde zum Generalleutnant befördert und mit dem für Apparatschiks seltenen Suworow-Orden ausgezeichnet. (Von 1950–52 war Ponomarenko Getreide-Beschaffungsminister und holte aus den Bauern das Letzte heraus. Unter Chruschtschow wurde er 1953 in die Provinz nach Alma-Ata [Kasachstan] versetzt, war 1955 Botschafter in Warschau, später in Indien und Holland und fungierte schließlich als Vertreter der Atombehörde in Wien.)

Ein anderer hoher belorussischer Partisanenführer war Kirill Masurow: 1941 Gebietskomsomol-Chef in Brest-Litowsk, trat in die Armee ein, 1942 verwundet, entlassen, wurde im gleichen Jahr in das deutsch-besetzte weißrussische Gebiet eingeflogen und war bis Ende 1943 in Partisanen-Abteilungen tätig.

Auch P.M. Mascherow, belorussischer Partisanenführer, machte von sich reden. Er war der einzige „Held der Sowjetunion" (Orden) unter den Apparatschiks, Sprecher der weißrussischen Partisanen und später zweiter ZK-Sekretär in Minsk.

Ebenfalls aus Belorußland stammte A. Je. Kleschtschow: geboren 1905, in den 30er Jahren Parteifunktionär, von 1941–44 ZK-Bevollmächtigter und Sekretär des Gebiets-Parteikomitees von Pinsk im Untergrund. Er wurde Generalmajor, Nachfolger Ponomarenkos als Premier in Minsk, ging dann mit ihm nach Kasachstan, wurde 1960 pensioniert und starb 1968.

Die ersten Partisanengruppen in Weißrußland wurden 1941 unterschiedlich gegründet, die in Polotniany Sawod z.B. am 11.10.1941 und bestand nur bis 19.1.1942. Den Kader stellte ein Bataillon zur Abwehr von Fallschirmjägern, das durch versprengte Rotarmisten ergänzt wurde. Vor und während der turbulenten Schlacht um Moskau griff die Gruppe deutsche Konvois an – wurde verraten und aufgerieben.

Den belorussischen Partisanen boten die Geländeverhältnisse günstige operative Bedingungen. Sie lebten in Sümpfen und Wäldern, die auf keiner deutschen Karte standen. Die Organisation war so gut, daß die Widerstandsgruppen sogar Getreide nach Moskau liefern konnten; sie bezahlten Steuern, unterhielten Schulen und Krankenhäuser und schleusten Tausende Juden von Polen herüber. Sie kämpften auch überaus verbittert gegen die Deutschen. Und nirgendwo sonst gab es auch so viele Partisanen wie in Weißrußland.

In der Ukraine dagegen konnten die Partisanen — wegen der fehlenden zusammenhängenden Waldareale — nur in kleinen Einheiten operieren. Die größte der fünf bestehenden Gruppen, die im Waldgebiet von Winniza aufgestellt wurde, umfaßte maximal 300 Mitglieder. Sie verfügte über Funk- und Vervielfältigungsgeräte, verteilte in den Dörfern und Städten Flugblätter und Frontnachrichten. Waffen waren im allgemeinen knapp. Wer kein Gewehr mitbrachte, wurde abgewiesen. Anwärter erhielten die Weisung, in die ukrainische Polizei einzutreten und dann mit Waffe und Munition wiederzukommen.

Die Winniza-Partisanen führten viele verlustreiche Gefechte mit deutschen Einsatzgruppen und Kosaken. Dennoch brachten sie 1943 über vierzig Eisenbahntransporte zum Entgleisen. Ein Mitglied, „Onkel Mitja" genannt, wurde später Bürgermeister von Uman.

In der Ostukraine gab es kaum Partisanen, doch die waldreiche Westukraine mit der gemischten polnisch-ukrainischen Bevölkerung bot gute Gelegenheiten für Störaktionen, brachte aber auch Probleme besonderer Art. Für die Polen z.B. waren Deutsche, Russen und Ukrainer Feinde; die Ukrainer wiederum kämpften nicht nur gegen die Polen, sondern auch für oder gegen die Rote Armee, je nachdem, ob sie kommunistisch oder nationalistisch eingestellt waren. Und die Deutschen hatten (fast) alle zum Gegner.

Die Freischärler wurden in Banden („Otrjady"), Bataillonen und später in „Autonomen Brigaden" organisiert, die sommertags 50 und im Winter bis 5000 Angehörige zählten, denen versprengte Rotarmisten, Sprengstoffexperten, Fallschirmjäger, NKWD-(Geheimpolizei)Leute sowie Kommissare und Komsomolzen (Jungkommunisten) gleichermaßen zugeteilt wurden bzw. zuliefen. Parteifunktionäre waren von vornherein für Führungsaufgaben prädestiniert, was zweifellos mit ihrer ideologischen Grundhaltung zusammenhing.

Die Arbeitsweise der russischen Partisanen war keineswegs originell, doch überaus wirksam — und das allein zählte ja. Ihre Taktik bestand in der Tarnung, Verkleidung, Beweglichkeit, Verschlagenheit und vor allem Terrorisierung der Zivilbevölkerung, damit sie Verpflegung lieferte, den Gegner auskundschaftete und verriet. Rasche Zusammenfassung der Kräfte, überfallartige Aktionen und nachfolgende Auflösung der Einheiten gehörten einfach zum Überlebenskonzept. Die Übergriffe richteten sich meist gegen risikoarme Objekte wie alleinfahrende deutsche Melder, Autos, schwach gesicherte Brücken, Flugplätze, Bahnstrecken, Urlauberzüge, Standortkommandanturen, Lazarette u.ä.

Die Befehlsgebung war differenziert. Viele Banden arbeiteten auf eigene Faust, andere wieder verfügten über Funkgeräte, erhielten somit Weisungen von höherer Stelle oder koordinierten sogar ihre Anschläge mit den Operationen der Roten Armee. Nicht wenige Gruppen wurden deshalb aus der Luft mit Verbindungsoffizieren und dem nötigen Nachschub versorgt.

Als Einsatzgebiete dienten zu 85 % die schwer zugänglichen Wälder, aber auch in großen Städten wie Kiew, Kertsch oder Odessa (über die dortigen „Katakomben-Partisanen" wird gesondert berichtet) boten Tunnelsysteme und Versteckmöglichkeiten günstige Operationsbasen. Besonders russische Bedienstete bei der Besatzungsmacht fanden im Eisenbahnwesen, auf Kolchosen, in Lagerhäusern, Entlausungsanstalten und anderen deutsch-geführten Einrichtungen direkt ideale Voraussetzungen für Spionage und Sabotage vor. Meist traten diese Helfer noch in deutschen Uniformen auf, wodurch ihre Entdeckungschancen sehr gemindert wurden. Oft wurden die Mitglieder sowjetischer Untergrundbewegungen direkt dazu aufgefordert, mit den Deutschen und deren Hilfstruppen — ukrainische Miliz, Kosaken, baltische Fremdsoldaten oder „Hiwis" („Hilfswillige" = ehemalige russische Gefangene) — zusammenzuarbeiten und Informationen zu liefern.

Dem russischen Partisan war also jedes Mittel recht, um den deutschen Invasor und seine Verbündeten zu vernichten. Die Sowjetführung setzte dem physischen und psychologischen Terror der Okkupanten die inzwischen weiterentwickelten Theorien von Marx, Engels, Lenin und Frunse entgegen. Deren Erkenntnissen zufolge war der Kommunist zu „kämpferischer Geisteshaltung" („moralnyi duch") und „revolutionärem Schwung" (vom Militäranalytiker Pjotr Tschuwilow mit „poryv" und „pod'em" definiert) angehalten, um „Haß und Erbarmungslosigkeit gegenüber dem Feind" zu zeigen. Und damit diese Qualifikationen nun auch wirklich zutage traten, dafür sorgte u.a. auch der Henker Lawrentij P. Berija — offiziell Chef des berüchtigten NKWD (früher GPU = Geheimpolizei) — mit seinen Schergen, die viele (sogar prominente) Russen umbrachten, darunter auch den in Mexiko lebenden Revolutions-Ideologen und Gründer der „Roten Armee", Leo Trotzki, der am 20.8.1940 mit einem Eispickel erschlagen wurde.

Die russischen Partisanenverbände rekrutierten sich, wie schon aufgeführt, aus versprengten Soldaten und Zivilisten, die den Repressalien der Besatzer ausgesetzt waren. So entstand vorerst eine autochthone Bewegung, die im Winter 1941/42 starken Zulauf erhielt. Die Sowjets setzten verstärkt Führungskader ein, lieferten Nachschub und sorgten für die ideologische Schulung der Einwohner, wichtigste Helfer jeder Partisanenarbeit. Besonders im Gebiet Minsk bildeten Autochthonen den Partisanenstamm. Dort wurde eine Einsatzgruppe unter Nikolai Chochlow per Fallschirm mit dem Auftrag abgesetzt, den Statthalter Kube zu ermorden. (Das aber besorgte, wie schon erwähnt, seine als Dienstmädchen getarnte Geliebte mittels einer Mine unterm Bett.)

Bei der Rekrutierung und Kontrolle der Partisanenbewegungen spielte die Verachtung des Individuums und die Bevorzugung des Kollektivs durch die Kommunistische Partei eine bedeutende Rolle. Das bekamen vor allem Zivilisten zu spüren. Wer die Zusammenarbeit mit den Partisanen ablehnte, wurde kurzerhand getötet, und auch an weit in der UdSSR verstreut lebenden Angehörigen wurde Vergeltung geübt. Besonders brutal verhielten sich die subversiven Kräfte gegenüber gefangenen Deutschen, die aus Kalkül bestialisch umgebracht wurden. Damit sollten Repressalien gegenüber den Einwohnern provoziert werden, die wiederum den Partisanen Zulauf verschafften: ein Teufelskreis. Und er funktionierte tadellos. Die oft arroganten Kommandanturen vergalten Partisanenüberfälle in der Regel mit Massenverhaftungen und Geiselerschießungen. So blieb den von beiden Seiten bedrohten Menschen nur noch die Flucht in die Wälder und zu den Partisanen übrig.

Schon bald nach Stalins Aufruf erließ das ZK (Zentralkomitee) der KPdSU eine Anweisung, datiert vom 18.7.1941, über „Die Organisation des Kampfes im Rücken des Feindes". Darin wurde als wichtigste Aufgabe bezeichnet, „für die Eindringlinge unerträgliche Bedingungen zu schaffen, ihre Verbindungen und Transportwege zu zerstören". Die „Sowjetischen Geheimorganisationen" im besetzten Gebiet wurden aufgefordert, in dieser Richtung ihr Äußerstes zu tun. Werth[1] schreibt dazu: „Die Propaganda bemühte sich um historische Beispiele — etwa die Bauernhaufen des Jahres 1812 und die zahllosen sowjetischen Guerilla-Banden, die eine so wichtige Rolle im Bürgerkrieg gespielt hatten. Man umgab die Partisanenführer und ihre Männer mit einem gewissen romantischen Glorienschein, und im schlimmen Sommer und Herbst versuchten Presse, Rundfunk, Theater und Film die Bevölkerung mit den Berichten über mehr oder weniger glaubhafte Taten der Partisanen in Weißrußland und in anderen besetzten Gebieten aufzumuntern.

Im Dezember 1941, als die Schlacht um Moskau ihren Höhepunkt erreichte, machte man Soja Kosmodemianskaja, die als *partisanka* hinter den deutschen Linien arbeitete und später von den Deutschen in Petrischtschewo bei Moskau öffentlich gehängt wurde, zum nationalen Symbol. Soja Kosmodemianskaja war jedoch wie viele andere hinter die deutsche Linie geschickt worden, um

---

1) Werth, Seite 479.

dort Sabotage zu betreiben. Insofern war sie keineswegs typisch für jene Partisanen, die sich hinter der deutschen Besatzung spontan gegen die Unterdrücker erhoben."

Allgemein blieb die Partisanentätigkeit anfangs mehr auf sporadische Unternehmungen beschränkt. Schließlich hatte ja der Kreml zwischen Angriffsbeginn und der Schlacht um Moskau auch dringlichere Probleme zu lösen als den Aufbau einer Partisanenorganisation. Erst am 30.5.1942 wurde auf Initiative des ZK durch die STAWKA (= Stawka Werchownago Glawnokomandovanija = Hauptquartier) in Moskau ein „Zentralstab der Partisanenbewegung" gebildet, dem später „Zentralstäbe" für die Partisanen Weißrußlands und der Ukraine folgten.

Marschall Schukow[1] schreibt darüber: „Die Partei traf energische Maßnahmen zur Aufstellung von Partisanenabteilungen. In den Landesgebieten, die demnächst vom Gegner besetzt werden konnten, wurden im voraus illegale Partei- und Komsomolzellen gebildet, um die Partisanenbewegung zu organisieren. In den Gebieten Leningrad, Kalinin, Smolensk, Orjol[*]) und Kursk und auch in den Ukrainischen, Belorussischen und Moldauischen Unionsrepubliken nahmen 1941 mehr als 800 illegale Stadt- und Distriktparteikomitees und mehr als 300 Stadt- und Distriktkomitees des Komsomol den Kampf gegen den Feind auf. Die lettischen, litauischen und estnischen Partisanen traten in Aktion. Die Partisanengruppen vereinigten sich zu großen Verbänden unter Leitung von verantwortlichen Partei- und Sowjetfunktionären und brachten dem Gegner empfindliche Verluste bei."

General Sokolowski, Stabschef des Frontbefehlshabers Konjew, hielt schon im Herbst 1941 die deutschen rückwärtigen Gebiete durch die Partisanenaktivitäten für sehr gefährdet. Er äußerte sich gegenüber Werth[2] so: „,Das ist ein erbitterter Krieg. Und Sie können sich nicht vorstellen, welchen Haß die Deutschen in unserem Volk geweckt haben. Wir sind ein gutmütiges Volk, wie Sie wissen. Alles andere als fanatisch. Aber glauben Sie mir, die Deutschen haben dieses Volk in böse Muschiks verwandelt. *Slije muschiki* — das ist es, was wir jetzt in der Roten Armee haben, Männer, die nach Rache dürsten … Natürlich darf man die Partisanen nicht vergessen; für Tausende dort drüben bedeutet es wenigstens eine persönliche Genugtuung. Sie ziehen in die Wälder in der Hoffnung, eines Tages einen Deutschen umbringen zu können. Oft grenzt das an Selbstmord. Sie wissen, daß sie früher oder später festgenommen werden und dann all die bestialischen Grausamkeiten erleiden müssen, zu denen die Deutschen fähig sind…'

---

1) G. K. Schukow: Erinnerungen und Gedanken, Seite 287.
*) russ. Schreibweise von Orel.
2) Werth, Seite 136.

Er redete über die Partisanen allgemein, bezeichnete ihre Rolle als wichtig. Sie würden, wenn die Russen zurückgingen, ihre Nachschubquellen einbüßen und bald keine Waffen haben. Natürlich blieb ihnen die Möglichkeit, Sabotage zu treiben und irgendwie Widerstand zu leisten. Doch sie würden keine ernsthafte bewaffnete Macht mehr sein. Schließlich meinte er: „,Wenn wir doch nur die Partisanenbewegung rechtzeitig vorbereitet hätten, wenn wir überall in Westrußland Tausende von Waffendepots angelegt hätten! Manches wurde getan, aber längst nicht genug. Und im Süden gibt es unglücklicherweise keine Wälder...'"

Anfang Oktober 1941, bei einem Frontbesuch im Raume Kaluga, kam der damalige Armeegeneral Georgi K. Schukow an seinem Heimatdorf vorbei. Er schreibt darüber[1]: „Zwei Wochen später wurde das Dorf Strelkowka ebenso wie das ganze Ugodsko-Sawodski-Gebiet von den deutschen Truppen besetzt. Doch meine Landsleute legten die Hände nicht in den Schoß. Eine große Partisanenabteilung wurde organisiert, mit dem Komsomol Viktor Karasjow an der Spitze, einem äußerst kühnen und tapferen Kämpfer und guten Organisator. Kommissar der Abteilung wurde Alexander Kurbatow. Der gleichen Abteilung gehört auch Michail Alexejewitsch Gurjanow an, der sich immer furchtlos für das Volk eingesetzt hatte und bis dahin Vorsitzender des Gebiets-Exekutivkomitees gewesen war.

Die Partisanenabteilungen unternahmen kühne Überfälle auf die Stäbe, die Nachschubzentren und kleineren Einheiten der Deutschen. Eines Nachts zerschlugen sie den ganzen Nachschubstab eines deutschen Korps.

Unglücklicherweise wurde Gurjanow im November 1941 gefangengenommen, brutal gefoltert und dann von den Deutschen erhängt. Meine Landsleute pflegen heute noch liebevoll das Grab dieses tapferen Mannes.

Beim Rückzug brannte der Gegner das Dorf Strelkowka und mehrere andere Dörfer nieder. Auch das Haus meiner Mutter ging in Flammen auf, glücklicherweise war es mir gelungen, sie zu evakuieren. Dieses Gebiet wurde von der 17. Schützendivision unter General Selesnjow und anderen Verbänden der 49. Armee befreit."

Im Sommer 1942 kam ein „Partisanen-Führer" als Taschenbuch heraus: 430 Seiten, Auflage 50 000. Inhalt: „Taktische Regeln des Partisanenkrieges": Gebrauch von Beutewaffen, Bekämpfung feindlicher Panzer, Flugzeuge, Transportzüge und Autokolonnen; Anweisungen zur Tarnung, Übernachtung im Freien, Nahrungsaufbereitung, Erste Hilfe, Nahkampf, Überlebenstraining im Winter etc. Illustrationen fehlten ebensowenig wie ein russisch-deut-

---

1) Schukow, Seite 317.

sches Wörterbuch im Anhang mit den wichtigsten Vokabeln, wie: „Halt!" – „Ergib dich!" – „Raus aus dem Wagen!" – „Waffen hinlegen!" – „Bei Fluchtversuch wird geschossen!" – „Sie lügen!" – „Wo befinden sich deutsche Waffen?" – „Wo noch?" – „Wo sind Minen verlegt?" ...

Radio Moskau verbreitete 1941 bereits Nachrichten über Partisanenaktionen hinter den deutschen Linien und rief permanent die Bevölkerung zur Bildung von Partisanenabteilungen auf. Und obwohl in der Regierungspropaganda und in der militärischen Planung dem Partisanenkrieg von Kriegsbeginn an steigende Bedeutung zuteil wurde, waren die Guerilla-Verbände 1941 noch relativ schwach. Erst Ende 1941, als die Rote Armee sichtlich Vorteile errang, erschien es vielen unentschlossenen Russen dann doch opportun, sich auf die Seite des potentiellen Siegers zu schlagen und sich einer Freischärlerbewegung anzuschließen.

Doch oft trugen die Untergrundkämpfer größere Risiken als die Partisanen. So wurde z.B. die Stadtguerilla „Junge Garde" der Bergwerkssstadt Krasnodar im Donezgebiet durch einen spektakulären Fall bekannt, der so symbolisch wurde wie der Tod der Partisanin Soja Kosmodemianskaja. Doch fast alle übrigen Partisanen starben anonym.

Der Partisanenkrieg in **Jugoslawien** zeigte – im Gegensatz zur russischen Variante – neben den politischen auch noch religiös-nationale Elemente. Der gemeinsame Haß auf die deutschen und italienischen Besatzer war nicht stark genug, die ethnisch-konfessionellen Gegensätze auszuräumen und in solidares Handeln gegen die Okkupanten umzusetzen; vielmehr bekämpfte jeder jeden, so daß der Partisanenkrieg in Jugoslawien nahezu bürgerkriegsähnliche Ausmaße annahm und deshalb kaum überschaubar und schwierig darstellbar bleibt.

Auslösendes Moment für Hitlers Angriff auf Jugoslawien war eine Offiziersgruppe unter General Dušan Simović, die am 26.3.1941 in Belgrad die Macht an sich riß, nachdem die jugoslawische Regierung tags zuvor einen Pakt mit Deutschland geschlossen hatte. Hitler legte Simovićs Handlung als antideutschen Putsch aus und ließ die Wehrmacht marschieren. Sie kam schnell voran, zumal die Kroaten sich weigerten, den verhaßten Staat zu verteidigen und ein „Unabhängiges Kroatien" proklamierten. Hitler unterstützte derartige Partikulations-Wünsche und zerstückelte – wie bereits erwähnt – Jugoslawien.

So beteiligten sich fortan neben den Besatzungsmächten nun auch noch drei nationale südslawische Regierungen gegen Aufrührer bzw. Partisanen jeder Couleur:

1. *die kroatische Regierung unter Ante Pavelić in Agram*.

Der „Unabhängige Staat Kroatien" hatte sich 1941 mit deutschitalienischer Hilfe aus den westlichen Gebieten des ehemaligen Königreichs Jugoslawien gebildet. Kroatien war von den Deutschen besetzt, welche die Ausbildung einheimischer Landwehrsoldaten („Domobranen") und „Ustascha"-Brigaden übernahmen. Der deutsche Bevollmächtigte General in Kroatien war der Österreicher Glaise von Horstenau, Staatsführer („Poglavnik") der Advokat und rechtsradikale Politiker Ante Pavelić. Ihm zur Seite stand die „Ustascha"-Bewegung, die später durch ihre Greueltaten traurige Berühmtheit erlangte. Sie war keine eigentliche Partei, sondern eine militärische Organisation, die nationalsozialistische und faschistische Grundmuster imitierte.

Pavelić gründete diese Organisation schon am 7.1.1929 als kroatisch-revolutionäre Institution. Bald darauf ging er ins Exil, und die Bewegung existierte im wesentlichen nur noch unter kroatischen Emigranten in Italien weiter. Nach der Gründung des deutschen Satelliten-Staates Kroatien wurde Pavelić mitsamt seiner Ustascha wieder aktiv. Sie hatten zwei Todfeinde: Serben und Bolschewisten. In der kroatischen Hauptstadt Agram tobte der erbitterte Kleinkrieg gegen die Serben und „Pravoslawen" (kroatische Staatsangehörige orthodoxer Bekenntnisse). Die Grausamkeit der Ustascha-Leute war berüchtigt. Innerhalb eines Jahres ermordeten sie eine halbe Million orthodoxer Serben aus Bosnien und der Herzegowina.

Gegen die „Tschetniks" und „Tito"-Partisanen wurden von 1942 – 44 regelrechte Feldzüge geführt. Bis 1944 gab es mit deutscher Ausrüstung bereits 4 Jäger-, 3 Gebirgs-, 32 Ustascha-Brigaden (in 15 Infanteriedivisionen zusammengefaßt) sowie 8 Landwehrbrigaden für den Objektschutz in Kroatien. Einschließlich 10 000 Gendarmen und 70 000 Verwaltungsleuten beliefen sich die kroatischen Gesamtstreitkräfte, deren Oberbefehl Ende 1944 Pavelić übernahm, auf rund 235 000 Mann.

2. *das von Mussolini eingesetzte Montenegrinische Nationalkomitee in* Četinje.

Die „Tschetniks" („Četa" = Bande, Schar) war eine von der serbischen Exilregierung gegründete Widerstandsbewegung, die ein ehemaliger königstreuer Generalstabsoffizier, Draža Mihailović, anführte und die zeitweise bis zu 300 000 Mann zählte. Der Oberst hatte es nach dem schwachen Widerstand der regulären jugoslawischen Armee gegen die Deutschen abgelehnt, sich zu ergeben; er sammelte Armeereste um sich und zog mit seinen Anhängern in die rauhe Ravna Gora-Region, 100 Kilometer südlich von Belgrad, um in Westserbien den Widerstand fortzusetzen. In Anlehnung an die Freischärler-Tradition gegen die Türken im 19. Jahrhundert nannten sich die Widerstandsleute „Tschetniks". Im Herbst 1941 nahm Mihailović Kontakt mit den Engländern auf. Mit Beginn des

Rußlandfeldzuges wurden die deutschen Besatzungstruppen reduziert, so daß Tschetniks verstärkt die deutschen Verbindungslinien und schwachen italienischen Verbände in Montenegro bedrohten.

3. der serbische Ministerpräsident Milan Nedić in Belgrad.

Serbien stand seit 1941 unter deutscher Militäradministration, besaß jedoch eine Zivilverwaltung unter Nedić. Seine „Armee" setzte sich aus der serbischen Staatswache und dem Serbischen Freiwilligenkorps (es stammte größtenteils aus der Ljotić-Bewegung) zusammen. Sie focht überwiegend gegen Titos Kommunisten. Im Jahre 1944 kam es zu einer Einigung zwischen den beiden königstreuen Offizieren Nedić und Mihailović, doch sie änderte die Lage in Serbien nicht. Hitler lehnte auch Nedićs Vorschlag ab, mit deutscher Hilfe eine 50 000 Mann starke serbische Armee aufzustellen.

Zugleich trat eine neue kommunistische Widerstandsbewegung in Erscheinung, die der ehemalige kroatische Schlossergeselle, k.u.k.*) Feldwebel und erfahrene Komintern-Agent sowie Generalsekretär der illegalen KP in Jugoslawien, Josip Broz, genannt „Tito", führte. Zwar zählte die Kommunistische Partei 1941 nur rund 14 000 eingeschriebene Mitglieder, war in der Illegalität dennoch sehr aktiv und wies nach dem Kriege erst 140 000, dann sogar 300 000 Mitglieder nach. Der energische Broz hatte sich schon im spanischen Bürgerkrieg Meriten erworben und schaffte es, die Intellektuellen Milovan Djilas, Ivan Ribar, Moša Pijade und den albanischen Volksschullehrer und Freischärlerchef Enver Hodscha in seine Führungsmannschaft aufzunehmen. Seine „rechte Hand" aber war Edvard Kardelj: körperlich behindert, Brillenträger, doch Draufgänger besonderer Art. Ohne ihn wäre Tito nie geworden, was er wurde. Kardelj übernahm schon in den 30er Jahren Stalins „Volksfront"-Strategie; er wußte, daß die Kommunisten Jugoslawiens allein zu schwach waren, um die Macht zu ergreifen. 1941 wurde Kardelj provisorischer Regierungschef Jugoslawiens. Er lebte in der slowenischen Hauptstadt Ljubljana, ließ dort das Schloß des Herrn von Auersperg niederbrennen und die „Weißgardisten" (nichtkommunistische slowenische Gruppen) massakrieren.

Den Kader der neugegründeten roten „Volksbefreiungsarmee" stellten 3000 serbische Holzfäller im westbosnischen Gebiet bei Drvar. Der Bestand wurde durch Hirten, Bergbauern, Studenten — Männer und Frauen — sowie Truppenreste aufgestockt. Unter Titos Kommando kämpften Serben, Slowenen, Kroaten, Montenegriner, Skipetaren, Mazedonier, sogar desertierte Bulgaren und Italiener. Drei Faktoren begünstigten den Kampf: uralte Räubertradition der Uskoken, Komitatschi, Heiducken und anderer schon von der Türkenherrschaft her militante ethnische Gruppen; wege-

---

*) kaiserlich und königlich (österreichisch-ungarische Donaumonarchie)

armes, bewaldetes Karstgebiet; Anspruchslosigkeit. Dennoch: Die später so erfolgreichen Kommunisten machten 1941/42 noch nicht von sich reden, wie sich der offene Widerstand überhaupt erst nach den ersten Niederlagen der Deutschen in Rußland bemerkbar machte.

Die Partisanenbewegung zerfiel bis Mitte 1941 in fünf verschiedene Sektionen:

▷ Der kleine christlich-nationale „Zbor" wurde vom Gendarmeriemajor Jovan Ljotić geführt

▷ ein mazedonischer Freiheitsverband kämpfte gegen Nedić und die Bulgaren

▷ montenegrinische Bergbauern, die Pavle Djurišić gegen die Italiener führte

▷ die in der „Četniki" zusammengefaßten Angehörigen der ehemaligen jugoslawischen Armee; Draža Mihailović dirigierte sie kämpfend durch die Herzegowina, Bosnien und Südserbien.

Die Kommunisten spielten zu diesem Zeitpunkt eine schwache Rolle. Doch das sollte sich schnell ändern.

Die Unterschiede der balkanischen Volksgruppen und Religionen bedingten die Bildung einzelner Lager und spielten später, bezüglich der Unterstützung durch die Alliierten, eine nicht unwesentliche Rolle. Während z.B. Mihailović auf die Hilfe der Westalliierten rechnen konnte, bezog Tito Zuwendungen von den Sowjets. Doch das änderte sich dann. So schlugen denn auch die rivalisierenden Gruppen einmal aufeinander, dann wieder vereint gegen die Deutschen los, denen natürlich daran gelegen war, den latenten Konflikt zwischen den Kontrahenten stets neu zu beleben.

Die „Guerillas" — sie nannten sich ursprünglich wirklich so, bis Tito am 12.9.1942 diese Bezeichnung in seinem Kommandobereich durch „Partisan" ersetzen ließ — kämpften gegen die Besatzer und untereinander mit sprichwörtlicher „balkanischer Grausamkeit" und machten (außer zu Verhörzwecken) selten Gefangene. Terror und Greuel beherrschten die Szene, Foltermethoden erinnerten an das Mittelalter.

Die deutschen Stützpunkte um Belgrad und andernorts waren eigentlich nur Inseln im rundum tobenden Bandenkrieg. Während z.B. die Tschetniks bei Foša 6000 Moslems massakrierten, der kroatische Ustascha-Führer Dido Kvaternik alle Juden und Serben seines Landes ermordete, liquidierten Titos Leute bei Bihać die Landbevölkerung. Daraufhin schlug der von der Londoner Exilregierung, den Italienern und Nedić unterstützte Mihailović auf die Kommunisten ein, und die Faschisten aus Agram wiederum zogen gegen ihn und Tito ins Feld: Bandenkrieg!

Im Kriegsverlauf aber wurden die kommunistischen Partisanen auf dem Balkan immer stärker; sie wuchsen sich schließlich zur maßgebenden Widerstandsmacht aus und verdrängten die anderen Gruppen weitgehend. Titos Name erfuhr auch im alliierten Lager zusehends Beachtung; man fing an, den k.u.k. Feldwebel a. D. „ernst zu nehmen", was sich (und das zählte ja schließlich) durchaus in Waffen- und Nachschublieferungen auszuzahlen begann. Schon auf der Teheraner Konferenz 1943 hatten Roosevelt und Churchill dem königstreuen Mihailović ihr Vertrauen entzogen und Tito zugewandt.

Tito gab sich auch auch redlich Mühe. Seine roten Insurgenten fochten zwei Jahre lang verzweifelt ums Überleben; Hunderte Leute kamen im Kampf, Tausende durch Hunger und Typhus um. Es wurde erst besser, als 1943 in Italien der Faschismus zusammenbrach; abziehende italienische Verbände ließen Panzer, Geschütze, Gewehre, sogar Flugzeuge und Schiffe zurück. Dieses Beutegut erhöhte natürlich die Schlagkraft der Tito-Partisanen beachtlich.

Von den Sympathiebezeigungen der Westalliierten unbeeindruckt, führte der Kreml Tito weiterhin am kurzen Zügel. Man machte ihm sogar Auflagen: Keine Regierungsbildung, sondern vorerst Aufstellung eines Nationalrates und vorübergehende Verhandlungen mit den Deutschen. Grund dafür war ein Zerwürfnis zwischen Rußland und den Westalliierten wegen des „Katyn"-Vorfalls: In Polen vermißte man 14 987 Offiziere und Soldaten, die im September 1939 von den Sowjets abtransportiert worden waren. Am 13.4.1943 meldete nun der Berliner Rundfunk, daß der russische Bauer Partemon Kisilejew 12 Kilometer westlich Smolensk, auf der Kosji Gory (Höhe) im Wald von Katyn, der deutschen Ortskommandantur ein Massengrab gezeigt hatte. Goebbels schlug sofort propagandistischen Nutzen daraus. Eine internationale Kommission recherchierte vor Ort. Sie fand acht Gruben mit polnischen Leichen, gefesselt, durch Genickschuß aus Nagan-Revolvern bzw. Vierkantbajonettstichen gezeichnet. Exakt 4143 Tote wurden identifiziert. Datum des Massenmordes: zwischen April und Juni 1940.

Churchill und Roosevelt schwiegen. Die Russen beschuldigten natürlich sofort die Deutschen. Aber zu diesem Zeitpunkt waren diese noch nicht in Rußland – erst einundvierzig! Auch der polnische General Sikorski, im Londoner Exil, glaubte den Sowjets nicht. Die polnische Öffentlichkeit war entsetzt. Und als der Sowjetbotschafter Maiskij in Stalins Namen bei Churchill gegen Sikorskis Verhalten protestierte, kam es zum Bruch zwischen der polnischen Exilregierung und Moskau. Doch die Affäre eskalierte auch, weil die von den Russen gewünschte „Zweite Front" ausblieb. Schließlich zog der Kreml seine Botschafter Litwinow und Maiskij aus Washington bzw. London ab. Es gab einen „jähen Temperatursturz" (so Roosevelts Vertrauter Sherwood). Tatsächlich suchten die Sowjets nun wieder Kontakt mit Deutschland:

Alexandrow vom russischen Außenkommissariat stand für Gespräche bereit. Auch der Partisanenführer Tito wurde angehalten, im Auftrage Moskaus seine bereits bestehenden Verbindungen zu den Deutschen, besonders zum Reichssicherheitshauptamt, zu verbessern.

Schon 1942 versuchte der deutsche Abwehroffizier Hans Ott in Bosnien einen Gefangenenaustausch zu erreichen. (Ott wurde bei Kriegsende von Österreich nach Jugoslawien verschleppt, wo er, als Mitwisser für Tito unangenehm, unter ungeklärten Umständen umkam.) 1943 verhandelte Ljubo Velebit („Dr. Petrović") mit General Edmund Glaise von Horstenau. Velebit richtete aus, daß Tito die Errichtung einer jugoslawisch-deutschen Front wünschte, um drohende anglo-amerikanische Angriffe in Südosteuropa abzufangen. Auch schlug der Partisan vor, sich mit seinen Leuten in den Sandžak (verlassene Gegend zwischen Serbien und Montenegro) zurückzuziehen und die dort stationierten Tschetniks zu vernichten. Djilas: „Von der Einstellung der Kämpfe zwischen uns und den Deutschen war nicht die Rede, aber das verstand man darunter."

Doch es gab keine Fortschritte. Als Hitler von Titos Annäherung hörte, sagte er: „Mit Rebellen wird nicht verhandelt." Auch der Russe Alexandrow wurde ignoriert.

Am 4.7.1941 schon hatte das Zentralkomitee (ZK) den Beschluß zur Aufnahme des bewaffneten Kampfes gefaßt. Tito entsandte deshalb Djilas nach Montenegro und Vukmanović-Tempo nach Bosnien, um dort den Widerstand aufzubauen. Djilas[1] schreibt dazu: „Es wurde auch über organisatorische Formen des Kampfes gesprochen, doch die Ausdrücke ‚Partisan', ‚Partisaneneinheit' und ähnliches wurden nicht gebraucht. Auch das Oberkommando, das den bewaffneten Kampf leiten sollte, hatte noch keinen Namen. Diese Bezeichnungen wurden erst nach meiner Abreise aus Belgrad eingeführt, höchstwahrscheinlich nach russischem Muster, da es sie in unserem Volk bis dahin nicht gegeben hatte und sie als Fremdwörter in unserer Sprache eine andere Bedeutung haben. Es bestanden lediglich Militärkomitees, die den Parteikomitees beigeordnet waren, und Kampfgruppen im Aufbaustadium. So konnte auf der ZK-Sitzung vom 4. Juni von einer ‚Ausarbeitung der Pläne' für Partisanenorganisationen in Serbien noch keine Rede sein, wie das in einigen Dokumenten angegeben wird. Es gab ja auch noch keine Aktionen der Partisanen und keine befreiten Gebiete. Erst später sollte daraus die Idee eines stabilen, freien Territoriums im westlichen Serbien aufkeimen..."

Dem Gebietskomitee in Montenegro gehörten an: Blažo Jovanović, Božo Ljumović, Savo Brković, Budo Domović, Periša

---

1) Milovan Djilas: Der Krieg der Partisanen, Seite 14.

Vujošević und Vido Uskoković. Auch Moša Pijade, Mitglied des ZK, hielt sich in Montenegro versteckt. Das Treffen fand in den Piperi-Felsen statt. Man beschloß, „Stoßtruppunternehmen" mit 10 bis 30 Mann gegen die italienischen Besatzer durchzuführen. Die „Zelenaši" („Grünen") waren gerade dabei, unter der Schirmherrschaft der Italiener am Sankt-Peters-Tag (12. Juni) die montenegrinische „Unabhängigkeit" zu proklamieren. Die „Bjelaši" („Weiße") wiederum wollten eine Vereinigung mit Serbien und gingen später zu den Kommunisten, der stärksten Widerstandsgruppe, über.

Im Juli trafen auch noch Peko Dapčević (Spanienkämpfer) und Arso Jovanović (Major des früheren Generalstabes), die im Krieg eine besondere Rolle spielten, in Montenegro ein.

Es wurde ein militärisches Kommando für die Operationsbereiche Montenegro, Boka (Bucht von Cattaro-Kotor) und Sandžak (Sandžak Novipazar: Gebiet zwischen Serbien und Montenegro, 1878 – 1912 österreichisch) geschaffen. Jovanović wurde Stabschef des montenegrinischen Kommandos und Ende 1941 sogar Chef des Obersten Stabes in Jugoslawien.

Die Italiener besaßen keinen hohen Kampfwert. Weder die Armee, die von Jugoslawien und Griechen geschlagen worden war, noch die „Schwarzhemden" (faschistische Miliz) oder „Carabinieri" (Militärpolizei) zeichneten sich durch kriegerische Qualitäten aus. Die italienischen Besatzer in Montenegro, Herzegowina, Bosnien, Dalmatien und Kroatien schlossen einfach mit den Tschetnik-Führern Abkommen gegen die roten Partisanen und überließen ihnen die „Dreckarbeit".

Doch das nützte nicht viel. Am 13.7.1941 z.B. wurden die Italiener in Virpazar und Cuce Spić attackiert. Zwei Tage danach entbrannten die Kämpfe um Danilovgrad und Bioče. Daraus erwuchs dann eine Volkserhebung, die den Rahmen des kommunistisch gesteuerten Guerilla-Krieges zu sprengen drohte. Denn schließlich konnten 3000 Italiener gefangengesetzt, Waffen und Nachschub erbeutet werden. Das italienische Oberkommando trug daraufhin dem Befehlshaber der 9. Armee, General Pirzio-Biroli, auf, die Volkserhebung niederzuschlagen. Die nannte sich inzwischen „Nationalheer", besaß Fahnen und Schulterstücke für Offiziere und politische Kommissare. Zur Verbreitung des „Nationalen Kommandos" sollte Bajo Stanišić, Oberst der königlichen Armee, herangezogen werden. Doch der lehnte ab.

In Danilovgrad wurden auch über tausend Italiener gefangengesetzt. Dann startete ein italienisches Armeekorps seine Gegenoffensive. Es stieß, unterstützt von der Luftwaffe, von Albanien aus sehr vorsichtig auf Četinje, Nikšić und Kolašin vor. Am Zeta-Ufer und dem Berg Velje Brdo kam es zur Schlacht. Die Rebellen setzten sich ab.

Am 20.9.1941 traf eine Kommission der emigrierten königlichen Regierung ein. Sie hatte vom Aufstand in Montenegro gehört und auch eine Verbindung zu Oberst Mihailović hergestellt, der in Westserbien operierte.

Auch in Serbien organisierten die Kommunisten die Partisanenarbeit. Dort hatten die von den Deutschen eingesetzte Nedić-Marionettenregierung und die faschistische Bewegung von Ljotić in Kragujevać 5000 und in Kraljevo 1700 Menschen erschossen. Daraufhin bildeten sich drei Strömungen:

▷ Die erste trat für eine loyale Zusammenarbeit mit den Okkupanten ein; sie wurde von dem Faschisten Dimitrije Ljotić vertreten, aber schließlich stellte sich als Ministerpräsident der „Regierung" der ehemalige königliche Minister, General Milan Nedić, an die Spitze.

▷ Die von Oberst Draža Mihailović geführte Organisation „Tschetnik" (in die Wälder geflohene Offiziere) wartete auf „günstige" Kampfbedingungen.

▷ Eine dritte Richtung auf der Grundlage des bedingungslosen Kampfes gegen die Okkupanten und einer sozialen Neuordnung stellten die Kommunisten unter Tito dar.

Obwohl Tschetniks und Kommunisten öfters zusammenarbeiteten, gab es dennoch Reibereien, später bei Užice (Sitz der kommunistischen Führung) sogar Kämpfe. Dennoch: Die Partisanenverbände Serbiens wurden die stärksten. Die Valjevo-Abteilung zählte 2500, die Užice-Abteilung 1600 Mitglieder. Meist gehörten ihnen Kommunisten und Sympathisanten an.

Als am 21.11.1941 um 3.00 Uhr früh durch Sabotage die Munitionsfabrik in den unterirdischen Tresorräumen der Užicer Bank (in der Nähe war Titos Hauptquartier) in die Luft flog, rückten Teile der deutschen 113. und 342. Infanteriedivision heran. Auch Dornier-Bomber griffen ein. Die Deutschen nahmen Užice und zersplitterten die Partisanengruppen. Tito, seine Sekretärin und Geliebte Davarjanka Paunović („Zdenka"), sein späterer Biograph Vladimir Dedijer sowie einige ZK-Mitglieder setzten sich auf Radojnja ins Gebirge ab, formierten im italienisch-besetzten Teil Bosniens die versprengten Partisaneneinheiten neu und richteten in Foča, 50 km südöstlich von Sarajevo, ein anderes Hauptquartier ein.

Während Tito ohne Rücksicht auf Bevölkerungsverluste durch Repressalien seine „Proletarischen Brigaden" offen einsetzte, neigte Mihailović eher einer defensiven Kampfweise zu. Diese Polarität führte zwangsweise zur Konfrontation zwischen den Tschetniks und Titoisten – zugunsten der Besatzer.

Die Deutschen zumal, unterstützt durch Nedić und Pavelić, setzten neben ihren regulären Truppen auch die aus Einheimischen rekrutierten Verbände ein. So z.B. die 13. Waffen-SS-Gebirgsdivision „Handschar" (Kroatische Nr. 1). Die aus bosnischen und herzegowinischen Muselmanen bestehende, von den Soldaten „BH"-Division (Bosnisch-Herzegowinische) genannte Einheit des „Unabhängigen Staates Kroatien" wurde im Frühjahr 1943 in Frankreich aufgestellt, später in Schlesien verstärkt und Ende des Jahres in Kroatien eingesetzt. Ein anderer Verband, die 7. SS-Freiwilligen-Gebirgsdivision „Prinz Eugen", entstand schon Ende 1941, wofür Volksdeutsche des Südostraumes im serbischen Banat zusammengezogen wurden.

Der pausenlose Kampf gegen Deutsche, Italiener, Kosaken, Waffen-SS, Kroaten, Bosniaken, Turk-Verbände, Nedić- und Pavelić-Anhänger vereinte schließlich die Tito-Gruppen in einer regelrechten Armee.

Am 29.11.1943 tagte in Jajce ein Komitee (AVNOJ). Es ernannte Tito (schon seit dem 27.6.1941 Chef eines nicht bestehenden Stabes eines nicht existenten Partisanenheeres) nun zum „Marschall", um ihn im kommunistischen Lager Stalin gleichzustellen, und verbot König Peter II. die Rückkehr.

Tito nahm nun Kontakt mit dem britischen Oberbefehlshaber im Mittelmeerraum, General Henry Maitland Wilson, auf und schickte eine Partisanendelegation zu den Westalliierten, die ihrerseits wieder Verbindungsoffiziere entsandten. Nun flossen Hilfsströme zu Tito, dessen vom König inzwischen zum General und Kriegsminister beförderte Gegenspieler Mihailović an Einfluß verlor. Nacheinander erschienen General Fitzroy McLean und der US-Fliegeroberst Ellery Huntington mit Hilfsangeboten bei Broz-Tito und halfen ihm auch, sein Hauptquartier auf die Insel Vis (Lissa) zu verlegen.

Auch in **Griechenland** entstand schon relativ früh eine Widerstandsbewegung. Als italienische Truppen am 28.10.1940 von Albanien aus gegen Griechenland vorgingen, war schon nach einer Woche klar, daß ihnen ein Desaster bevorstand. Denn: Außenminister Graf Ciano hatte es nicht geschafft, König Boris III. von Bulgarien für eine Feldzugsbeteiligung zu gewinnen. So mußte die geplante Zangenoperation unterbleiben. Und mit Unterstützung der Briten wurden nun die Griechen offensiv. Fassungslos mußte der italienische Oberbefehlshaber, General Sebastiano Visconti-Prasca, zusehen, wie die Albaner scharenweise desertierten und hinter der Front Partisanengruppen bildeten. Diese Insurgenten, dazu naßkaltes Wetter, Schneetreiben, Krankheiten und Nahrungsmangel fügten den Italienern im weglosen Karstgelände hohe Verluste zu, während britische Unterseeboote und Flugzeuge den Nachschub in der Straße von Otranto abschnitten.

In Griechenland gab es statusbedingte Motivationen für den Eintritt in die Partisanenbewegung: Arme Gebirgler waren für das sozial-revolutionäre, sprich kommunistisch infiltrierte, Freischärlertum empfänglich; besser situierte Bauern in den Tiefebenen standen eher dem liberaldemokratischen bzw. national-royalen Flügel nahe. Das Dilemma bekam Ende 1942 der englische Oberst Charles Woodhouse zu spüren, der mit dem Fallschirm über Griechenland absprang, um die Widerständler zusammenzuführen. Es gab damals fünf Gruppen:

> ▷ die kommunistisch gelenkte ELAS unter dem Tabakarbeiter Markos Vafiades
> ▷ die republikanisch orientierte EKA unter General Stefanos Saraghis
> ▷ die nur einige tausend Mann starke, aber sehr aktive Gruppe „National-Republikanischer Bund" (EDES) unter General Napoleon Zervas, die vorwiegend im Epirus-Gebirge in Nordwestgriechenland operierte
> ▷ Anhänger des Königs Georg II., denen Oberleutnant Georg Grivas vorstand
> ▷ Polizeitruppen, deren Chef sowohl die deutschen Kommandostellen als auch die britisch-griechischen Stäbe hofierte.

Diese unterschiedlichen Widerstandsverbände lagen besonders seit April 1943 in blutiger Fehde miteinander, die dann zu einem bis 1950 andauernden Bürgerkrieg expandierte.

Fanal für die griechische Widerstandsbewegung war der am 31.5.1941 erfolgte symbolische Akt, als zwei Athener auf der Akropolis die Hakenkreuzflagge einholten.

Am 27.9.1941 wurde von den verschiedenen Widerständlern die geheime „nationale Befreiungsfront" (EAM) gegründet, in der die Kommunisten Schlüsselpositionen bezogen.

Bei der Luftlandung auf **Kreta** am 20.5.1941 standen den rund 24 000 deutschen Fallschirm- und Gebirgsjägern allein 29 000 britische und Empire-Soldaten sowie an die 3000 Kreter gegenüber. Diese mit alten Schrotflinten, Sensen und Dolchen ausgerüsteten kretischen Insurgenten fielen vor allem dadurch auf, daß sie einzelne deutsche Soldaten und kleine Trupps auf grausame Weise niedermachten.

Der Untergrundkampf in **Polen** basierte auf einer langen Tradition und fand auch im Zweiten Weltkrieg wieder günstige territoriale Bedingungen vor: weites Hinterland mit Sümpfen und Wäldern, schlechte Verkehrswege u.a.

Schon am 27.9.1939, als Warschau kapitulierte, bildete sich eine Widerstandsgruppe, die mit der polnischen Exilregierung Sikorski in London Verbindung aufnahm. Zumeist gingen die Angehörigen früherer Parteien in den Untergrund. Der Reserveoffizier Jan Karski begab sich nach Paris, um von dort aus Kontakte zur französischen Résistance und nach England herzustellen.

Im Dezember 1939 gab es bereits zwei Widerstandsorganisationen: das zivile „Politische Koordinations-Komitee" (Polityczny Komitet Porozumiewawczy – PKP) und den militärischen „Verband für den bewaffneten Kampf" (Zwiazek Walki Zbrojnej ZWZ). Beide Formationen zusammen bildeten einen ausgedehnten „Untergrundstaat" mit der Führungsspitze in London. In Polen selbst vertrat ein „Hauptdelegierter" die Exilregierung und ein „Rat der Nationalen Einheit" das Exilparlament.

Der ZWZ wurde am 14.2.1942 in „Heimatarmee" (Armia Krajowa – AK) umbenannt. Der Kommandeur, General „Grot" (Rowiecki), unterstand dem polnischen Oberbefehlshaber, General Sikorski, in London. Die polnische Résistance beabsichtigte, den Status des Vorkriegs-Polen gegenüber deutschen und russischen Besatzern wiederherzustellen. Als die Deutschen dann Rußland angriffen und die Sowjets Polen räumten, gab es für die polnischen Widerständler nur noch den deutschen Gegner. Nach Abschluß des polnisch-russischen Vertrages im Dezember 1941 lieferten die Polen dem Kreml militärische Nachrichten und verübten im rückwärtigen deutschen Gebiet Sabotageakte.

Die Zwangsdeportationen polnischer Arbeitskräfte und Strafexpeditionen der SS gegenüber der Bevölkerung verschafften den Partisanen in den Wäldern starken Zulauf. Des weiteren sorgte auch Hans Frank, der in den ehemaligen Königsgemächern des Krakauer Wawel residierte und die Polen mit der „harten Hand der deutschen Herrschaft" regierte, für Partisanenverstärkung. So kam es, daß sich auch Kommunisten, deren Partei 1938 aufgelöst wurde und 1942 als „Polnische Arbeiterpartei" (PPR) neu erstand, der Armia Krajowa anschlossen, deren Oberbefehl nach Stefan Rowiecki, dem Gründer, 1943 Oberst Tadeusz Graf Komorowski, der sich jetzt „Bor" nannte, übernahm. Er befand sich seit 1939, nach der Niederlage, in Krakau, wollte ursprünglich nach Ungarn emigrieren, blieb dann aber doch in Polen. In Verbindung mit der polnischen Exilregierung in London schuf er die „Sluzba Zwyciestwu Polski". Diese Bewegung wurde im Keller der Warschauer Sparkasse gegründet. Von 1939 an, lange bevor die Untergrundkommunisten gegen Deutschland antraten, sprengten die SZP und die ihr untergeordnete AK Züge in die Luft und überfielen deutsche Soldaten. Schon 1941 zählte die AK 4000 Offiziere, 16 000 Unteroffiziere und rund 100 000 Mann, die in 1500 Einheiten zusammengefaßt waren.

Die Deutschen reagierten schon Ende 1939 mit der Verhaftung aller Professoren der Krakauer Universität und erschossen in Wawer 107 Geiseln.

In der ehemaligen **Tschechoslowakei** entstanden schon im Frühjahr 1939, nach der Errichtung des sogenannten Protektorats (Böhmen, Mähren), die ersten Widerstandsgruppen. Parteifreunde des emigrierten Präsidenten Eduard Benesch (er ging erst nach London, dann nach Moskau) gründeten die „Politische Zentralorganisation" (Politické Ustředi – PU), und frühere Armeeangehörige fanden sich unter General Ingr in der militärischen Formation „Nationale Abwehr" (Obrana Národa – ON) zusammen. Diese Truppen vereinigten sich mit anderen zur „Zentralen Führung des Widerstandes in der Heimat" (UVOD) und unterhielten ständigen Kontakt mit der Exilregierung in London.

Die böhmische Résistance wurde erst nach Kriegsausbruch aktiv. Am tschechischen Nationalfeiertag, dem 28. Oktober (1918 wurde die Republik ausgerufen), kam es 1939 in Prag zu Kollisionen zwischen Studenten und der deutschen Polizei. Dabei wurde der Tscheche Opletal verletzt und starb später. Die Beerdigung am 15. November löste Unruhen aus. Die Deutschen schlossen daraufhin die tschechische Universität, erschossen die Rädelsführer und brachten die Studenten in deutsche Lager.

Die Kommunistische Partei (KPČ), deren Sekretär, Klement Gottwald, nach Moskau emigriert war, hatte nach dem „Münchener Abkommen" vom September 1938 in Böhmen, Mähren und in der Slowakei getrennte illegale ZKs und Geheimgruppen eingerichtet, die bei Beginn des deutschen Rußlandfeldzuges Partisaneneinheiten rekrutierten. Aber nur im Kohlenrevier von Kladno gab es organisierte Sabotage, denn die Industriearbeiter in dem ab Frühjahr 1939 existierenden „Protektorat", die zum Teil (z.B. die Škoda-Werke in Pilsen) für die deutsche Rüstung eingespannt wurden, standen sich materiell gut – ebenso die Bauern.

Doch die Atmosphäre wurde sofort brisant, als am 27.9.1941 SS-Obergruppenführer Reinhard Heydrich als Reichsprotektor auf dem Hradschin, der Prager Burg, einzog und Hitlers „Fleckenbereinigungspolitik" unter den Tschechen mit Massenverhaftungen anlaufen ließ. Am Vormittag des 27.5.1942 warfen zwei in England ausgebildete und mit Fallschirm abgesetzte Exilschechen eine Handgranate in Heydrichs Wagen und verletzten den SS-Führer tödlich. Daraufhin wurde am 10. Juni gegen das Dorf Lidice, wo sich einer der Attentäter versteckt gehalten hatte, eine Strafmaßnahme verhängt: Männer wurden erschossen, Frauen ins KZ geschafft und „rassisch geeignete" Kinder im Reich „eingedeutscht".

Die Kommunisten aktivierten im Frühjahr 1942 die Bildung örtlicher Nationalkomitees und Aufstellung eigener Partisanentrupps, so daß es Zusammenstöße mit nationalen Verbänden gab. Doch im allgemeinen beschränkten sich die Aktivitäten der tschechischen Résistance bis 1943 auf Nachrichtendienste, Propaganda, passiven Widerstand und Fluchthilfe. Die Spitzenfunktionäre planten, erst gegen Kriegsende mit bewaffneten Aufständlern den vorrückenden Russen zu helfen.

Die Slowakei wurde im März 1939 selbständig. Der auf 25 Jahre befristete Vertrag mit Deutschland hielt u.a. fest:

„Das Deutsche Reich übernimmt den Schutz der politischen Unabhängigkeit des slowakischen Staates und der Integrität seines Gebietes. Die slowakische Regierung wird ihre eigenen militärischen Kräfte im engen Einvernehmen mit der Deutschen Wehrmacht organisieren. Entsprechend dem vereinbarten Schutzverhältnis wird die slowakische Regierung ihre Außenpolitik stets im Einvernehmen mit der deutschen Regierung führen."

An der Spitze des slowakischen autoritären Regimes stand der Staatsführer („Vodca"), Monsignore Jozef Tiso; Ministerpräsident war Vojtech Tuka. Die Slowaken traten 1940 dem Dreimächte- und 1941 dem Antikominternpakt bei. Hitlers Feldzüge unterstützten sie gegen Polen mit drei, in Rußland mit zwei Divisionen.

Die Widerstandsbewegung trat erst spät zutage und gipfelte 1944 in einem erfolglosen Aufstand*).

Nord-, West- und Südeuropa

Die Widerstandsbewegung in **Norwegen** kämpfte nicht nur gegen die deutschen Besatzer, sondern gegen landeseigene nationale Kräfte an, deren Repräsentant Vidkun Quisling war. Der Major und Staatsrat, Kopf der „Nasjonal Samling", wurde in der Westpresse fortan als Synonym für den Begriff „Verräter" benutzt. Dabei war er den Nationalsozialisten und Hitler selbst gar nicht so treu ergeben, wie es schien. Der deutsche Kommissar für Norwegen, Josef Terboven, auch Gestapo (Geheime Staatspolizei) und Wehrmachtdienststellen alterierten sich des öfteren über seine ablehnende Haltung und drängten ihn schließlich 1940 sogar aus seiner Machtposition. Erst 1942 – Terboven hatte versagt, Quisling besaß in der Bevölkerung kein Vertrauen mehr – ließ Hitler den „Samling"-Führer auf Schloß Arkershus in Oslo zum Staatschef ausrufen.

Doch das ging nicht gut. Quisling wollte die Verfassung außer Kraft setzen, wodurch ein Streit zwischen Regierung, Universitäten und Pastorenschaft entstand. Der Widerstand wuchs. Dabei konnte weder die Gestapo noch Jonas Lies' Polizei oder die KZs in Grini, Espeland, Bredtvedt und Sydspissen abschrecken. Die Sprengstoffanschläge nahmen trotzdem zu.

Die erste Widerstandsgruppe gründeten der Oberjustitiarius und

---

*) In anderen ost- und südosteuropäischen Ländern – z.B. in Finnland, Albanien, Bulgarien, Rumänien, Ungarn und Österreich – bildeten sich erst relativ spät Widerstandsorganisationen, die (wie in den bereits abgehandelten Ländern) erst im Kapitel über Partisanen-Einsätze eingehend behandelt werden sollen.

Präsident des Obersten Gerichtshofes, Paal Berg, und Bischof Berggrav, Oberhaupt der Staatskirche: die „Hjemmefronten". Diese von Berg geführte „Heimatfront" war die bestorganisierte Widerstandsgruppe im besetzten Europa überhaupt, der auch Sozialisten und Gewerkschaften halfen. Schon 1940 zählte sie einige tausend Nachrichten-, V-Männer und Kundschafter.

„Transportgjenger" schleusten Emigranten nach Schweden oder auf Kuttern − „Shetland-Bus" genannt − nach England. Mit den gleichen Schiffen kamen Waffen und Geräte ins Land, wurden Fjorde vermint, britisch-norwegische Kommandounternehmen gefahren. Männer wie Leif Larsen wurden zu legendären Gestalten.

Außer der zivilen gab es auch die militärische Abteilung „Militaer Organisasjonen" (Milog) mit geheimen Waffendepots und einer Geheimarmee zur Unterstützung alliierter Landungen.

Deutsche Lebensmitteltransporte ins Reich lösten im September 1941 eine Protestwelle aus, die mit Massenverhaftungen und Deportationen gesühnt wurde.

Im März 1943 verübten norwegische Widerständler und britische Agenten einen Sprengstoffanschlag gegen das Norsk Hydro-Werk bei Kjusan, das Schweres Wasser zur Atomkraftgewinnung produzierte.

Im Frühjahr 1943, als norwegische Arbeitskräfte zwangserfaßt wurden, verhalf die „Heimatfront" vielen Betroffenen per Schiff zur Flucht ins Ausland, vorwiegend nach Schweden. Die Widerstandsbewegung erhielt starken Zulauf, als im Mai 1944 drei Jahrgänge einberufen wurden, die Quisling möglicherweise der deutschen Wehrmacht überstellen wollte.

Nach dem Abfall der Finnen und dem Einmarsch der Roten Armee in Nordnorwegen (Oktober 1944) erhielt die von der britischen S.O.E. versorgte „Heimatfront" strategische Aufgaben: Störung der nord-südwärts verlaufenden Schienen- und Straßenverbindungen, Vernichtung von Brennstoffdepots und Schiffen, um den deutschen Rückzug zu behindern.

Auch in **Dänemark** etablierten sich nach der Besetzung durch die Deutschen relativ früh verschiedene Widerstandsgruppen. Dennoch verhielten sich die Dänen anders als andere Nationen, nahezu „schwejkhaft".

Das dänische Kabinett des Sozialdemokraten Thorwald Stauning hatte die deutsche Invasion gelassen hingenommen. Der König Christian X. war − anders als die Monarchen der Niederlande und Norwegens, die flohen und „ferngesteuert" gegen Deutschland kämpften, − im Lande geblieben. Die unterwürfige Haltung gegenüber den Besatzern (der König warb sogar mit Ehrungen und Beförderung 130000 Freiwillige für Hitlers Rußlandfeldzug) sicherte der Bevölkerung einen guten Lebensstandard. Dennoch regte sich Widerstand. Unter Führung der Professoren Ole Chievitz und Mogens Fog entstand in Kopenhagen eine kommunistische Zelle, die während des deutschen Stalingrad-Debakels in eine Schlüsselrolle aufrückte. Vertreter aller Parteien gründeten mit Wissen des Königs einen geheimen „Frihedsraad", (Friedensrat), der sich um Kontakte mit Ost und West bemühte.

Die Arbeit der dänischen Widerständler konzentrierte sich auf Eisenbahnsabotage. An die 8000 Gleissprengungen allein in Jütland nährten denn auch Hitlers Furcht vor einer anglo-amerikanischen Landung im Norden. Einige Gruppen terrorisierten Angehörige des „Frijkorps Danmark". Diese Rußlandheimkehrer rächten sich. An den „Schalburg-Tagen" – so hieß ein an der Ostfront gefallener dänischer Gardeoffizier – gab es wilde Schießereien und Brandstiftungen: über 2000 Tote. Deutschland verlangte Ende August 1943 von Dänemark das Recht zur Aburteilung festgesetzter Attentäter. Doch die dänische Regierung protestierte und trat zurück. Aufstand drohte. Um vorzubeugen, wurden die dänischen Reststreitkräfte („Haeren der ikke maate kaempe") entwaffnet; die Flotte versenkte sich vor dem Zugriff der Deutschen selbst, und der König kam unter Hausarrest. Und der Besatzerdruck nahm zu. Dennoch erhielt der deutsche Reichsbeauftragte in Kopenhagen, Werner Best, keine größeren Vollmachten.

Für die Widerstandsbewegung in Dänemark ergaben sich Probleme. Denn: Das Land war völkerrechtlich neutral, so daß jede Widerstandstätigkeit zugleich einen Anschlag auf die legale dänische Regierung bedeuten mußte. Der von Exildänen im September 1940 in London gegründete „Dänische Rat" konnte daher auf die innenpolitische Lage des Heimatlandes wenig einwirken. Widerstandskreise in Dänemark, die für den Tag X schon einen geheimen Nachrichtendienst einrichteten und Truppen sammelten, widersetzten sich den Briten, die Sabotage gegen Wehrmachtseigentum, Eisenbahnen und die Kriegsindustrie verlangten. Erst gegen Ende 1942 kam es, bedingt durch die Niederlagen der Achsenmächte, zu Sabotagehandlungen, die von S.O.E.-Agenten initiiert wurden. Ungeachtet der regierungsamtlichen Appelle gab es im August 1943 eine Welle von Anschlägen, die deutscherseits natürlich Gegenmaßnahmen auslösten. Darauf antworteten die Dänen wiederum mit Streik. Als ein deutsches Ultimatum an die Regierung in Kopenhagen des Inhalts, den Belagerungszustand auszurufen und die Verfolgung und Bestrafung von Saboteuren deutschen Stellen zu überlassen, abgelehnt wurde, übernahm am 29.8.1943 die Wehrmacht die Regierungsgewalt. Das „offizielle Dänemark" wurde abgeschafft. Darauf bildete sich noch am gleichen Tag in Kopenhagen ein geheimer „Freiheitsrat", der die Aktionen der nur lose miteinander verbundenen Widerstandsgruppen koordinierte.

Auf die im Juni 1944 in Kopenhagen verhängte Ausgangssperre

reagierten die Dänen mit einem vom „Freiheitsrat" ausgerufenen Generalstreik. Die Deutschen schnitten daraufhin die Energie- und Wasserversorgung der Stadt ab, mußten aber dann die Ausgangssperre doch wieder aufheben. Beim 48-Stunden-Streik im September 1944 ließ der Höhere SS- und Polizeiführer Pancke alle dänischen Polizisten internieren und die Offiziere nach Deutschland bringen.

Nachdem Frankreich und Belgien befreit waren, unterstützte die S.O.E. verstärkt die dänischen Widerständler, damit sie (wie die Norweger auch) den Rückzug der Deutschen hemmen sollten. Dennoch konnte der „Freiheitsrat" nur bei den Westmächten eine Anerkennung Dänemarks als verbündeter Staat erlangen. Die Sowjets dagegen – noch immer verärgert über den 1941 erfolgten Beitritt Dänemarks zum Anti-Kominternpakt – wollten eine aus Widerstandskämpfern und Kommunisten bestehende neue Regierung. Doch die Russen fügten sich dann, als sich „Freiheitsrat" und frühere Regierungsparteien im Dezember 1944 über die Bildung einer Nachkriegsregierung einigten. Im April 1945 wurde Dänemark zur Gründungskonferenz der UN nach San Franzisko eingeladen, was einer Anerkennung als Verbündeter gleichkam.

Der Widerstand in den **Niederlanden,** weitgehend „gouvernemental", d.h. dem Königshaus treu ergeben und von der Exilregierung in London gesteuert, war wenig bedeutsam. Zentren waren an der Universität Leyden und an der Technischen Hochschule in Delft, die deshalb schon 1940 geschlossen und einige Professoren und Studenten in deutsche KZs gebracht wurden.

Im Februar 1941 führte eine Demonstration holländischer Nationalsozialisten in Amsterdam und Umgebung zu Unruhen und Streiks.

Die beiden wichtigsten niederländischen Untergrundorganisationen waren „Leve de Koningin" und „Nederland vor Oranje", die Kontakt zu nordfranzösischen Gruppen pflegten.

Der holländische Major Christian Lindemanns („King-Kong") vertiefte diese vom Bergungsdienst der R.A.F. (Royal Airforce = brit. Luftwaffe) hergestellten und dem Intelligence Service bedrängten Verbindungen, doch sie blieben ohne militärischen Wert.

Denn um seinen verhafteten Bruder freizubekommen, stellte er sich der deutschen Abwehr und wurde von ihr „umgedreht", wodurch internationale Résistance-Verbindungen aufflogen.

Das „Englandspiel" der deutschen Abwehr und des SD (Sicherheitsdienstes), das von Januar 1942 bis April 1944 dauerte, war ebenfalls bekannt geworden: Major Hermann Giskes und Hauptsturmführer Joseph Schreieder hatten sich in den Funkverkehr zwischen dem holländischen Untergrund und der S.O.E. in London eingeschaltet, so daß 53 Agenten und 95 Fallschirmabwürfe gefaßt werden konnten.

Schreieder schätzte die Zahl der niederländischen Widerstandskämpfer auf rund 1200. Jeder führende Holländer im Staatsdienst geriet leicht in den Verdacht der Kollaboration mit den Deutschen und konnte somit zur Zielperson des Widerstandes werden. So z.B. wurde General Hendrik Seyffardt, Gründer der „Vrijwilligers-Legion Nederland", ermordet.

Die Geheimhaltung in Holland war nicht immer erfolgreich. Der niederländische Spion Leutnant Lodo van Hamel und die Engländerin Nora Inayat-Khan wurden erschossen, und eine Nachrichtenorganisation, zu der Johannes Ter Laak, Joseph Klinger, William von der Rheyden und Theodor Dobbe gehörten, zerfiel.

Eine zweite Streikwelle erfaßte das ganze Land, als der deutsche Wehrmachtsbefehlshaber im Mai 1943 die ehemaligen holländischen Kriegsgefangenen aufforderte, sich zur neuerlichen Internierung zu melden. Der deutsche Reichskommissar Arthur Seyß-Inquart verhängte daraufhin das „Polizeistandrecht" und Massenverhaftungen, setzte Standgerichte ein und ließ Geiseln erschießen. Nun traten außer der „L.O.", die überwiegend Verfolgten half, drei weitere Widerstandsgruppen in Erscheinung, denen die S.O.E. Waffen und Material abwarf: „Orde Dienst", „Knokploegen" und „Rad van Verzet".

Im September und Oktober 1944 wurden die drei Verbände in der „Binnenlandse Strijdkrachten" (B.S.) vereinigt und Prinz Bernhard der Niederlande unterstellt; sein Hauptquartier befand sich hinter den alliierten Linien bei Brüssel.

Die erste Widerstandsgruppe in **Belgien** − „Sa Rodino" − führte der Sowjet-Politruk Grigorij Marinow. Eine andere, die in den Ardennen operierte, hatte zwar der belgische Bergmann Jan Kollar gegründet, doch der russische Leutnant Ewgenij Dotsenko leitete sie. Die Widerstandseinheit „Armée Sécrète" stand unter dem Kommando des belgischen Journalisten Camille Joset. Auch Oberst Lentz organisierte eine subversive Bewegung. Bis Mitte 1944 betrug die geschätzte Zahl der aktiven Widerstandskämpfer rund 1500.

Kern der belgischen Untergrundarbeit waren die Führungskader aufgelöster Parteien. Sie betätigten sich in illegalen Presseorganen und Aufrufen. Zentren des Widerstandes waren die katholische Kirche (Kardinal Van Roey), Universitäten und Justiz.

Im Frühjahr 1943 löste die Zwangsrekrutierung von Arbeitern nach Deutschland größere Streiks aus. Paramilitärische Widerstandsgruppen („Armée Sécrète") reagierten mit Anschlägen gegen Deutsche und belgische Kollaborateure, worauf Repressalien und Geiselerschießungen folgten. Die straffe kommunistische Untergrundbewegung beherrschte die größte aktive Gruppe „Front de l'Indépendance" (F.I.)., organisierte parteigebundenen und aktiven Widerstand. Eine andere, nicht-marxistische Formation war die aus ehemaligen Offizieren zusammengesetzte „Légion Belge", die darauf abzielte, bei einer Invasion den Alliierten zu helfen und –nach dem Abzug der Deutschen – bis zur Rückkehr der Exilregierung Pierlot eine Machtübernahme durch linke Kräfte zu verhindern. Der aktiven Widerstandsbewegung gelang es dann im Herbst 1944, den Hafen von Antwerpen zu besetzen und bis zur Ankunft alliierter Kräfte zu halten.

Die wohl stärkste und bekannteste Widerstandsbewegung gab es in **Frankreich**, obwohl ihr der englische Historiker Alexander Werth wenig Bedeutung beimaß.

Die französische Résistance manifestierte ihren Widerstandsgeist erstmalig öffentlich, als am 11.11.1940 Studenten zum Grab des Unbekannten Soldaten marschierten, die Marseillaise sangen und zwei Angelruten mitführten. Im Französischen heißt „Angelrute" *gaule* und „zwei" *deux*. Es war also ein symbolischer Gruß an General Charles de Gaulle in London.

Schon am 17.6.1940 war eine kleine Maschine vom Flugplatz Mérignac in der Bretagne gestartet, die nach einer Zwischenlandung auf der Insel Jersey in Croydon (England) landete. An Bord waren General Spears, Leutnant Geoffrey de Courcel und General Charles de Gaulle.

In London begleitete Spears de Gaulle in die Downing Street zum Premier Winston Churchill. De Gaulle schlug vor, den Kampf an der Seite Englands weiterzuführen und ein Nationalkomitee zu gründen, dem sich alle Freien Franzosen anschließen sollten.

Churchill war einverstanden und stellte ihm sogar die Sender der BBC für Aufrufe zur Verfügung. Doch als de Gaulle gegangen war, fuhr er Spears an: „Warum haben Sie mir diesen unbekannten General hergebracht? Warum haben Sie mir keinen Politiker gebracht, Mandel oder einen anderen, hinter den sich die Franzosen stellen würden? Eben einen Mann mit Namen..."

De Gaulle richtete seine Dienststelle in einem Geschäftsgebäude, dem Stephen's House am Embankment ein, und schon tags darauf wurde seine erste Proklamation gesendet. Doch sie fand drüben in Frankreich wenig Widerhall. Der General wurde jahrelang von den meisten Franzosen nicht als nationaler Führer anerkannt und mußte sein „Bureau Central de Renseignements et d' Action" (BCRA) dem britischen Geheimdienst unterordnen; er besaß so wenig Einfluß wie die Institutionen anderer Exilregierungen auch.

Anfang August 1941 suchte auf de Gaulles Initiative hin (der General hielt sich gerade in Beirut auf) der Vertreter der „France Libre" Kontakt mit den Russen. M. Jouve, de Gaulles inoffizieller Repräsentant in der Türkei, rief deshalb den Sowjetbotschafter

S. Winogradow in Ankara an. Werth[1] zitiert Jouve: „General de Gaulle sprach sehr viel über die Sowjetunion. Ihr Eintritt in den Krieg, sagte er, bedeute für uns eine große Chance, mit der wir bisher nicht gerechnet haben. Er sagte weiter, es sei zwar unmöglich, den genauen Zeitpunkt des Sieges vorauszusagen, daran, daß Deutschland letzten Endes geschlagen werde, hege er indes nicht den geringsten Zweifel."

Kurz danach riefen die Herren Cassin und Dejean den Sowjetbotschafter Maiskij in London an und schlugen die Aufnahme „irgendeiner Art offizieller Beziehungen" zwischen der Sowjetunion und dem Freien Frankreich vor. Am 26.12.1941 antwortete Maiskij de Gaulle, daß ihn die Sowjetunion als Führer aller Freien Franzosen anerkenne, „ganz gleich, wo sie sich befinden", und Hilfe versprechen würde.

De Gaulle wünschte eine militärische Kooperation zwischen Rußland und dem Freien Frankreich und wollte eine Division, die in Syrien stationiert war, in die Sowjetunion schicken. Doch die Briten protestierten. Im April 1942 schlug Dejean vor, 30 Flieger und 30 Mann Bodenpersonal in die UdSSR zu entsenden. Das war die Grundlage für das Geschwader „Normandie", das später in Rußland eintraf: ein Symbol, mehr nicht. Doch diese Verbindung der französischen Résistance mit Moskau bekam politische Bedeutung.

Ende 1940 arbeiteten schon einige kleine Résistance-Gruppen. Die erste im Norden Frankreichs war vermutlich die im September 1940 von einigen Intellektuellen gegründete Vereinigung „Museé de l'Homme". Im Süden agierte „Combat", die Kapitän Henry Frénay mit der holländischen Sozialfürsorgerin Berthie Albrecht (sie wurde von den Deutschen enthauptet) gebildet hatte. Der britische Intelligence Service baute über ganz Europa (besonders in Norwegen und Holland) ein Nachrichtennetz aus, mit dem auch Emigranten in London in Verbindung standen.

Solange der deutsch-russische Vertrag bestand, forderten die französischen Kommunisten die Zusammenarbeit mit den Deutschen und beschimpften de Gaulle als „General im Sold des englischen Imperiums". Doch als Hitler die Sowjetunion angriff, gingen die Kommunisten sofort in den Widerstand; ihr Kampf gegen die deutschen Besatzer war so grausam, daß er gegen die internationalen Konventionen verstieß.

Am 21.6.1941 töteten die Kommunisten neben anderen deutschen Soldaten auch den Fähnrich zur See Mozer in der Metrostation Barbès-Rochechouart. Hitler befahl daraufhin, 100 Geiseln zu nehmen und 50 davon sofort zu erschießen. Die Vichy-Regierung jedoch verhinderte das Massaker und lieferte dafür sechs Männer an die Guillotine: drei Kommunisten und drei Verbrecher.

---

1) Werth, Seite 612.

Von einem allgemeinen und wirksamen Widerstand konnte man zu diesem Zeitpunkt aber noch nicht sprechen. Die wichtigsten Gruppen, wie „Liberation Nord" und „Liberation Sud", auch „Combat", „Front National", „Organisation Civile et Militaire" u.a. wurden teils erst 1942 geschaffen bzw. vervollständigt. Eine der ersten Untergrundzeitungen, die noch von Berthie Albrecht mit einem Vervielfältigungsgerät hergestellte „Petites Ailes de France", erschien im April 1941 in Lyon.

Großen Zulauf in die Widerstandsgruppen brachte — wie in den anderen deutsch-besetzten Ländern auch — erst die Zwangsarbeiterjagd. Fritz Sauckel, ehemaliger Matrose und nun Generalbevollmächtigter für den Arbeitseinsatz im Reich, wollte 7,5 Millionen Fremdarbeiter in die deutsche Kriegswirtschaft eingliedern: 1 Million davon sollte aus Frankreich kommen. Anfangs war es Sauckel untersagt, Kräfte einfach zu requirieren, und so suchte er mit günstigen Lohnangeboten nach Freiwilligen. Tatsächlich meldeten sich von Oktober 1940 bis Juni 1941 an die 100 000 junge Leute. Aber nach Beginn des Rußlandfeldzuges, im Juli 1941, waren es nur noch 70 000. Sauckel drang in die Vichy-Regierung, seine Anstrengungen nicht zu sabotieren. Daraufhin erging der „Service du Travail obligatoire" (STO). Diese Arbeitsdienstverpflichtung trieb junge Franzosen in den Untergrund.

Die erste Partisanengruppe in Südostfrankreich organisierten rotspanische Guerillas. Diese sogenannten Maquisards, kurz „Maquis" genannt, operierten überwiegend auf dem Zentralplateau, in Hochsavoyen und der Provence. Diese geländegünstigen Gebiete, Ende 1942 von deutsch-italienischen Verbänden besetzt, später von den Italienern geräumt, unterstanden lange Zeit der unwirksamen Kontrolle schlechtbewaffneter französischer Milizverbände des Polizeichefs Joseph Darnand.

Die ersten „Groupes francs", häufig von Rotspaniern oder geflohenen russischen Gefangenen kommandiert, waren im Durchschnitt 30 Mann stark. Die Kampfbedingungen waren je nach Gelände und Bewaffnung verschieden. Dabei gewannen die natürlichen Bollwerke Frankreichs, nicht nur in Savoyen, größere Bedeutung, z.B. in den Alpen, Pyrenäen, Vogesen, Ardennen, in der Bretagne und im Jura. In der Provence gab es zudem gute Abwurfplätze für Nachschub und weniger Besatzer-Kontrolle. Die zerklüfteten Gebiete der Auvergne, Sevennen, im Limousin, auf dem Hochplateau der Savoyer Alpen boten die bei weitem günstigsten Operationsbasen und Schlupfwinkel für die Partisanen in Frankreich überhaupt.

Jeder Freischärler mußte sich vor Eintritt in die Organisation einer Prüfung unterziehen. Und wer drinnen war, der konnte nicht mehr zurück. Die Maquisards lebten in Höhlen, verlassenen Hütten und Dorfruinen; sie ertrugen Wetterunbilden, Krankheiten,

Angst und Verfolgung; sie waren dauernd im Alarmzustand, erhielten von Bauern Lebensmittel, von der Bevölkerung Hilfe jeder Art, Warnungen und Nachrichten über die Besatzer. Wie überall aber trug dieses gefahrvolle Leben der Partisanen in Frankreich auch nicht den Hauch von Romantik in sich.

Genaue Daten über die Mitgliederzahl in der französischen Résistance gibt es nicht. Anfang 1943 schätzte man sie auf rund 40 000 (ohne die 30 000 Männer und Frauen in den 60 Nachrichtennetzen). Ein Jahr später kämpften schon 100 000 junge Leute im Widerstand, und vor der „Schlacht um Frankreich" (nach der Invasion in der Normandie und in der Provence) waren es doppelt so viele. Wie in anderen Ländern auch, so hielten es eben auch viele Franzosen für opportun, vor Kriegsende im Widerstand tätig gewesen zu sein.

Das größte Problem für die Résistance stellte die Bewaffnung dar. Die Hälfte des abgeworfenen Gutes fiel in Feindeshand. Dennoch erhielten die Untergrundkämpfer an die 500 000 Einzelwaffen geliefert. Auch wurden ihnen 15 Milliarden Francs für diverse Kaufzwecke zugeteilt. Später wurden „Militärdelegierte" ernannt, die das Oberkommando über alle Résistance-Gruppen führten. Nacheinander waren das: Louis Mangin, Oberst Ely, Maurice Bourgès-Maunoury und Jacques Chaban-Delmas.

Vor der Invasion wurden die Aktionen der Partisanen mit den alliierten Operationen koordiniert; z.B. galt „Plan Grün" für Sabotage-Akte gegen Eisenbahnlinien, „Plan Violett" der Zerstörung von Telegraphen- und Telephonleitungen, „Plan Schildkröte" der Unterbrechung von Straßen usw.

Im März 1944 schuf de Gaulle die F.F.I. (Forces françaises de l'intérieur), einen für alle Geheimverbände obligatorischen Zusammenschluß mit militärischem Aufbau: Züge, Kompanien, Bataillone, Regimenter. Befehlshaber der FFI wurde General Pierre Koenig. Er sollte die Strategie der Résistance in die gemeinsame Sache einbeziehen und ihr Waffen geben.

Der Widerstand gründete sich teils um illegale Zeitungen bzw. wurde von ihnen unterstützt:

  ▷ „Combat" der Katholiken Henri Teitgen und Georges Bidault
  ▷ „Libérer et Fédérer" des Altkommunisten Georges Altmann in Toulouse
  ▷ „Liberation" (Clermont-Ferrand), von Emmanuel d'Astier de la Vigérie organisiert
  ▷ „Franc Tireur" (Lyon), den Claude Bourdet gründete.

Die Maquisards verübten anfangs meist Eisenbahn-Sabotage, setzten Bürgermeister ein, erpreßten Kontributionen, töteten auf qualvolle Weise französische Milizangehörige, deutsche und italienische Soldaten. Das Massaker von Tulle, die Leichenfunde in Pau und andere Untaten provozierten die Besatzungsmacht zu Racheakten und Übergriffen wie in Oradour-sur-Glane.

Eine französische Arzttochter als
Widerstandskämpferin

Französische Résistance-Angehörige auf Einsatzfahrt

„Hier beginnt das freie Frankreich"
(Résistance-Transparent)

1944. Französische Widerständler beim Auspacken von Waffen

1944. Festnahme französischer Résistance-Angehöriger

Verhör gefangener französischer Widerstands-kämpfer

Nördlich der Loire gab es keine Maquis, weil die Vichy-KZs und -Miliz fehlten und deutsche Truppen konzentriert waren. Die sogenannte Armée Sauckel war eine nichtmilitärische Sammelbewegung vieler, die der Zwangsarbeit entflohen. Die kommunistisch geleitete „Front National" (FN), die sozialistische „Liberation Nord" sowie die von ehemaligen Armeeangehörigen getragene „Organisation Civile et Militaire" (OCM) dagegen bereiteten den Aufstand vor.

Schon im Januar 1942 war der ehemalige Präfekt Jean Moulin mit dem Fallschirm über Frankreich abgesprungen, und es gelang ihm, am 27.5.1943 in einem Haus in der Pariser Rue du Four die genannten Formationen zum „Conseil National de la Résistance" (CNR) zusammenzuschließen, deren Führung er auch übernahm. Nach langem Hader traten auch die Maquisards des Südens bei.

Der Gesamtverband nahm Kontakt zur „Armée Sécrète" in Belgien und zu den Untergrundbewegungen „Leve de Koningin" und „Nederland vor Oranje" in Holland auf, die schon vom Bergungsdienst der RAF vorbereitet worden waren. Auch zu de Gaulles „Nationalkomitee der Freien Franzosen" in London wurde Verbindung hergestellt. Nach Moulins Verhaftung übernahm Bidault die Résistance-Leitung.

Die verstärkte Aktivität des Widerstandskreises hatte zur Folge, daß schon im Mai 1942 die Polizeigewalt im besetzten Gebiet vom „Militärbefehlshaber Frankreich" auf den Höheren SS- und Polizeiführer, SS-Gruppenführer Oberg, übergegangen war. Er wollte unter Mithilfe von Kollaborateuren auch die französische Polizei mit zur Widerstandsbekämpfung heranziehen. Doch der Einsatz französischer Miliz konnte die Résistance keinesfalls daran hindern, weiterhin aktiv zu sein: Nachrichtendienst, Sabotage, Flugblattverteilung, Fluchthilfe für abgeschossene alliierte Flieger, Fälschung von Ausweisen und Lebensmittelkarten, Hilfe bei Zwangsarbeiter-Deportationen u.a.m. Besonders die für Deutschland zwangsverpflichteten Leute schlossen sich verstärkt den Maquis an. Sie wurden durch die S.O.E. von England aus mit Waffen versorgt.

Ende Juli 1942 berief de Gaulle die Führer der Résistance-Gruppen „Combat" (Frénay), „Liberation" (d'Astier) und „Franc Tireur" (Jean-Pierre Lévy) nach London, um sie zu gemeinsamem Handeln anzuhalten. In der Absicht, die paramilitärischen Elemente zu verschmelzen, setzte er provisorisch General Delestraint als Kommandeur der künftigen Untergrundarmee ein. Der traf sich mit den britischen Generalen Alan Brooke, Ismay und Stark, denn die französische Geheimarmee sollte nach einer alliierten Landung mit den Invasionstruppen zusammenarbeiten. Ein vorerst gegründeter „Nationalrat" unter Jean Moulin vereinigte denn auch die Vertreter aller Bewegungen. In der besetzten Zone Frankreichs waren nun tätig: „Organisation Civile et Militaire", „Ceux de la Libération", „Ceux de la Résistance", „Liberation Nord", „La Voix du Nord", „Franc Tireur et Partisans". Professor René Capitant führte zudem die Résistance-Gruppe „Combat" in Nordafrika.

Aber trotz allen Aufwands gärte es unter den einzelnen Gruppen, doch sie fanden irgendwie doch zusammen. Der verwegene Cavailles (er starb später), Daniel Mayer (von der „Action socialiste") und der Gewerkschafter Saillant hielten mit de Gaulle Kontakt. Der wiederum schickte Rémy, der die Untergrundarbeit in Paris und Westfrankreich intensivieren sollte; Jacques Bingen operierte nun im Süden; Manuel inspizierte ab Januar 1943 das Nachrichtennetz. Später kamen noch Pierre Brossolette und Passy-Dewavrin dazu. Als Verbindungsoffizier fungierte der Engländer Yeo Thomas.

Auch in **Italien** entwickelte sich der Partisanenkrieg erst ab 1942. Am brutalsten in ihrer Kampfweise verhielten sich die italienischen Widerständler, die mit den Tito-Partisanen in Istrien konspirierten und in der Nordlombardei mit dem Schwerpunkt um Görz sowie im nördlich anschließenden Alpenraum. Ziel der Bandenaktivität war, im rückwärtigen Frontgebiet Unruhe zu stiften, den Nachschub über Villach nach Italien zu unterbinden und den Verkehr in Richtung Jugoslawien lahmzulegen. Die zumeist ortsgebundenen Partisanengruppen fanden besonders im Gebirge östlich der Linie Fiume-Triest-Görz in der Bevölkerung weitgehend Sympathie und Hilfe.

Über die Organisation der Partisanenverbände in Italien schreibt der ehemalige Oberbefehlshaber Südwest, Generalfeldmarschall Albert Kesselring[1]: „Das Charakteristikum der Bandenführung war in den Anfangsmonaten das Fehlen von höheren, mittleren, ja sogar unteren verantwortlichen Führungsstellen nach Artikel 1, Z. 1. der Haager Landkriegsordnung. Später wurde es besser; man kannte die Namen einiger Führer.

Für die Führung wurde, im Verlauf der Monate immer schärfer hervortretend, folgendes sichtbar:

Die höchste verantwortliche Führung der Banden lag im alliierten Hauptquartier; dabei nahmen wir an, daß dies eine gemischte Befehlsstelle war, die sich auf Italiener und Alliierte stützte, wobei der Ic-Offizier federführend, aber immer an die Ia-Abteilung und deren Befehle gebunden war. Die Sabotage- und Erkundungstrupps standen im unmittelbaren Verkehr mit ihrem Auftraggeber; sie waren allem Anschein nach unmittelbar dem Hauptquartier oder dessen Mittelsmännern unterstellt. Die Bandenführer standen

---

1) Albert Kesselring: Soldat bis zum letzten Tag, Seite 325.

durch alliierte Verbindungsoffiziere mit dem Hauptquartier in Verbindung, soweit sie nicht selbständig handelten. Zu der letzteren Gattung gehörten vor allem die aus verbrecherischen Elementen zusammengesetzten Gruppen.

Die Organisation von Verbänden, sogenannten ‚Brigaden', war schon im April 1944 zu spüren: es war dies aber mehr Namen als Inhalt. Ab Herbst 1944 kann man von einer straffen Organisation und Führung in bandenbesetzten Zonen (z.B. in der Gegend um Alessandria) sprechen. Mir wurde gemeldet – ich konnte es wegen meiner anderweitigen Verwendung nicht selbst feststellen –, daß die Operationen des letzten Vierteljahres des Krieges von planmäßigen Partisanen-Bewegungen begleitet waren.

Bei den mit vielen ehemaligen Soldaten durchsetzten Bandengruppen war innerhalb eines ‚Verbandes' die Führung nach militärischen Grundsätzen aufgebaut; ihre Reichweite und ihre Tiefenwirkung waren aber gering. Der Nachschub kam anfangs aus freiwilligen, meist jedoch aus unfreiwilligen Spenden der umwohnenden Bevölkerung. Ergänzt wurde er – auf personellem Gebiet – durch Fallschirmabwürfe oder Küstenanlandungen (U-Boote).

Die Organisation nach unten ergab folgendes Bild:

1. Gruppe: Die ‚Erkundungstrupps' waren fachmännisch vorgebildet und traten in kleinsten, aufeinander verschworenen Gruppen auf. Es waren hochwertige Parteigänger, die alles riskierten. Von ihrem völkerrechtswidrigen Gewerbe abgesehen, waren sie nicht zu beanstanden. Zu dieser Gruppe gehörten auch die Sabotagetrupps, die neben ihrem völkerrechtswidrigen Gewerbe auch sonst in immer stärkerem Umfang gegen die Gesetze der Menschlichkeit verstießen. Verbrecherische Elemente waren hier stark vertreten.

2. Gruppe: Eine im Laufe der Monate militärisch werdende Organisation, die in den Deutschen und den Faschisten ihren Feind sah und je nach Einstellung und Bearbeitung der Bewohner der Gegend mehr oder weniger Zulauf fand. Hier konnte man bandenbesetzte Orte, ja Zonen antreffen, in denen jeder – gleichgültig ob Mann, Frau oder Kind – irgendwie mit den Banden, sei es als Kämpfer, Helfer oder Mitläufer, verbunden war. Dabei war es gleichgültig, ob diese Leute aus eigenem Drang oder unter sanftem Druck mittaten. Dies war für die Kugel, die den deutschen Soldaten traf, unerheblich; es mußte daher militärisch, nicht gefühlsmäßig gehandelt werden.

Daneben gab es ganze Zonen, die nur ‚bandengefährdet' oder sogar ‚bandenfrei' waren. Im ganzen betrachtet boten die Bandengruppen das Bild eines Gemischs aus Soldaten der Alliierten, Italiens, des Balkans, aus deutschen Deserteuren, männlichen und weiblichen Elementen der Bevölkerung aus den verschiedensten Berufen und Altersstufen mit verschiedenster moralischer Einstellung, ohne jede innere, gemeinsame, ethische Bindung, wobei häufig die vaterländische Aufgabe und Begeisterung nur der Deckmantel für niederste Instinkthandlungen war. Erst ab Herbst 1944 konnte man bei wohlwollender Beurteilung von militärähnlichen Verbänden sprechen, die schwerpunktmäßig in den verschiedensten Gebirgsgegenden ihre Basis hatten.

Die Zusammensetzung, Dislokation, Ausstattung und Bewaffnung der Banden konnten keine Gewähr für militärisches, völkerrechtsgemäßes Verhalten bieten."

Zur Kampfweise der italienischen Partisanen äußert sich Kesselring[1] so: „Die Individualität konnte sich austoben, das südländische Temperament tat das Seinige dazu. Wo die an sich überspitzt konstruierte ‚vaterländische Aufgabe' noch Hemmungen bestehen ließ, wußten sich die verbrecherischen Instinkte der Kriminellen in solchen zusammengewürfelten Haufen weitgehend durchzusetzen. So konnte die verabscheuungswürdige, hinterhältige Kampfführung Orgien feiern, zu der sich die Struktur des italienischen Raumes geradezu anbot. In kleineren Gruppen oder auch einzeln auftretend, wüteten die Banden hemmungslos; sie übten überall, im Gebirge wie in der Po-Ebene, in den Wäldern wie auf den Straßen und bei Nacht und Nebel — aber nie offen — ihre lichtscheue Tätigkeit aus. Diesen Gruppen sind in der Hauptsache die vielen Sabotage-Akte an Wehrmachtseinrichtungen, Lagern, Bahnen, Straßen, Brücken, Nachrichtenanlagen und die ebenso häufigen, gegen die Menschlichkeit verstoßenden Roheitsverbrechen zuzuschreiben. Es gibt in der Skala der Verbrechen vom heimtückischen Abschießen, Erhängen, Ertränken, Verbrennen, Erfrieren, Kreuzigen, Martern jeder Art, Attentate gegen einzelne und Gemeinschaften bis zur Brunnenvergiftung keines, das nicht einmal oder viele Male, ja laufend vorgekommen wäre. Der immer wiederkehrende Mißbrauch des ‚Roten Kreuzes' muß hier besonders betont werden.

Dies wurde erleichtert, da die Bandenangehörigen fast durchwegs keine Abzeichen und ihre Waffen verborgen trugen als auch völkerrechtswidrig deutsche oder faschistische Uniformen benutzten. Das Verpflichtende der ‚Uniform' fehlte."

Schon 1942 hatten sich liberale und linke Kräfte gegen das faschistische Regime verschworen und eine Untergrundpartei gegründet, die sich „Partito d'Azione" (Aktionspartei) nannte und ab Januar 1943 die eigene Zeitung „L'Italia Libera" herausgab. Doch dabei blieb es vorerst auch. Erst im März 1943 streikten unter der Devise „Brot, Frieden und Freiheit" in Turin und Mailand die Industriearbeiter. Grund: Sie verlangten eine Entschädigung für Bombengeschädigte. Und als sie gewährt wurde, war auch der Streik wieder vorbei.

---

1) Kesselring, Seite 327.

Erst nach dem Waffenstillstand mit den Alliierten im September 1943 erwuchs aus der Tätigkeit kleinerer Gruppen auf der Grundlage reaktivierter Parteien eine nationale Bewegung. Unter der Badoglio-Regierung (25.7. – 8.9.1943) gab es die ersten Zellenbildungen, deren Inspirator Oberst Graf Montezemola (Badoglios Adjutant) war. Im deutsch-besetzten Rom etablierten Vertreter aller Parteien das „Nationale Befreiungskomitee" (Comitato di Liberazione Nazionale – CLN), dem bald andere folgten. In Mailand z.B. wurde das „Nationale Befreiungskomitee für Oberitalien" (CLNAI) gegründet, das nach der Befreiung Roms (Juni 1944) die Untergrundarbeit auch in der von den Deutschen gestützten „Faschistischen Republik" in Norditalien aufnahm.

Die Partisanenverbände rekrutierten sich aus desertierten italienischen und deutschen Soldaten, entflohenen alliierten Kriegsgefangenen und Zivilisten und erhielten besonderen Zulauf, als nach der Entwaffnung der italienischen Armee im Herbst 1943 viele Italiener nach Deutschland arbeitsverpflichtet wurden und deshalb in die Wälder flohen. In Neapel gab es sogar vom 27. bis 30. September – kurz vor dem Einmarsch der Alliierten – eine Erhebung.

Die Partisanen operierten vor allem im Ligurischen Apennin und in der Bergregion entlang der Schweizer Grenze, wo sie Sabotage ausübten und die Bevölkerung terrorisierten. Im Herbst und Winter 1943 traten kleinere Banden auch im Rücken der deutschen 10. Armee auf. Hin und wieder kam es in Turin und Mailand zu kleineren Streiks. So im Juni 1944, als die Fiat-Werke nach Deutschland übergeführt werden sollten. Gelegentlich reagierten die Deutschen und einheimischen Faschisten auf die Partisanenanschläge mit Erschießungen, Deportationen und der Vernichtung von Ortschaften. Zu größeren Aktionen unfähig, verharrten die italienischen Partisanen zu diesem Zeitpunkt noch im Guerilla-Kleinkrieg. Hier mischten sogar echte Banditen mit, Räuberbanden hausten in Italien, auf Sizilien und Sardinien; sie verbargen ihre kriminellen Akte hinter politischen Motiven.

Auf der Teheraner Konferenz im Dezember 1943 hatten sich Churchill und Roosevelt gegen konservative und für links gerichtete Kreise im Mittelmeerraum entschieden. Daraus resultierte, daß z.B. Stalin zuliebe die jugoslawische Exilregierung desavouiert wurde, Badoglio und König Viktor Emanuel III. – obwohl Italien nach 1943 Deutschland den Krieg erklärte – Schelte bezogen. Die Amerikaner beharrten auf der Einhaltung des mit Italien abgeschlossenen Waffenstillstandsvertrages und weigerten sich, Badoglio über die wachsenden Schwierigkeiten hinwegzuhelfen: Schwarzhandel, Typhusepidemie, Machenschaften sizilianischer Separatisten (Mafiosi). Die italienischen Restdivisionen mußten ihre Waffen an Tito abgeben. Stalin zog Nutzen aus dieser Lage. Er schickte Andrej J. Wyschinski nach Italien. Auch der Kommunistenführer Palmiro Togliatti, in der Komintern unter dem Pseudonym „Ercoli" bekannt (brillanter Redner mit „verfeinertem machiavellistischem Verstand"), kehrte aus dem russischen Exil zurück.

Auf dem Kongreß im Januar 1944 in Bari verlangten die italienischen Oppositionsgruppen die Abdankung des Königs. Im Februar legte die aus sechs Oppositionsparteien bestehende „Junta" den Alliierten ihr Programm für eine neue Regierung vor. Roosevelt stimmte zu, Churchill aber trat für den König und Badoglio ein.

Die Alliierten, von den schlechten Erfahrungen mit den Partisanen in Jugoslawien und Griechenland enttäuscht, entzogen sich bis zum Sommer 1944 jeden Kontaktes mit den italienischen Widerstandsgruppen. Auf Bitten des CLNAI setzten sie schließlich den italienischen General Cadorna mit dem Fallschirm über Mailand ab. Im Herbst 1944 brachte er zwar verschiedene Partisanengruppen im „Corpo Volontari della Liberta" unter einen Hut, doch die Kommunisten akzeptierten ihn nicht als Führer.

Inzwischen hatten die Alliierten aber in Frankreich die Hilfe der Résistance schätzen gelernt und bedachten nun auch die italienischen Partisanen mit Waffen und Verbindungsoffizieren. Sie gingen sogar so weit, zusammen mit der italienischen Regierung das CLNAI als den autorisierten Träger des Befreiungskampfes und provisorische Regierung in Norditalien anzuerkennen.

Ende April 1944 bildete Badoglio auf Drängen der Anglo-Amerikaner ein „Kabinett der demokratischen Sammlung", dem neben Carlo Graf Sforza und Benedetto Croce auch der Kommunist Palmiro Togliatti angehörte. Als die Amerikaner in Rom einmarschierten, mußte der König abdanken. Sein Sohn, Kronprinz Umberto, durfte nicht auf den Thron; er wurde nur „Generalstatthalter des Königreichs".

Hinter der deutschen Front operierten die zwei starken republikanischen Guerillaverbände „Giustizia e liberta" und „Garibaldi". Beide führte formell General Rafaele Cadorna, real aber der Kommunist Luigi Longo. Er koordinierte die Einsätze, organisierte Überfälle, holte Italiener aus Titos Reihen zurück und jugoslawische Spezialisten zu Hilfe.

Neben diesen Formationen operierten die schon erwähnten Räuberbanden und kriminalisierten Haufen weiterhin auf eigene Faust, massakrierten neben Besatzern auch Zivilisten. In Süditalien tummelten sich sogar jung-faschistische Gruppen.

Erste militärische Gegenmaßnahmen wurden im April 1944 erforderlich, als Bandenverbände mit dem Schwerpunkt Florenz im und beiderseits des Apennin den deutschen Nachschub gefährdeten. Der „hemmungslose Bandenkrieg" in Italien aber entbrannte, als die Deutschen im Juni 1944 Rom aufgaben. Besonders die Partisaneneinheiten zwischen der Front und dem Apennin erhielten großen Zulauf, so daß die Mitgliederzahl von einigen Tausend auf 100 000 anstieg. Grund dafür waren die Aufrufe Badoglios und des britischen Feldmarschalls Alexander, die den Guerillakrieg mit der baldigen Vernichtung der deutschen Armeen propagierten. Damit war das Partisanenunwesen für die deutsche Führung in Italien zum kriegsentscheidenden Kriterium geworden und erforderte entsprechende militärische Reaktionen.

Der Winter 1944/45 war der Partisanentätigkeit abträglich: Waffenruhe, Waffenstillstandsvereinbarungen, Amnestie und Schlechtwetterphasen ließen die Insurgentenzahlen bis auf einige Zehntausend absinken. Doch es war nur eine „Scheinruhe", denn mit der Schneeschmelze im Gebirge — März/April 1945 — erreichte die Zahl der Partisanen 200 000 bis 300 000 Mann und damit den Höchststand überhaupt.

SS-Obergruppenführer Wolff sorgte in seiner Eigenschaft als „Bevollmächtigter General der Deutschen Wehrmacht in Italien" mit einem besonderen „Bandenführungsstab" für die gute Zusammenarbeit mit dem Heer. Dort fungierte General der Artillerie Hartmann als Kesselrings „Sonderbeauftragter" für das Bandenunwesen. Im Operations- und Küstengebiet waren für die Partisanenbekämpfung ohnehin die Armee-Oberkommandos zuständig. Die „Aufklärung in die Banden" wurde von der Heeresgruppe, den Armee-Oberkommandos (Ic) und dem „Höchsten SS- und Polizeiführer" gesteuert, während die Durchführung den Sicherheitsdienststellen (SD) und militärischen Kommandobehörden oblag. Die Führung bei Partisaneneinsätzen übernahm ohne Rücksicht auf die Waffengattungen grundsätzlich der „älteste" Offizier.

Im Front- und Küstenbereich waren Divisions- bzw. Kommandierende Generale, im rückwärtigen Gebiet die „Korück" der Armeen (Kommandeure im rückwärtigen Gebiet) für die Freischärlerbekämpfung verantwortlich. Das war nicht immer leicht, weil sie meist nur über bedingt kampffähige Soldaten und Fremdsöldner (Russen, Kosaken usw.) verfügten. Für die von der HG (Heeresgruppe) befohlenen Großeinsätze gegen Banden wurden in der Regel geschlossene, starke Verbände mit eigener Führungsspitze aufgeboten. Der Infanterieangriff verlangte immer öfter die Unterstützung durch schwere Waffen und Gerät: Artillerie, Granat-, Minen-, Flammenwerfer, Panzer und Sprengmittel. Entsprechend qualifizierte Männer wurden in örtlichen „Jagdkommandos" zusammengefaßt, die, voll motorisiert, jederzeit abrufbereit standen. Daneben gab es noch „Überfallkommandos" und Sonderformationen („Brandenburger" etc.), die auch gegen feindliche Fallschirmjäger und durchgebrochene Gegner eingesetzt werden konnten.

Die aufgrund der russischen Erfahrungen 1942 herausgegebene Vorschrift „Bandenkampf" wurde — wie überall — auch in Italien gemeinhin kaum beachtet, machte doch die Frontbelastung Führung und Truppe ohnehin schon schwer genug zu schaffen.

Am 24.4.1945 brach in Mailand der Aufstand aus. Drei Tage später übernahm dort die CLNAI die Herrschaft. Zu diesem Zeitpunkt wurde auch Benito Mussolini mit seiner Mätresse Clara Petacci am Comer See von Partisanen verhaftet und erschossen; die Leichen wurden dann, kopfunter, an einer Mailänder Tankstelle aufgehängt.

Am 28.4.1945 kapitulierte die HG C (Vietinghoff), tags darauf wurden in alliierten Hauptquartier in Caserta die Urkunden unterzeichnet; ab 2. Mai schwiegen in Italien die Waffen.

Die deutsche HG C verlor in den Partisanenkämpfen allein von Juni bis August 1944 (nach Kesselring) 7000 Mann an Gefallenen und etwa 25 000 an Verwundeten. Die italienischen Partisanen büßten an die 20 000 Leute ein.

Im Zusammenhang mit dem Aufbau der Partisanenorganisationen sollte auch der Versuch, in Deutschland eine adäquate Widerstandsbewegung zu errichten, nicht unerwähnt bleiben. Die Wehrmacht hat den Bandenkrieg ja stets abgelehnt, und deshalb gab es auch keine diesbezügliche Ausbildung oder Vorschrift. Der im April 1945 von der Obersten SS- und Parteiführung aufgegriffene „Werwolf"-Gedanke, dessen Symbolik aus dem Dreißigjährigen Krieg entliehen war, wurde nie wirksam.

Als nach dem Attentat auf Hitler (20.7.1944) im Westen deutsche Pläne über die Einführung des Guerillakrieges innerhalb des Reiches bekannt wurden, schrieb der jugoslawische Partisanenführer Milovan Djilas in der Zeitung „Nova Jugoslavija", daß es keinen solchen aktiven Widerstand in Deutschland geben würde, „weil ihm die Idee, die äußere Front und die Unterstützung durch die Bevölkerung fehlten."

Genau das traf zu. Zudem war die deutsche Bevölkerung knapp vor Kriegsende „kampfmüde". „Durchhaltefanatiker" gab es eigentlich nur noch in der NS-Führungsschicht, für die die militärische Niederlage gleichbedeutend mit ihrem eigenen physischen Untergang war.

Die nach russischem Muster gedachte „Werwolf"-Idee hätte auch zu einem früheren Zeitpunkt wenig Erfolgschancen gehabt. Der Deutsche scheint schon von der Mentalität her wenig Neigung und Qualifikation für eine Partisanentätigkeit mitzubringen, ganz abgesehen davon, daß die geländemäßigen Voraussetzungen in Deutschland nicht gegeben sind.

So blieb denn auch der Aufruf zum partisanischen Widerstand (Goebbels: „Jedes Haus eine Festung!") in der „Götterdämmerungsphase" des Dritten Reiches nur ein Schrei in der Wüste.

Der Partisanenkrieg

Taktik und Arbeitsweise der Partisanen

Prinzip jeder partisanischen Tätigkeit war (und muß sein), den materiell und personell überlegenen Gegner mit möglichst geringen Eigenverlusten empfindliche Einbußen an Menschen und Gütern zuzufügen und seine „Blutadern" zur Front, die Nachschubverbindungen, zu stören und ggf. abzutrennen.

Ein klassisches Beispiel (dessen Grundelemente die Sowjets sicherlich übernommen haben) war die Taktik der regulären finnischen Truppe im Winterkrieg 1939/40: ihre „Motti"-(Holzstoß-) und „Sissi"-(Mückenschwarm-)Taktik. Kleine Ski-Trupps riegelten die russischen Vormarschstraßen beiderseits sowie den Nachschub ab und rieben die eingekesselten Verbände auf. Die schwerfälligen Einheiten, obwohl rüstungs- und personalmäßig vielfach überlegen, verbluteten in Karelien.

Auch der rotchinesische Kommunistenführer Mao Tse-tung entlieh sich — wie schon erwähnt — für seine Partisanenstrategie vom Novara-Reporter Karl Marx substantielle Elemente. So z.B. die Forderung des vollbärtigen Trierers, „ein schwaches Volk müsse sich gegen seinen materiell überlegenen Gegner mittels des Massenaufstandes durchsetzen". Daraus folgerte nun Mao seine Thesen, die er schon 1938 in einer schmalen Broschüre unter dem Titel „Probleme der Strategie des Partisanenkrieges gegen Japan" (Japan griff 1937 China an) darlegte und nach denen er schließlich ein Jahrzehnt später das kontinentale China eroberte. Dieses „Grundgesetz" des subversiven Kampfes war mehr oder weniger auch Gedankengut der russischen und jugoslawischen Insurgenten, so daß hier die wichtigsten Grundzüge des Maoschen Konzepts wiedergegeben werden sollen. Maos Lehre besagt: „Der Partisanenkrieg wird im Grunde von den Massen organisiert und geführt, und somit kann er nicht fortgesetzt werden, wenn er formal die Verbindung mit dem Volk verloren hat oder wenn er sich die Teilnahme und Mitarbeit der breiten Masse nicht zu sichern versteht.

Bei Anwendung unserer Taktik wächst die Wucht des Kampfes der Masse von Tag zu Tag, und der stärkste Gegner kann mit uns nicht fertig werden." Das aber bedarf einer längerfristigen Entwicklung, da die Partisanen stets klein und schwach beginnen.

Deshalb empfahl Mao Tse-tung einen „Stufenplan":

1. Stufe: Die Partisanen setzen sich an der Peripherie des zu er-

obernden Staates in einem möglichst unwirtlichen Gebiet fest, das die Macht des feindlichen Regimes kaum noch erreicht. Die Rebellion darf dennoch erst dann erfolgen, wenn es die Lage zuläßt. Denn: „Guerillas sind wie Fische, und die Menschen sind das Wasser, in dem die Fische schwimmen. Wenn die Temperatur des Wassers richtig ist, werden die Fische gedeihen und sich vermehren."
– Nach kurzer Konsolidierung der Partisanenmacht muß das Gebiet in so viele Abschnitte aufgeteilt werden, daß der nun alarmierte Gegner sich bei der militärischen Bekämpfung aufsplittert. Mao: „Seid vorsichtig wie die jungen Frauen und flink wie die Kaninchen."

2. Stufe: Partisanen dürfen niemals den Kampf des Gegners annehmen; sie müssen beweglich bleiben und immer dafür sorgen, daß der Schlag des Feindes ins Leere geht. Oberstes Ziel muß es sein: Gewinnung großer Bevölkerungsteile als Informanten, Helfer und Rekruten der Partisanenbewegung.

3. Stufe: Die Partisanen legen im ganzen Land Widerstandsnester an und attackieren den Gegner.(Hier respektierte Mao die Erfahrungen des britischen Guerilla-Experten und Arabien-Eroberers aus dem Ersten Weltkrieg, T. E. Lawrence, der da empfahl, „die kleinste Streitmacht für kürzeste Zeit am entlegensten Platz einzusetzen"; auch gelegentliche Vorstöße ins feindliche Machtzentrum seien notwendig.)

4. Stufe: Endgültiger Triumph der Partisanenbewegung: Die Guerilla-Armee wandelt sich zum regulären Heer (so geschehen in Jugoslawien), dringt nach den Regeln der konventionellen Kriegführung von der näheren Umgebung ins Landesinnere vor und macht dem abgeschlafften Feind in der entscheidenden Vernichtungsschlacht den Garaus.

Mao: „Die Taktik des Partisanenkampfes läuft im wesentlichen auf folgendes hinaus: Die Truppen dezentralisieren, um die Massen zur Erhebung zu bringen, und die Truppen konzentrieren, um mit dem Gegner abzurechnen." – In einem Lied machte der chinesische kommunistische „Clausewitz" seine Thesen volksnah:

„Der Feind rückt vor: Wir weichen ihm.
Der Feind bleibt stehen: Wir zermürben ihn.
Der Feind ermüdet: Wir schlagen ihn.
Der Feind weicht: Wir folgen ihm."

Viele Partisanenführer folgten Maos Lehren erfolgreich: Bürgerkrieg in China, Kolonialkrieg in Französisch Indochina, Infiltrationskrieg in Laos. Immer fingen die Partisanen an der Peripherie der gegnerischen Macht an (Mao: „Stechmücken, die einen Riesen von allen Seiten angreifen, ihn aussaugen und erschöpfen").

Und spätestens hier wurde die These der Militärs widerlegt, daß „mit den Guerillas jeder gute Soldat fertig werde".

Die Begabung revolutionärer Führer wird stets an ihrem organisatorischen und politischen Einfallsreichtum gemessen, wobei die Marx-These „Defensive bedeutet den Tod eines bewaffneten Aufstandes" (aus der Zeit der Pariser Kommune 1871) lange Zeit als Grundprinzip galt – obwohl alle Partisanenorganisationen, zumindest anfangs, den Umständen entsprechend mehr defensiv als offensiv operieren mußten.

Politische Überzeugung und Zusammenhalt, auch in der kleinsten Partisanengruppe, mußten so fest sein, daß sie, auf sich selbst gestellt, weiterleben, weiterkämpfen und im Volk Wurzeln schlagen konnten. Eine Revolution ohne solide, den Umständen angepaßte Organisation gibt es nicht; ohne Glauben und Brüderlichkeit aber besteht sie erst recht nicht. Die Kämpfer werden zu einer zum Tode verurteilten Bruderschaft, die nur durch kollektives Heldentum und persönlichen Opfermut vor der vollständigen Vernichtung bewahrt werden kann.

Über die politische Schulung der Partisanen schreibt Djilas[1]: „Unser wichtigstes Lehrbuch war Stalins ‚Über die Grundlagen des Leninismus‘. In Vorträgen und Diskussionen behandelten wir den Imperialismus, die marxistische Weltanschauung, die Grundlagen der politischen Ökonomie. ‚Über die Grundlagen des Leninismus‘ war jedoch nicht nur das handlichste, sondern auch das vertrauenswürdigste und passendste Lehrmaterial für die Annahme des ‚Leninismus‘. Durch den Umstand, daß es nicht am Beginn des ‚wissenschaftlichen Sozialismus‘ steht, konnte dieses Werk freilich nicht die Bedeutung von Marx' und Engels' ‚Manifest der Kommunistischen Partei‘ haben; doch für die Festigung, für die Indoktrinierung der Parteibürokratie als der neuen herrschenden Macht war es unübertrefflich und unersetzlich, gerade durch seine mathematisch sauberen, totalen, totalitären ‚Wahrheiten‘ ..."

Über den Sinn der Partisanentätigkeit äußert sich Djilas[2] so: „In dieser seltsam entfremdeten Welt war der Tod nichts Unmögliches. Das Leben verlor jeden Sinn außer dem des Überlebens. Irgendeinen Sinn mußte ja auch dieses Leben haben – es galt, dem Leben durch vertiefte Überzeugung von Ideen und durch stärkeren Glauben an den höheren Sinn des Sterbens Berechtigung zu geben ..."

Das „Endziel" des revolutionären Krieges kommentiert Djilas[3] folgendermaßen: „Der Krieg, dem wir Kommunisten einen Sinn gegeben und den wir ins Leben gerufen hatten, war nicht ein rein nationaler und konnte es auch nicht sein: Kommunisten sind Menschen, die niemals von einer Sache – sei dies auch die nationale Freiheit – angezogen werden, welche ihnen keine Aussicht auf eine gesonderte, revolutionäre ideologische Gemeinschaft bietet.

---

1) Djilas, Seite 330.
2) Djilas, Seite 196 ff.
3) Djilas, Seite 76.

Dies mindert jedoch nicht, sondern bestätigt vielmehr die nationale Rolle der Kommunisten, ihren nationalen Idealismus – dort, wo die herrschenden Klassen das Schicksal der Nation ihrem Klasseninteresse opfern, wo nationale Unterwerfung und nationale Knechtschaft herrschen ... Hinsichtlich der ‚endgültigen' abstrakten Ziele einmütig, unterschieden sich die kommunistischen Führer in der Betonung des Nationalen, und zwar in der Art und Weise der Erlangung und Erhaltung der Macht. Selbst im Aufstand existierten solche Unterschiede zwischen den Führern des jugoslawischen Kommunismus ..."

Bezüglich der Kampfweise war oberste Härte Gebot. Dazu vermerkt Djilas[1]: „Immer noch gab es in der Partei Unentschlossenheit und ein gewisses Zögern im Töten von Spionen und Kollaborateuren. Töten ist eine Funktion des Krieges und der Revolution. Oder ist es vielleicht umgekehrt? Im Kampf selbst, aber besonders danach, wurden ‚Exzesse' als solche bemerkt, vor allem solche, die der Bewegung ‚Schaden zugefügt' hatten. Aber wer Krieg und Revolution will, muß bereit sein, Menschen zu töten, die eigenen Landsleute, ja sogar Freunde und Verwandte ..." (Es gibt eben „keine Hochzeit ohne Fleisch"!).

An anderer Stelle führt der prominente jugoslawische Kommunist (wegen Kritik an der Partei verbrachte er nach dem Krieg mehrere Jahre im Gefängnis) aus[2]: „Einheiten, deren Kämpfer einander nicht kennen, sind, selbst wenn sie von derselben Idee getragen werden, zu Gefechten ungeeignet, unfähig ... Guerillaeinheiten, revolutionäre Einheiten, besitzen ein eigenes Gefühl für das Mögliche, wofür die Kommandierenden Verständnis aufbringen müssen, wenn sie ihre Befehle auch ausgeführt wissen wollen. Eine Mannschaft zu versammeln und verläßliche Vorgesetzte zu ernennen, bedeutete noch nicht, daß man auch eine kampfkräftige Kompanie hatte, zumal für einen Rückzug." – Und an anderer Stelle[3]: „Natürlich können wir einen Krieg wie diesen nicht durch bloße Strategien, oder durch schablonenhafte militärische Taktik gewinnen. Ein solcher Krieg läßt sich nur durch die Verbindung von militärischen und politischen Aktionen und durch die Kombination von Partisanentätigkeit und Kampf an offener Front gewinnen."

Auch über die Frauen in der Partisanenbewegung machte sich Djilas eigene Gedanken[4]: „Es ist dies in der Tat ein Vorzug der Partisanenbewegung – dadurch fand die Sehnsucht der Frauen nach Emanzipation eine Bestätigung, während es die Männer auf eine höhere Stufe hob und sie zum Heldentum anspornte. Ich habe

1) Djilas, Seite 96.
2) Djilas, Seite 142.
3) Djilas, Seite 198.
4) Djilas, Seite 275.

sogar die Beobachtung gemacht, daß Frauen mutiger sind als Männer – zumindest jene, die bei den Partisanen waren, vielleicht weil der Eintritt in das Heer und die Teilnahme an der Revolution in ihnen schon eine tiefere Wandlung herbeiführte."

Ein besonderes Problem für die Partisanen bedeutete stets die Versorgung der Verwundeten. Wenn es nicht gelang, sie zu bergen und damit vor dem wahrscheinlichen Tod, zumindest vor der Folter, zu bewahren, so mußten notfalls sogar Rückzugspläne geopfert werden, Kameraden mit ihrem Leben für deren Sicherheit einstehen und weiterkämpfen: sittliche Motive rangierten hier vor taktischen.

Schon die Versorgung der Verwundeten war wegen der fehlenden sanitären Einrichtungen, Geräte und des Fachpersonals äußerst schwierig und daher die Todesrate entsprechend hoch. Djilas[1] beschreibt einen für die ganze Verwundeten-Misere typischen Fall der Ärztin Dr. Julka Městović, die ein Behelfslazarett führte: „Sie bereitete sich gerade darauf vor, einen Arm zu amputieren – mit einer gewöhnlichen Säge statt mit chirurgischen Instrumenten, wobei sie den Verwundeten mit Schnaps betäubte, statt ihn mit Äther – der fehlte – zu narkotisieren."

Eines der wirksamsten Mittel des Partisanen war der Terror. Gegen die Bevölkerung gerichtet, vermochte er sie stets „hilfswillig" zu stimmen – dabei konnte es sich um die Herausgabe von Nahrungsmitteln, um Kundschafterdienste oder Sabotage handeln – und ggf. Leute in die Organisation zwingen. Greueltaten als Folge des Terrors konnten, sowohl real als auch nur untergeschoben, zum willkommenen Nebeneffekt der psychologischen Kriegführung werden. Terror wirkt immer als Fanal auf Freund und Feind; er kann gewünschte Feindreaktionen herausfordern und auch Zündfunke für unmittelbare Volksaufstände sein. Im Augenblick des Terrors ist der Partisan mächtiger als der Machthaber, dessen Verletzbarkeit und momentane Schwäche offenbar wird.

Beim Mord am regulären Besatzersoldat meint der Partisan ohnehin weniger diesen Menschen selbst, sondern die Macht, die er mit seiner Uniform repräsentiert. Deshalb haben diese Tötungen nur Symbolcharakter und sollen „stellvertretend wirken": *Jeder* Uniformträger soll und muß sich bedroht fühlen!

Grausame Tötung, der die Folter vorgeschaltet war und noch heute ist, bleibt das effizienteste Mittel des Terrors und zwingt fast immer den von ihm erwarteten Erfolg herbei.

---

1) Djilas, Seite 177.

Deutsche Maßnahmen im Partisanenkampf

Der Generalstabschef des Heeres, Generaloberst Franz Halder, hielt in einer Notiz vom 1.7.1941 fest: „Die Befriedung der rückwärtigen Gebiete ist eine Angelegenheit ernster Sorge..." Schon zu diesem frühen Zeitpunkt also begann sich der Partisanenkrieg bemerkbar zu machen, obwohl er noch in seinen Anfängen steckte.

Mit dem Vormarsch der deutschen Truppen spielte sich das Kriegsgeschehen demnach nicht nur entlang einer Frontlinie ab, sondern entwickelte sich wegen der Partisanentätigkeit auch in die Tiefe weiter Räume. Die rückwärtigen Verbindungen der Wehrmacht bedurften daher der militärischen Sicherung, wobei für den Schutz einer einzigen Bahnlinie Verbände in Divisionsstärke notwendig gewesen wären.

Die örtlichen Kommandanturen bemühten sich offensichtlich, dem Freischärlerunwesen hinter der Front Einhalt zu gebieten. Im frontnahen Bereich waren die Divisions- und Kommandierenden Generale und „Korück" der Armee („Kommandeure im rückwärtigen Gebiet") zuständig. Außerhalb des Operationsgebiets „herrschten" die Statthalter des SS-Reichsführers Himmler despotisch und blutig.

Was aber tut eine reguläre Truppe, um sich und ihre lebenswichtigen Nachschubwege zu schützen? Und das müssen ja schließlich alle Armeen der Welt, und sie taten es bisher mit zum Teil harten Maßnahmen.

Der Artikel 358 d der amerikanischen „Rules of Land Warfare" gibt darüber folgende Auskunft: „Geiseln, die für den erklärten Zweck festgenommen und gehalten werden, um als Sicherheit gegen ungesetzliche Handlungen von seiten der feindlichen Streitkräfte oder der Bevölkerung zu dienen, dürfen bestraft oder getötet werden, falls die ungesetzlichen Handlungen trotzdem begangen werden." Das also verfügen die USA, denen man kaum bewußte Verstöße gegen die Menschlichkeit unterstellen würde.

Dennoch: Im Tatsinne sind Geiseln „unschuldig". Doch sie sind üblicherweise das wirksamste Faustpfand, um potentielle Täter prophylaktisch abzuschrecken, bzw. erfolgte Übergriffe zu sühnen. Geiselhinrichtungen sind demnach – und wie wir oben sehen – auch völkerrechtlich tolerierte bzw. sogar empfohlene Repressalien am „stellvertretenden Opfer", das die Tat für andere büßt. Die amerikanische Rechtsauffassung – sie soll hier beispielhaft für andere stehen – läßt sogar zu, daß Partisanen summarisch, d.h. ohne vorheriges Gerichtsverfahren, getötet werden dürfen.

Auch die Bedingungen der Haager Landkriegsordnung (HLKO), sowohl von den Westalliierten als auch von den Achsenmächten unterzeichnet, wenden sich gegen den Partisanenkrieg. Im Artikel 42 wird die Völkerrechtswidrigkeit der Partisanenaktivität herausgestellt. Die Partisanen führten ihren Kampf auch unter Mißachtung der Bestimmungen des Artikels 1 der HLKO. Aufgrund dieses Tatbestandes war die deutsche Führung (wie jede andere auch) zu allen Maßnahmen berechtigt, die sowohl die HLKO als auch der mangelhaft präzisierte „Kriegsbrauch" erlauben, z.B. Geiselnahme und Geiseltötung; Repressalien (Art, Umfang, Proportionalität); Kollektivmaßnahmen und deren Voraussetzungen; Notverordnungen und Gerichtsverfahren. (Repressalien allerdings sind „Ermessensentscheidungen" des jeweiligen verantwortlichen Führers und somit einer subjektiven Willkür unterworfen.) Ein Wirksamwerden des Artikels 2 der HLKO lag in der Regel nicht vor.

Dazu schreibt der ehemalige Generalfeldmarschall Albert Kesselring[1]: „Wenn jedoch während eines Krieges oder nach einem Krieg die Insurgenten als Patrioten und Helden sogar von Regierungen derjenigen Länder, die die HLKO unterzeichnet haben, offiziell anerkannt werden, so bedeutet dies eine völlige Mißachtung von Verträgen und Außerkraftsetzung jeden Rechtsgedankens.

Wenn Juristen in derartigen Prozessen sagen können, daß der Bandenkampf zwei kontrastierende Beurteilungen findet, je nachdem er von den Ländern der Banden oder deren Gegnern beurteilt wird, so ist diese Auffassung juristisch gesehen nicht zu rechtfertigen, da das Völkerrecht als übergeordnetes Recht die alleinige Basis für die Beurteilung geben muß.

Solche Vorgänge und Anschauungen sind für die Erhaltung einer gesunden Rechtsmoral im allergrößten Umfang verderblich. Man kann der Welt kein neues Recht geben wollen, wenn man mit dem alten gültigen Recht willkürlich verfährt." (Kesselring wurde nach dem Krieg wegen verschiedener Repressalien gegen italienische Partisanen, die angeblich 1000 Tote forderten, der Prozeß gemacht.)

Vor dem Angriff auf die Sowjetunion (22.6.1941) erfuhr der Abhördienst der deutschen HG B, daß in den Räumen um Moskau und in Weißrußland großangelegte Partisanen-Kriegsspiele abgehalten würden. Den deutschen Militärs wurde zudem auch bekannt, daß als Kerntruppen der Sowjetpartisanen volkssturmähnliche Zerstörungseinheiten gebildet und mit dem Auftrag der „Verbrannten Erde" vergattert wurden; d.h. sie sollten beim evtl. Rückzug der Roten Armee kriegswichtige Anlagen vernichten und sich dann den Partisanenverbänden im Rücken des Gegners anschließen.

Um so verwunderlicher bleibt, daß die deutsche Generalität beim Vormarsch in Rußland den Partisanenaktivitäten überrascht und zumeist hilflos begegnete. Sicher: Man hatte sich „vorne" dar-

---

1) Kesselring, Seite 336.

auf verlassen, daß der nachziehende Sicherheitsdienst (SD) mit seinen vorerst 4000 Mann und andere Ordnungsorgane evtl. Partisanenanschlägen erfolgreich paroli bieten würden − doch dem war nicht so.

Schließlich verfielen die militärischen Führer auf die Idee, den ohnehin „nicht-chevaleresken" Hader mit den „Waldbrüdern" den Verbündeten zu überlassen. Trotzdem sahen sich manche Frontbefehlshaber gezwungen, die Sache selber in die Hand zu nehmen. Der Befehl des Generalfeldmarschalls von Reichenau hörte sich dann so an: „Der Schrecken vor den deutschen Maßnahmen muß stärker sein als die Drohungen der umherirrenden bolschewistischen Restteile." Doch was hier angeordnet wurde − brutale Verfolgung und Vernichtung von Partisanen −, entwickelte sich schnell zum Bumerang-Effekt: Je größer der Druck, desto stärker der Gegendruck.

Es ist bekannt, daß − besonders in Rußland und Jugoslawien − der Partisanenkrieg ausuferte, auf beiden Seiten Exzesse provozierte und Unmenschlichkeiten die Tagesordnung dieser Auseinandersetzungen bestimmten.

Die Wehrmacht selbst hatte mit den Exekutionen kaum etwas zu tun, wie denn auch der „Kommissar-Erlaß" (Anhang) von der Truppenführung weitgehend ignoriert und das Treiben der sogenannten Einsatztruppen mißbilligt wurde. Deren brutales Vorgehen animierte nur zu stets neuer Partisanenaktivität. Die Wehrmacht verwaltete eigentlich immer nur einen schmalen, oft beweglichen Gebietsstreifen dicht hinter der Front als „Rückwärtiges Gebiet" und kam auch im allgemeinen mit der Zivilbevölkerung gut aus.

Seit 1941 gab es bei vielen deutschen Regimentern sogenannte Hiwis (Hilfswillige, ehemalige russische Kriegsgefangene) als Fahrer, Dolmetscher, Küchenbedienstete usw., so daß Ende 1943 schon jeder vierte Uniformierte des Ostheeres kein Deutscher mehr war. Das OKH (Oberkommando des Heeres) verfügte über 1,2 Millionen „Hiwis". Hitler ernannte 1943 sogar einen „Inspekteur der Osttruppen" und unterstellte ihm 650 000 „fremdvölkische" Soldaten, die an der Westfront sowie in der Partisanenbekämpfung Dienst machten: Turkestaner, Kaukasier, Tataren, Aserbeidschaner, Kalmücken, Kosaken (unter General Helmuth von Pannwitz) u.a.

Die dem Ostministerium (Rosenberg) unterstehende Zivilverwaltung der besetzten Ostgebiete gliederte sich − von oben nach unten − in: Reichskommissariate (Ukraine und Ostland), General-, Gebiets-, Stadtkommissariate sowie Behörden der Rayon- und Ortsverwaltungen. Die Abteilung I 5 (Kaukasus) im Ostministerium betreute nun seit 1941/42 verschiedene kaukasische Nationalkomitees: Turkestanisches, Nordkaukasisches, Georgisches, Armenisches, Aserbeidschanisches, Wolgatatarisches – zum Zwecke der Rekrutierung für die Deutsche Wehrmacht. Auch Gefangenenlager wurden ständig nach Wehrwilligen abgesucht.

Dennoch wurde in der Etappe gewütet. Neben den schon erwähnten, in der Partisanenjagd routinierten Kosaken und anderen Hilfstruppen, taten sich noch die 3000, meist litauisch-ukrainischen Söldner unter dem Befehl der SS-Brigadeführer (Generalmajor) Otto Rasch, Arthur Nebe, Walter Stahlecker und Otto Ohlendorf besonders hervor. Sie liquidierten nicht nur ertappte Partisanen, sondern auch die nach faschistischem Sprachgebrauch „schädlichen Elemente" wie Juden, Zigeuner und Kommunisten. So bildeten z.B. die Massaker von Rowno und Sluzk 1942 ebenso wie in Lidice (Tschechoslowakei) und Oradour (Frankreich) – die von anderen SS-Truppen verübt wurden – nur einige Höhepunkte an Scheußlichkeiten im Partisanenkrieg. (Ohlendorf gestand nach dem Krieg, allein mit seiner Einsatzgruppe „D" an die 9 000 Menschen „militärisch hingerichtet" zu haben. Die Zahl der von den deutschen „Ordnungskräften" in Rußland ermordeten Kommunisten, Juden, Zigeuner und sonstigen Zivilisten schätzen amerikanische Publizisten auf rd. eine Million).

Handhabe für solche Exzesse boten u.a. der schon zitierte „Erlaß des Führers und Reichskanzlers" vom 6.6.1941 (der berüchtigte „Kommissarbefehl"), wonach sowjetische Politoffiziere bei Gefangennahme sofort zu erschießen waren, als auch die Ende 1941 ergangene „Nacht- und Nebel-Weisung" (Anhang). Sie ordnete an, daß bei Terror- und Sabotage-Akten die Zivilbevölkerung in der Umgebung des Zwischenfalls durch den SD deportiert werden konnte.

Der Oberbefehlshaber der HG Mitte, Generalfeldmarschall Günther von Kluge, startete 1942 ohne Hitlers Wissen ein politisches Experiment: Er überließ den Partisanenkampf 1942 im Rayon Lokot und 1943 in Lepelj dem russischen Ingenieur Bronislaw Kaminski, einem ehemaligen Kriegsgefangenen.

Kaminski, der wie ein Pascha lebte, sich mit einem Damenflor umgab, hatte sozial-faschistische Ideen, spezialisierte sich als Partisanenfänger und wurde mit Kluges wohlwollender Zustimmung und Unterstützung des in Orel liegenden deutschen Panzer-AOK (Armeeoberkommando) 2 Bürgermeister des partisanenverseuchten Rayons Lokot, 80 km südöstlich von Brjansk. Er baute dort die – wie andernorts – gebildete Miliz, später „Volkswehr" (Narodnaja Strasha) genannt, zu einem regelrechten „Wehrbauerntum" aus. In seinem dann durch andere Rayons erweiterten „Selbstverwaltungsbezirk Lokot" verfügte er über einen gut funktionierenden Verwaltungsapparat sowie über eine nicht zu unterschätzende bewaffnete Macht, die sogenannte RONA (Russkaja Osswoboditelnaja Narodnaja Armiija = russische Befreiungsarmee). (Kaminski kam unrühmlich um. Seine Brigade verübte beim

Warschauer Aufstand nicht nur gegen Polen, sondern auch gegen Deutsche unzählige Greuel, so daß ihn Bach-Zelewski in ein KZ steckte, wo er vermutlich liquidiert wurde; in Warschau wurde Kaminskis Wagen mit Gänseblut beschmiert, um einen Überfall vorzutäuschen.)

In der Lagebesprechung vom 1.Dezember 1941[1] führte Hitler zur Partisanenproblematik aus: „Ich halte doch eine gewisse Präambel für notwendig: Grundsätzlich ist bei der Bandenbekämpfung – das muß man jedem einhämmern – das richtig, was zum Erfolg führt. Das ist allem voranzusetzen: Wenn einer auch etwas macht, was einer Anordnung nicht entspricht, aber auf einen absoluten Erfolg hinweisen kann, oder wenn einer eine Notlage vor sich sieht, der er nur mit brachialsten Mitteln begegnen kann, dann ist jedes Mittel recht, das zum Erfolg führt. Das Ziel muß sein, daß die Banden vernichtet werden und die Ruhe hergestellt wird..."

In der Fußnote ist angeführt: „Die Vorschrift wurde unter dem 27. November 1942 erlassen, war also bereits in Kraft. Die hier erwähnte ‚Präambel' wurde in einem Befehl vom 16. Dezember 1942 nachgereicht, der von Keitel unterschrieben ist und in dem es heißt: ‚Dem Führer liegen Meldungen vor, daß einzelne in der Bandenbekämpfung eingesetzte Angehörige der Wehrmacht wegen ihres Verhaltens im Kampf nachträglich zur Rechenschaft gezogen worden sind. Der Führer hat hierzu befohlen: Der Feind setzt im Bandenkampf fanatische, kommunistisch geschulte Kämpfer ein, die vor keiner Gewalttat zurückschrecken. Es geht hier mehr denn je um Sein oder Nichtsein. Mit soldatischer Ritterlichkeit oder mit den Vereinbarungen in der Genfer Konvention hat dieser Kampf nichts mehr zu tun. Wenn dieser Kampf gegen die Banden sowohl im Osten wie auf dem Balkan nicht mit den allerbrutalsten Mitteln geführt wird, so reichen in absehbarer Zeit die verfügbaren Kräfte nicht mehr aus, um dieser Pest Herr zu werden. Die Truppe ist daher berechtigt und verpflichtet, in diesem Kampf ohne Einschränkung auch gegen Frauen und Kinder jedes Mittel anzuwenden, wenn es nur zum Erfolg führt. Rücksichten, gleich welcher Art, sind ein Verbrechen gegen das deutsche Volk und den Soldaten an der Front, die die Folgen der Bandenanschläge zu tragen haben und keinerlei Verständnis für irgendwelche Schonung der Banden haben können. Diese Grundsätze müssen auch die Anwendung der ‚Kampfanweisung für die Bandenbekämpfung im Osten' beherrschen."

Alexander Werth[2] schreibt zum Partisanenkrieg und den deutschen Reaktionen: „Gewisse Darstellungen der Partisanentätigkeit lesen sich wie Wildwestromane. Es war für die Partisanen re-

---

1) DTV-Dokumente: Lagebesprechungen im Führerhauptquartier, Seite 39.
2) Werth, Seite 485.

lativ leicht, einen feindlichen Stab zu überfallen und die Weihnachtsfeiern der Deutschen mit ein paar Handgranaten zu stören. Oft aber waren es dann die Einwohner der betreffenden Orte, die unter solchen Unternehmungen zu leiden hatten. Ortschaften, deren Bewohner der Sympathie für die Partisanen verdächtigt waren, wurde furchtbar zugesetzt. In Rasetta beispielsweise wurden 372, in Dolina 469 Menschen – größtenteils Frauen und Kinder – umgebracht.

Die Deportation und die Erschießung von Dorfbewohnern, die angeblich mit den Partisanen sympathisierten, ist ein unerschöpfliches Thema. Bei W. Gluchow[1] heißt es, allein in der Provinz Kaluga seien 20 000 Zivilisten erschossen worden. Bei Brjansk, in den Bezirken Ludinowo und Djatkowo brachten die Deutschen und die Ungarn bis zum November 1942 rund 2000 Zivilisten um und verschleppten 5000 nach Deutschland. 500 Häuser wurden niedergebrannt. Fast noch erschütternder als die Berichte über die Vorgänge im Raum Kaluga-Orel-Brjansk sind die über jene Verwüstungen, die im März 1943 von den Deutschen in den Distrikten Osweia und Rossony im Norden Weißrußlands angerichtet wurden. Hier handelte es sich um Partisanengebiete. Einer deutschen Strafexpedition gelang es zwar nicht, die Partisanen zu fangen, doch besetzten die Deutschen eine Zeitlang den Raum Osweia. Als die Partisanen nach vierzig Tage währenden Kämpfen in ihre Standorte zurückkehrten, stellten sie fest, daß die Deutschen 158 Ortschaften niedergebrannt hatten. Die arbeitsfähigen Männer waren deportiert, die Frauen, Kinder und alten Leute ermordet worden. Die deutschen Verbände, welche die Vergeltungsaktionen durchführten, bestanden normalerweise aus regulären Truppen oder SD- und SS-Einheiten. Manchmal waren auch Kosaken, russische Polizisten oder gar Slowaken beteiligt. Die an den gefangenen Partisanen und an Personen, die der Sympathie für die Partisanen verdächtigt wurden, begangenen Verbrechen zählen zu den schlimmsten Grausamkeiten, die von den Deutschen und ihren Handlangern verübt wurden – und das heißt einiges."

Über die Methoden der Partisanenbekämpfung existieren auch viele deutsche Unterlagen. Ein vom 5.6.1943 datierter Bericht des Generalkommissariats für Weißrußland, der vor dem Nürnberger Militärtribunal verlesen wurde, nannte 4500 getötete Partisanen, 5000 liquidierte Verdächtige und 59 eigene Verluste.

Werth[2] zitiert hier weiter: „Die genannten Zahlen zeigen, daß auch hier wieder mit einer sehr starken Vernichtung der Bevölkerung zu rechnen ist. Wenn bei 4500 Feindtoten nur 492 Gewehre erbeutet wurden, dann zeigt dieser Unterschied, daß sich auch un-

1) „Narodnije mstitjeli" (Die Rächer des Volkes)
2) Werth, Seite 486.

ter diesen Feindtoten zahlreiche Bauern des Landes befinden. Besonders das Bataillon Dirlewanger ist dafür bekannt, daß es zahlreiche Menschenleben vernichtete. Unter den 5000 Bandenverdächtigen, die erschossen wurden, befinden sich zahlreiche Frauen und Kinder.

Auf Anordnung des Chefs der Bandenbekämpfung, SS-Obergruppenführer von dem Bach, haben auch Einheiten der Wehrmacht an dem Unternehmen teilgenommen."

Bach-Zelewski, maßgebend an der Niederschlagung des Warschauer Aufstandes beteiligt, erklärte als Zeuge in Nürnberg, daß die Partisanenbekämpfung hauptsächlich von regulären Wehrmachtseinheiten durchgeführt worden sei und die militärische Führung allerstrengste Maßnahmen gegen Partisanen festsetzte.

Werth[1] zitiert aus dem Nürnberger Protokoll:

„Oberst Taylor*): Welches waren die Hauptaufgaben der Einsatzgruppen?

Von dem Bach-Zelewski: Die Hauptaufgabe der Einsatzgruppen der Sicherheitspolizei war die Vernichtung der Juden, Zigeuner und der Politischen Kommissare.

Oberst Taylor: Welche Streitkräfte wurden dann aber für die großangelegten Aktionen gegen die Partisanen verwendet?

Von dem Bach-Zelewski: Zur Partisanenbekämpfung waren Formationen der Waffen-SS, der Ordnungspolizei und in erster Linie die Wehrmacht eingesetzt ...

Oberst Taylor: Hatten diese Maßnahmen die unnötige Tötung einer großen Anzahl von Zivileinwohnern zur Folge?

Von dem Bach-Zelewski: Ja ...

Oberst Taylor: Wurde jemals ein Befehl erlassen, und zwar von höchster Stelle, daß deutsche Soldaten, die sich Vergehen gegen die Zivilbevölkerung hatten zuschulden kommen lassen, durch Militärgerichte nicht bestraft werden sollten?

Von dem Bach-Zelewski: Ja, ein solcher Befehl ist herausgekommen ...

Oberst Pokrowsky**): Wissen Sie irgend etwas von dem Bestehen einer besonderen Brigade, die aus Schmugglern, Wilddieben und entlassenen Sträflingen zusammengesetzt war?

Von dem Bach-Zelewski: Nach Abzug aller wirklich für den Partisanenkampf geeigneten Truppen wurde im Jahre – Ende 1941, Anfang 1942 – zunächst ein Bataillon unter dem Befehl von Dirlewanger bei der Heeresgruppe Mitte zur Partisanenbekämpfung eingesetzt. Dieses Bataillon wurde dann langsam verstärkt durch Ersatzzuführung zunächst auf ein Regiment bis zum Jahre

---

1) Werth, Seite 486.
 *) Beigeordneter Ankläger für die USA.
**) Stellvertretender Hauptankläger für die UdSSR.

1944, dann auf eine Brigade. Diese Brigade Dirlewanger bestand zum größten Teil aus vorbestraften Verbrechern, offiziell aus sogenannten Wilddieben, aber es waren auch reine Kriminelle darunter, die bestraft waren wegen Einbruchdiebstahls, Mordes und so weiter.

Oberst Pokrowsky: Wie erklären Sie es, daß das deutsche Heereskommando seine Truppenteile und seinen Mannschaftsbestand so bereitwillig durch Einstellung von Verbrechern vergrößerte und die Verbrecher gegen die Partisanen einsetzte?

Von dem Bach-Zelewski: Ich bin der Ansicht, daß ein klarer Zusammenhang besteht zwischen der Rede Heinrich Himmlers Anfang 1941, vor Beginn des Rußlandfeldzuges auf der Weselsburg, wo er davon sprach, daß der Zweck des Rußlandfeldzuges die Dezimierung der slawischen Bevölkerung um dreißig Millionen sein sollte, und diesem Versuch, durch solche minderwertige Truppen auch wirklich in diesem Sinne nun tätig zu sein ..."

Werth[1] zitiert auch einen Befehl Hitlers vom 16.12.1942, der schon erwähnt wurde: „Wenn dieser Kampf gegen die Banden im Osten wie auf dem Balkan nicht mit den allerbrutalsten Mitteln geführt wird, so reichen in absehbarer Zeit die verfügbaren Kräfte nicht mehr aus, um dieser Pest Herr zu werden ..."

Zu diesem Zeitpunkt waren die Deutschen in Stalingrad eingeschlossen, und die Partisanenbewegung nahm ihren Aufschwung.

An der Ostfront gab es nicht nur die „roten russischen" Partisanen. Hinter der deutschen Front im Mittelabschnitt operierte die von General Stefan Rowiecki (er wurde später gefangengenommen und erschossen) geführte, rund 350 000 Mann starke polnische „Heimatarmee" (Armia Krajowa). Im Gebiet um Bialystock und Wilna fochten litauische Freischärler unter Bronislaw Urbanovichius mit den in deutschen Diensten stehenden Landsleuten im Polizeibataillon Peter Kubiliunas.

Die HG Nord mußte sich mit estnischen Partisanen und deutschfeindlichen Letten herumschlagen. Auch zwischen Ilmen- und Peipussee und in Karelien machten Waldläufer und ingermanländische Insurgenten den Deutschen und Finnen zu schaffen.

In der Ukraine wurde die bis nach Galizien und an den Karpatenrand aktive nationale Widerstandsgruppe OUN zu einem bedeutenden Störfaktor hinter der deutschen Front. Auch bei Kertsch gab es viele Freischärler, darunter Nichtrussen, mit denen sich das I. rumänische Gebirgskorps (Schwab) beschäftigen mußte.

Besonders in der Rückzugsphase mußten sich die deutschen Heeresverbände, die ohnehin unter massivem Druck der Roten Armee standen, zusätzlich heftiger Partisanenattacken erwehren, die hohe Opfer verlangten.

---

1) Werth, Seite 487.

Fazit: Der Partisanenkrieg – besonders in Ost- und Südosteuropa – schrieb die blutigsten Kapitel des Zweiten Weltkrieges in Europa, zumal ihm zahllose Nichtkombattanten in grausamer Weise zum Opfer fielen. Es wird zugleich auch eines der dunkelsten und traurigsten Kapitel und auf ewig unauslotbar bleiben.

Die Partisanen-Operationen 1941 – 1945

Ost- und Südosteuropa

Über die Partisanentätigkeit in **Finnland** schreibt General Erfurth[1]: „Eine neuartige und für den Krieg unseres Zeitalters charakteristische Erscheinung war der im rückwärtigen Operationsgebiet mit Banden von zum Teil erheblicher Stärke gegen die Besatzungsmacht geführte Partisanenkrieg. Erst die Technik der Gegenwart schuf die Möglichkeit für den Krieg im Rücken des Feldheeres. Daher hat sich im Zweiten Weltkrieg der Partisanenkrieg in allen Teilen Europas entwickelt, ganz besonders aber im Rücken des deutschen Ostheeres.

In Finnland gab es im ersten Kriegsjahr noch keinen Bandenkrieg im rückwärtigen Gebiet. Es fehlte hier jede Untergrundbewegung in der Bevölkerung, die für den Partisanenkrieg den Nährboden abgibt. Die Grenzbevölkerung diesseits der finnischen Reichsgrenze unterstützte die finnische Truppe in jeder Hinsicht bei der Bekämpfung von streifenden Banden; jenseits der Reichsgrenze auf der karelischen Landenge und in Ostkarelien hatten die Russen bei ihrem eiligen Rückzug im Sommer 1941 die Zivilbevölkerung in der Hauptsache mitgenommen. Nur in einigen Gegenden mit stärkerer Besiedlung (z.B. Petrosawodsk, die Dörfer um den Tulemajärvi) kam, nachdem die Kriegswoge über sie hinweggebraust war, ein Teil der eingesessenen Bevölkerung nach und nach wieder zum Vorschein. Doch gab es im Sommer 1941 in den unübersichtlichen, einsamen Waldgebieten Kareliens ab und zu einzelne Trupps versprengter Russen, die bei dem Rückzug der Roten Armee von der Truppe abgekommen waren und sich in den Wäldern versteckt hatten. Sie kamen, vom Hunger getrieben, nach und nach wieder aus ihren Verstecken hervor und ließen sich leicht entwaffnen und festnehmen. Diese zurückgebliebenen Reste der zerschlagenen russi-

---

1) Waldemar Erfurth: Der finnische Krieg, Seite 123 ff.

schen Front, die von den Finnen die Bezeichnung „Waldrussen" bekommen hatten, waren von recht harmloser Art und erforderten keine besonderen Abwehrmaßnahmen.

Die Lage änderte sich jedoch im Sommer 1942, als richtige Partisanen (also mit bestimmten Kampfaufträgen von der russischen Seite auf die finnische Seite hinübergeschickte Banden, die nicht nur die finnisch-deutschen Posten im rückwärtigen Gebiet überfielen, sondern auch die finnische Grenzbevölkerung drangsalierten) eine zunehmende Störtätigkeit im Rücken der 20. Gebirgsarmee, besonders im Raum von Salla zu entfalten begannen.

Da die Flügel des Abschnitts Kandalakscha nicht angelehnt waren, konnten die von der russischen Seite herübergekommenen Partisanen um die Flügel des XXXVI. Korps herumfassen und in das Grenzgebiet eindringen, ja gelegentlich bis zur Eismeerstraße vorstoßen. Durch das Bandenunwesen wurde die Bevölkerung recht beunruhigt und der Verkehr hinter der Front erschwert. Abwehrmaßnahmen wurden erforderlich. Nach Möglichkeit suchte das XXXVI. Korps zu verhindern, daß feindliche Streifen um seine Flügel herum in das rückwärtige Gebiet eindrangen. Dazu wurden besonders bewegliche Kompanien und Bataillone über die Flügel der Front hinaus in die weglosen Einöden der Grenzmark vorgeschoben, die hier einen beweglichen Kleinkrieg führten und den Partisanen den Weg abzuschneiden suchten. Das war im Sommer schwierig, im Winter, sobald Schnee gefallen war, schon leichter. Für diese besondere Form des Grenzkrieges waren die finnischen ‚Grenzjäger' und ‚Sissi'-(Streifen)Bataillone besonders geeignet und vom deutschen Waffenbruder sehr geschätzt. Sie waren aus den hinter den langen finnischen Ostgrenzen auf einsamen Waldhöfen wohnenden Siedlern, den Holzfällern, Jägern, Waldläufern und Rentierzüchtern gebildet und in dieser besonderen Art der Kriegführung den deutschen Soldaten weit überlegen. Ihren feinhörigen Ohren entging nichts. Mit sicherem Instinkt nahmen sie jedes Geräusch, jede Bewegung, jede Fährte im Urwald und Moor auf und spürten, wie edelgezogene Jagdhunde das Wild, erfolgreich die Partisanen auf. Die deutschen Kommandeure wußten, welch unvergleichliche Stütze sie an den finnischen ‚Sissi'-Bataillonen hatten, und suchten sie in ihren Befehlsbereichen zu behalten. Besonders General Dietl, der selbst ein großer Jäger, erfahrener Bergsteiger und passionierter Skiläufer war, hatte diese vorzügliche Truppe hoch geschätzt."

Nach der Schneeschmelze im Mai 1943 nahm die Partisanentätigkeit hinter der 20. Gebirgsarmee verstärkt zu. Auch die wichtigste Nachschubader, die 650 Kilometer lange „Eismeerstraße" über die lappländische Hauptstadt Rovaniemi nordwärts, wurde öfters unterbrochen. Bei einem Überfall auf das Postauto nahe Ivalo kam der Bischof von Oulu um. Manchmal gerieten auch finnische

Frauen in die Hände der Partisanen. Deshalb schlug General Eduard Dietl vom AOK 20 vor, den finnischen Grenzschutz zu verstärken oder die im Grenzbereich wohnenden Zivilisten zu evakuieren. Marschall Mannerheim, der finnische Oberbefehlshaber, lehnte beides ab, sagte aber für die Sicherung der Eismeerstraße einen motorisierten „Fliegenden Verband" zu. Diese Truppe wurde dem finnischen Verbindungsoffizier in Rovaniemi, Oberst Villamo, unterstellt, der als erfahrener Grenzjäger die Verhältnisse in Lappland gut kannte. Zudem erhielt die finnische Grenzbevölkerung Waffen.

Die zahlenmäßig stärkste Partisanenbewegung gab es in **Rußland**, die, von Murmansk bis zur Krim verteilt, in einem riesigen Gebiet operierte. Aus Gründen der Übersichtlichkeit sollen deshalb die Einsätze der sowjetischen Partisanen zusätzlich nach Abschnitten und in kalendarischer Folge aufgezeigt werden.

Die **„Eismeerfront"** bildete den nördlichsten Punkt im Ostfeldzug. Hitler hatte im Rahmen des Rußlandfeldzuges (Fall „Barbarossa") auch die Wegnahme von Murmansk bzw. Unterbrechung der Murman-Bahn eingeplant. Über diese Blutader der russischen Front rollten die in den Eismeerhäfen Murmansk, Archangelsk und Molotowsk per Schiffstransport angelieferten Hilfsgüter der Westalliierten. Aber statt eines Offensivstoßes mit massierten Kräften setzten Hitler und das OKW (Oberkommando der Wehrmacht; das Oberkommando des Heeres war für die übrige Ostfront zuständig) einen dreigefächerten Angriff fest, der in diesem mörderischen arktischen Gelände nicht durchschlug. Auch Unternehmen „Platinfuchs", der von Dietls XIX. Gebirgskorps wiederholt geführte Stoß auf Murmansk, hatte keinen Erfolg. Die Gebirgsjäger mußten schließlich am Liza-Fluß überwintern: Stoßtruppkrieg, Polarnacht, 40 Grad Kälte, keine Unterkünfte, Nachschubprobleme.

Die 6. Gebirgsdivision (Schörner) führte nicht nur einen zermürbenden Kleinkrieg gegen die Rotarmisten, sondern auch mit den Partisanen, welche im rückwärtigen Gebiet und in der offenen Flanke zwischen Musta Tunturi und Kap Pikjuschew auftraten. Diese Gruppen wetterharter, zäher und gedrillter Männer – meist Sibirier – hatten oft Kompaniestärke und operierten von gut versorgten Lagern aus. Ihr Anführer war der fast legendäre Major Michailow.

Am 30.10.1941 fuhr General Schörner zur Fischerhals-Front; ein Hauptmann und zwei Leutnante vom Feldersatzbataillon sollten ihn beim Gefechtsstand des IR (Infanterieregiment) 388 erwarten und dann begleiten. Der General wartete umsonst. Um 07.00 Uhr fand man den Wagen der Offiziere blutverschmiert und mit zerschossener Windschutzscheibe – die Insassen fehlten! Partisanenalarm! Alle verfügbaren Kräfte durchkämmten das Gelände. Ein Spähtrupp stieß auf den Höhen vor Titowka auf den Feind, wurde aber abgewiesen. Grund: Man erkannte die Gebirgsjäger in den dunklen Loden-Uniformen; die Russen trugen Schneehemden. Solche und ähnliche Erfahrungen mußten mit Blut bezahlt werden.

Ende Oktober verrieten russische Überläufer, daß am Revolutionstag, dem 6./7. November, ein Großangriff steigen würde. Ziel sollte die Wegnahme der Höhe 314,9 im Liza-Brückenkopf sein, während gleichzeitig ein Partisanen-Kommando die wichtige Titowka-Brücke sprengen würde. Der Divisionsstab jedoch glaubte diese Aussage nicht.

Ruef[1] schreibt dazu: „Es kam aber genauso wie es der russische Überläufer gesagt hatte. Plötzlich tauchten beim Munitionslager in der Nähe der Quartiermeister-Abteilung am Stiefel-See ‚Partisanen' auf. Wieder einmal hallte rückwärts das Wort ‚Alarm!' durch die verschiedenen Lager. Der Ib, Hauptmann i.G. Vogel, vergaß die Sorgen um Transportraum, Freimachen der Straße, Bevorratung, Holz, Treibstoff und alle wichtigen Güter; er raffte die Lagerbesatzung zusammen und kämpfte mit der Maschinenpistole, bis die ersten Verstärkungen eintrafen: Radfahrer, Pioniere, Kradschützen, Panzerjäger und Gebirgsjäger.

Bald wußte man, daß man diesmal stärkeren Kräften gegenüberstand: Eine Kompanie war mit Schiffen von der Fischer-Halbinsel, eine aus der offenen Flanke von Süden heraufgekommen ...“

Ganz offensichtlich sollte Michailows Ablenkungsmanöver den mit Schiffen angelandeten und von der Fischer-Halbinsel her operierenden Sowjettruppen helfen. Dennoch erlitten die Russen schwere Verluste. Aber die Verfolgung erbrachte nichts. Michailow und seine Leute, die ohne Unterkunft tagelang in der eisigen Tundra aushielten, verschwanden spukhaft in der düsteren Unendlichkeit. Im Bereich des Feuerkogels, der Görlitzen, des Lenkjärvi und oben an der Motowski-Bucht hatten sie ihre Schneehöhlen, die Hunderte von Soldaten faßten.

24.12.1941: Heiligabend, Schneesturm. Gebirgsjäger-Regiment 143 meldete: „Feind beunruhigt durch fortgesetztes Vorfühlen kampfstarker Spähtrupps; mit weiteren Feindangriffen ist zu rechnen ...“

Während die Angriffe regulärer Truppen dann tatsächlich bis Jahresende anhielten, führten auch die Partisanen im Süd- und Nordbereich des Liza-Brückenkopfes wieder einige Attacken, um die Rotarmisten zu unterstützen. Aber die Steiermärkler und Innsbrucker hielten aus. Michailow erlitt empfindliche Schlappen, denn die „Jagdbataillone" waren inzwischen skifest und erfahren. Trotzdem: Die deutschen Gesamtverluste an der (unsinnigen) Liza-Front beliefen sich innerhalb drei Monaten auf 413 Gefallene, 1094 Verwundete und 70 Vermißte.

---

1) Karl Ruef: Gebirgsjäger zwischen Kreta und Murmansk, Seite 242 ff:

Die deutsche Eismeerfront hielt dennoch bis 1944. Am 4. September nahmen die Finnen die Waffenstillstandsbedingungen der Sowjets an und fielen nun mit einzelnen Verbänden über die ehemaligen deutschen Waffenbrüder her. Die 2. Gebirgsdivision z.B. hatte eine Frontlinie von über 200 km zu halten, deren Hinterland partisanenbeherrscht war. Der damalige Oberbefehlshaber der 20. (Geb.)Armee, Generaloberst Lothar Rendulic, führte im August 1944 die 200 000 Soldaten auf der Reichsstraße 50 in den Raum Narvik (Norwegen).

Nordabschnitt

Dem **Nordabschnitt** galt eine der drei Hauptstoßrichtungen. Der Schwerpunkt im Bereich der HG Nord (Leeb) war 1941 *Leningrad:* Newa-Metropole, früher Petersburg, Petrograd, jetzt Leningrad – Herz der Revolution, Liegeplatz der Roten Flotte, zweitgrößte Stadt der UdSSR.

Der Kampf um die Stadt spielte sich südlich ihrer Peripherie schon ab. Die Landschaft ist dort waldreich, feucht und düster. Der flache Peipus-See ist mit dem Finnischen Meerbusen durch die Narwa verbunden, und vom Ilmen- und Ladoga-See fließt der Wolchow. Die anderen stehenden Gewässer sind nicht tief und in eine panzerfeindliche, moorige Moränenlandschaft eingebettet: klassisches Partisanengelände. Früher gehörte diese Region, „Ingermanland" genannt, zur schwedischen Krone und wurde später von den russischen Romanows annektiert. Die Bevölkerung ist arm, verschlossen und mißtrauisch. Als Stalins Aufruf zum Partisanenkrieg auch dieses Gebiet erfaßte, lernten die Soldaten des Generalfeldmarschalls Ritter von Leeb erstmals den gnadenlosen Waldkampf mit den Gegnern ohne Uniform kennen.

20.8.1941: Versammlung des Parteiaktivs Leningrad. Marschall Kliment E. Woroschilow von der Spitze des Militärrats, dem auch noch Kusnjezow, Subbotin und Popow angehörten, berichtete über die Frontlage. Sie war so kritisch, daß der Militärrat einige Einheiten – je 1000 Mann stark – als Partisanen in den rückwärtigen Raum der Feindkräfte entsenden wollte. Dazu führte Woroschilow aus: „Der Gegner ist verwegen und frech, er rechnet mit unserer Unorganisiertheit ... Man sollte den Gegner durch Schläge von hinten, gegen seine Verbindungswege, hauptsächlich in der Nacht, aufhalten. Diesem alles Maß vergessenden Feind muß man in den Rücken fallen. Eure Einheiten werden Verluste haben, aber der Feind wird zehnmal mehr verlieren. Die Bevölkerung wird euch in dieser erhabenen Sache unterstützen..."

Tatsächlich brachten dann die beweglichen Partisanen-Abteilungen der Leningrader Front große Entlastung, indem sie Straßen verminten, Brücken sprengten und Sabotage verübten.

Generalleutnant A.A. Schdanow, Stalins Kronprinz und Parteichef in Leningrad, bot zusätzlich alles auf, um die Stadt zu verteidigen. An die 600 000 Jugendliche, Frauen und Greise bauten bei 40 Grad Kälte 700 km Panzergräben, 300 km Baumsperren, 5000 Erdbunker – eine gigantische Leistung. 90 % aller Komsomolzen – Stalins „Hitler"-Jugend – stand im Frontdienst.

Carell[1]) zitiert einen Bericht des Stabschefs der baltischen Flotte, die 1941 der „Leningrader Front" unterstellt war: „Der Admiral berichtet, daß seit dem 12. September 1941 in Leningrad Sondereinheiten unter Führung der Partei gebildet wurden, die damit beauftragt waren, die totale Zerstörung der Stadt vorzubereiten. Die taktische und operative Leitung lag bei einer Spezialtruppe in der Hauptverwaltung für das Partisanenwesen der Roten Armee. Als Leitsatz galt: ,Dringt der Gegner in unsere Stadt ein, muß er unter Trümmern begraben werden'..."

Trotz dieser gigantischen Anstrengungen hatten sich die Panzer von Generaloberst Erich Hoepner mit ihren Grenadieren bis in die Vorstädte vorangeboxt. Sie kämpften in den „Poseloks" (Arbeitersiedlungen) – da gebot Hitler Halt (wie weiland vor Dünkirchen), zog die Panzer zur HG Mitte ab und befal, Leningrad auszuhungern!

Doch die Blockade klappte dann nicht. Als nämlich der Ladoga-See zufror, legten die Sowjets eine „Straße des Lebens" über das Eis. Armeegeneral A.W. Chrulew organisierte die Belieferung Leningrads mit Lebensmitteln, die mit Hilfe der Eisenbahnadministration und dem Spezialdienst des WOSO erfolgte. Dennoch verhungerten in den 900 Tagen der Belagerung rund 600 000 Menschen.

Die Sowjets suchten den Einschließungsring zu sprengen. Am 12.1.1943 tobte die erste von drei Ladoga-Schlachten. Doch auch sie blieb erfolglos. Es gelang nicht, einen schmalen Versorgungskorridor aufzureißen.

Doch am 14.1.1944 glückte es. Die Sowjets eröffneten ihre Großoffensive gegen die deutsche HG Nord. Der OB (Oberbefehlshaber), Generalfeldmarschall Georg von Küchler, hatte schon Ende 1941 alle Panzerdivisionen abgeben müssen – und nun fehlten sie ihm; außerdem war seine Front bis Newel überdehnt.

Die Russen griffen mit Panzern, schnellen Verbänden und Schlachtfliegern an. Die regulären Truppen wurden noch durch starke Partisaneneinheiten zwischen Ilmen- und Peipus-See unterstützt. Die zur Bandenbekämpfung eingesetzte Gruppe Jeckeln, deutsche und estnische Polizei-Bataillone, konnten die Überfälle auf Bahnstrecken und Brücken, gegen Depots und Posten nicht verhindern. Die Operationen im Nordraum waren zwischen der Roten Armee und den Partisanen koordiniert worden.

---

1) Paul Carell: Verbrannte Erde, Seite 180.

Über die HG Nord, die zwei Jahre lang an Wolchow, Ilmensee und Lowat in relativ ruhigen Stellungen gelegen hatte, brach nun das Verhängnis herein.

Die Sowjets stürmten mit drei „Fronten" (= Heeresgruppen) aus den Brückenköpfen an Lowat und Wolchow sowie von Ljuban, Leningrad und Oranienbaum her. Merezkow brach mit Skitrupps, Motorschlitten und Reitern vom Wolchow zum Ilmensee durch. Partisanenhaufen stiegen aus den Sümpfen und Waldverstecken und griffen die Deutschen von hinten an. Bagramjan wiederum zertrümmerte den rechten Flügel der 16. Armee (Hansen) zwischen Welikije Luki und Sokolniki. Auch ihm halfen Partisanen beim Angriff auf die „Moorfestung" Welikije Luki. Goworow schließlich stürmte südlich Puschkin und Oranienbaum die Front der 18. Armee (Lindemann) und rollte entlang der Bahnstrecke Leningrad-Pleskau auf Krasnogwardeisk und Luga vor, um dort auf Merezkow zu treffen.

Hitler reagierte auf die Frontmisere im Nordraum nach alter Manier: Er ersetzte Küchler durch Model. Doch auch der bewährte „Steher" konnte nicht mehr tun, als die Front „zu flicken". Unter dem russischen Druck von Staraja Russa auf Dno mußte die deutsche Front in den Raum Pleskau-Ostrow-Opotschka zurückgenommen werden.

Dieser Rückzug im Gebiet Peipus- und Ilmen-See kostete schwere Verluste. Überall lauerten Partisanen und arbeiteten mit „Minenschikanen". Wehrmachtkolonnen gingen in den Wäldern unter. Hunderte Fahrzeuge blieben im Schnee und Matsch hängen. Ganze Divisionen wurden umstellt und niedergemacht.

Das Desaster im Nordabschnitt hatte Signalwirkung: Genau fünf Monate später zerbrach die Mittelfront.

Ende 1944 überrollte die Rote Armee auch das **Baltikum,** wo sie mit gemischten Gefühlen von der Bevölkerung empfangen wurde, obwohl auch estnische, lettische und litauische Einheiten auf russischer Seite mitkämpften. Die Sowjetpresse berichtete auch viel über eine kommunistisch gelenkte Partisanenbewegung. So gab es in Riga und Reval zwar beim Einmarsch der Sowjets verhaltenen Jubel, nicht so aber auf dem Lande. Und wie überall, wo die Rotarmisten in fremde Länder einrückten, trug ihr Verhalten auch keineswegs dazu bei, Sympathien zu erzeugen. Auch nicht in dem (seit 1940 russischen) Baltikum. Ende Oktober war es ganz besetzt, nur auf Kurland fochten noch 30 deutsche Divisionsreste bis Kriegsende.

Die aktivste Partisanenbewegung an der Ostfront gab es im **Mittelabschnitt.** Hier boten sich – besonders in Weißrußland – ausgedehnte Waldgebiete für subversive Tätigkeiten direkt an.

Am 2.10.1941 hatte Hitler unter dem Stichwort „Taifun" den Marsch auf Moskau befohlen. Doch bald bremste der Schlamm, später kamen Schnee und Frost hinzu, den Angriffsschwung. Das russische Sprichwort „Im Herbst gibt ein Löffel voll Wasser einen Eimer voll Schlamm" wurde den Deutschen zum Verhängnis ... Herbst: „Rasputitza", Schlammperiode; Flüsse traten über die Ufer; riesige Überschwemmungen; grundlose Straßen, Fahrzeuge versanken bis zu den Achsen, Pferde bis zum Bauch im Morast. Er verklebte Uniformen, Waffen und Proviant. Es fehlte an Wetterbekleidung. Eisenbahnpioniere hatten die dritte Schiene noch nicht verlegt (die russische Spur mißt 1600, Normalspur 1435 mm). Häuser, Brücken, Dörfer waren von den weichenden Rotarmisten zerstört worden. Panje-Pferdchen hielten den Verkehr aufrecht.

Neben den katastrophalen Wetter- und Straßenverhältnissen machten auch die Partisanen schwer zu schaffen. Schon 1812 hatten aufständische Bauern die Stafetten Napoleons massakriert, und nun stürzten sich die Nachfahren auf die deutschen Eindringlinge. Doch die deutsche Führung nahm 1941 die Partisanengefahr noch nicht ernst. Deshalb schützten das Hinterland auch nur schwache Kräfte: ein halbes Dutzend, aus alten, schlecht bewaffneten Landsturmmännern rekrutierte Sicherungsdivisionen. Der SD, Himmlers SS unterstellt, ging mit vier Einsatzgruppen, rund 4000 Mann, auf Partisanenjagd. Doch das sollte alles bald nicht mehr genügen.

Der Bericht des Kommandeurs der 98. Infanteriedivision an den fanatischen Feldmarschall von Reichenau (er hatte befohlen, daß wegen der Partisanenangriffe jeder Unterführer auf sein Kartenbrett „rastlose Verfolgung" schreiben sollte), datiert vom 24.9.1941, vermittelt ein gutes Bild damaliger Verhältnisse. Er lautet[1]: „Lange motorisierte Kolonnen blieben im Schlamm stecken. Die Infanterie war erschöpft, und täglich verendeten Dutzende von Pferden im Geschirr. Die gummibereiften, mit Kugellagern versehenen, bespannten Gefechtsfahrzeuge waren den unglaublichen Straßenverhältnissen nicht gewachsen und brachen auseinander. Dagegen hielten die im Land requirierten Panjewagen scheinbar alles aus. Gute deutsche, ungarische und irische Pferde gingen vor Hunger und Erschöpfung ein, aber die struppigen kleinen russischen Pferde überlebten. Sie fraßen alles, sogar Birkenzweige und das Stroh von den Dächern der Bauernhäuser. Mannschaften der Nachrichtentruppe und Meldereiter verschwanden spurlos in den Wäldern, und bei jeder Rast mußte die Infanterie eine neue Aufgabe übernehmen, das Auskämmen des Unterholzes nach dem sich dort verbergenden Gegner. Die Division wurde in der Folgezeit mehrmals unangenehm daran erinnert, daß sie 100 Tonnen Muni-

---

1) Gareis: Kampf und Ende der 98. Infanteriedivision, Seite 125.

tion den Partisanen zum Geschenk gemacht hatte, als sie sie, da die Transportmittel fehlten, einem russischen Dorfältesten zur Aufbewahrung übergab. Die Schützenkompanien bestanden nur noch aus 30 bis 40 Mann, und vom 30. Juni bis zum 10. August verlor ein Infanterieregiment 37 Offiziere und 1200 Mann. Am 27.9., als die ersten Ersatzmannschaften eintrafen, fehlten der Division 3800 Mann an Sollstärke. Von dem Ersatz erhielt ein Bataillon 37 Mann und meldete, das sei nur ein Tropfen auf den heißen Stein..."

Der Marsch nach Moskau wurde für die Deutschen zur Passion. Weglosigkeit, Dauerregen, Krankheiten, Kämpfe, Überfälle, Kraftstoff-, Verpflegungs-, Munitions-, Ersatzteilmangel und Läuse stellten sich als Hindernisse in den Weg. Dennoch würgte sich die Truppe voran, schlug bei Wjasma-Brjansk um 45 Sowjetdivisionen einen Kessel und brachte 650 000 Gefangene ein. In Moskau brach Panik aus. Ihr folgte am 16. Oktober der große Exodus: Regierungs- und Verwaltungspersonal floh nach Kuibyschew; Lenins Sarg wurde weggebracht; Plünderungen, Desertionen. Stalin blieb in Moskau. Am 19.10. verhängte er das Standrecht.

Die erwähnte fränkisch-sudetendeutsche 98. I.D. (Infanteriedivision) z.B. war nach einem Marsch von 850 Kilometern durch die Ukraine nach der Schlacht bei Wjasma zur 4. Armee gestoßen und hatte sich von Malojaroslawetz bis 90 km vor Moskau durchgekämpft. Andere Verbände fochten sich näher heran. Doch dann lief nichts mehr. Ausfälle durch Erfrierungen und Beschuß häuften sich.

Am 5./6.12.1941 schlugen die Sowjets mit drei „Fronten" los: „Kalininfront" (Konjew), „Westfront" (Schukow) und „Südwestfront" (Sacharow). Zusätzlich traten noch Volksmilizen, 2 Reiterkorps und 3 Luftlandebrigaden an. Deren Einsatz sollte hinter den deutschen Linien von Partisanentrupps vorbereitet und dann unterstützt werden, die sich vorwiegend aus versprengten Rotarmisten zusammensetzten und in den Wäldern zwischen Wjasma, Jelnja, Roslawl und Brjansk operierten. Sie legten für Versorgungszwecke eigene Flugplätze an, riegelten Straßen und Schienenwege ab, überfielen Trosse und Sicherungsverbände.

Der Offensivplan stammte von Marschall Boris Schaposchnikow. Den Oberbefehl führte offiziell Stalin, doch Front-Koordinator war Marschall Semjon Timoschenko; die Zentralverteidigung oblag General Pawel A. Artemjew.

Während nun Schukow mit der 20. Armee (Wlassow) Fesselungsangriffe führte, rollte die Offensive der Generale Iwan S. Konjew und Matwej W. Sacharow; sie zerriß die schwache deutsche Front. Russische Spitzen drangen bis Welikije Luki, zur Smolensker Rollbahn und in den Rücken der 9. Armee (Model) vor, wo schon die Partisanenverbände massiv angriffen. Ein Debakel drohte. Erst nach verzweifelten und verlustreichen Abwehrkämpfen konnte im März 1942 die Mittelfront wieder stabilisiert werden.

In der Abwehrschlacht um Moskau spielte auch die Partisanentätigkeit eine gewisse Rolle, als größere Verbände hinter die deutschen Linien einsickerten. In den rückwärtigen Räumen bei Moskau, Tula und Kalinin führten an die 10 000 Partisanen Anschläge und Überfälle aus. Sie sollen allein im Winter 1941/42 18 000 Deutsche getötet haben. Der Partisanenchef im Moskauer Rayon, N. Gurjanow, dessen Leute 600 Deutsche umbrachten, wurde selbst getötet.

Über die Moskauer Schlacht schreibt Knobelsdorff[1]: „Gleichzeitig mit dem Beginn der russischen Angriffsbewegungen machten sich im Hintergelände die aus den Kämpfen im Oktober übriggebliebenen russischen Truppen als Partisanenbewegung unliebsam bemerkbar. Nachschubformationen und rückwärtige Teile wurden überfallen, und kein Mann konnte sich irgendwie unbewaffnet zeigen. Das rückwärtige Gebiet der Division unter Hauptmann Tasche, aus dem die Division zum Teil lebte – Frischfleisch – war besonders gefährdet. Durch die Aufmerksamkeit der Truppe gelang es aber, größere Überfälle zu verhindern ..."

Die 19. P.D. (Panzerdivision) wurde nach den Kämpfen um Fomino-Strojewka Mitte 1942 im Raum Jelnja nördlich der Straße Roslawl-Juchnow gegen die Partisanenarmee Below eingesetzt. Eine weitere Eintragung der Divisionsgeschichte vom 19.7.1942 lautet[2]: „... wäre das Bild der Abwehrschlacht nicht vollständig, wenn nicht der Kämpfe während des vergangenen Monats im Partisanengebiet Djatkowo-Kirow gedacht würde. Dort hätte der Feind Partisanenregimenter organisiert, Luftlandetruppen gelandet und versprengte Rotarmisten aus den Herbst- und Winterkämpfen zusammengefaßt. Diese Verbände hatten den Auftrag, die bevorstehende rote Offensive durch einen Stoß in den Rücken unserer Front und durch Sabotageakte gegen die Versorgungslinien zu unterstützen. Gerade zur rechten Zeit wurde diese Bedrohung ausgeschaltet. Auch hier hat die Truppe unter schwierigsten Gelände- und Kampfverhältnissen Hervorragendes geleistet. Besonders unterstützt wurde sie hierbei durch den Einsatz aller Abwehrorgane und der an der Evakuierung und Befriedung des partisanenverseuchten Gebietes beteiligten Einheiten..."

Eine Episode über die Zusammenarbeit zwischen Partisanen und Roter Armee sollte hier noch angeführt werden: Am 10.1.1942 eröffnete die „Westfront" (20. Armee, Teile der 1. Stoßarmee, 2. Kavallerie-Korps, 22. Panzerbrigade und 5 Ski-Bataillone) bei Wolokolamsk ihre Offensive. Am 16. und 17.1. drangen

---

1) Otto v. Knobelsdorff: Geschichte der 19. Panzerdivision, Seite 136.
2) Knobelsdorff, Seite 188.

die Truppen, unterstützt von Partisanenabteilungen, in die Orte Lotoschino und Schachowskaja ein und schnitten die Bahnlinie Moskau-Rschew ab.

Die 33. Armee (Jefremow) hatte Befehl, in Richtung Wjasma durchzubrechen und zusammen mit dem 1. Kavalleriekorps (Below), Fallschirmjägern, Partisanengruppen und dem 11. Kavalleriekorps der „Kalinin-Front" die Stadt zu nehmen. Am 27. Januar überquerte das Korps Below 35 km südwestlich von Juchnow die Warschauer Chaussee und vereinigte sich drei Tage später mit den Fallschirmjägern und Partisanen südlich von Wjasma. Aber die Deutschen stoppten den Vormarsch. Das Korps Below, die Gruppe Jefremow, Fallschirmjäger und Partisanenabteilungen fochten zwei Monate lang gegen die Deutschen. Die abgeschnittenen sowjetischen Truppen wurden aus der Luft versorgt.

Am 10.2. besetzte die 8. Fallschirmjägerbrigade zusammen mit Partisanen den Raum Morschanowo-Djagilewo, rieb den Stab der deutschen 5. P.D. auf und erbeutete Kriegsgerät.

Doch Anfang April wurde die Lage kritisch. Tauwetter behinderte den Kontakt zwischen der eingeschlossenen Gruppe und den Partisanengebieten. Below und Jefremow erhielten die Erlaubnis, sich durch die Partisanenreviere in Richtung Kirow durchzuschlagen; die 10. Armee sollte ihnen eine Lücke in die deutsche Front brechen. Below und einige Fallschirmjäger schafften den Ausbruch bis Anfang Juni. Jefremows Unternehmen aber, wofür die 43. Armee den Weg freischlagen sollte, scheiterte; der General erschoß sich.

Nach Auffassung des Sowjethistorikers Telpuchowskij hätte die Partisanenbewegung im Sommer 1942 „riesige Teile" der deutschen Truppen und Polizeikräfte gebunden; allein bei Brjansk wären angeblich 30 000 Ungarn im Partisaneneinsatz gewesen und 3000 Eisenbahnzüge in die Luft geflogen.

Dem aber steht entgegen, daß Stalin im September 1942 einen Sonderbefehl an die Partisanen des Inhalts erließ, daß es „angesichts der immer länger und damit verwundbarer werdenden deutschen Nachschublinien von unerhörter Wichtigkeit sei, mit der Sprengung von Eisenbahnlinien, Brücken und Zügen zu beginnen". Daraus kann geschlossen werden, daß die Partisanenoperationen im Sommer 1942 noch wenig störend wirkten.

Etwas aktiver allerdings verhielten sich die Widerständler um Orel. Die Stadt fiel am 2.10.1941, und viele Einwohner flohen in die Wälder. Dort bildeten sich bald starke Partisaneneinheiten, die M.P. Romaschow, „Held der Sowjetunion", führte. Wie überall, erschöpfte sich die Störtätigkeit in Brücken-, Depotsprengungen und Überfällen. Etliche Partisanen wurden von der SS gefaßt und öffentlich gehängt. Orel wurde am 5.8.1943 zurückerobert, und der verdiente Romaschow wurde Präsident des Exekutivkomitees der Provinz.

Der intensivste und blutigste Partisanenkrieg der Ostfront tobte in **Weißrußland,** wofür die ausgedehnten Waldungen und Sumpfgebiete besonders günstige Bedingungen boten. Doch zumindest bis Anfang 1943, als der Nachschubstrom aus dem „Hinterland" noch sehr spärlich floß, waren die Lebensbedingungen der Partisanen äußerst schwierig. Am schlimmsten war es um die ärztliche Versorgung bestellt. Einer der belorussischen Partisanenführer, F. G. Markow, schrieb in seinen Erinnerungen, daß die Ärzte „unter unglaublich schwierigen Bedingungen, ohne alle Instrumente oder Medikamente, ja, ohne Verbandsstoff, es immer noch fertigbrachten, das Leben Hunderter von Partisanen zu retten". Es heißt, die Feldschere seien meist Juden gewesen, obwohl es keine Hinweise über Juden in der Partisanenbewegung gibt, obgleich es in den weißrussischen Städten Minsk, Gomel, Witebsk und andernorts viele Juden gab.

Bei der Rückeroberung Weißrußlands machten sich die Politischen Abteilungen, die mit den Partisanenverbänden Kontakt hielten, besonders verdient: General S.S. Schatilow (1. Ukrainische Front) und General S.F. Galadschew (1. Belorussische Front).

Marschall Schukow[1] berichtet hierüber: „Nach den Angaben des Zentralen Stabes der Partisanenbewegung hatten sich bis 1943 die Partisanenstreitkräfte verdoppelt. Zahlreiche Partisanenabteilungen hatten sich zu Truppenteilen und Verbänden zusammengeschlossen, die ernst zu nehmende Aktionen im feindlichen Hinterland durchführen und bedeutende deutsche Kräfte dadurch fesseln konnten. Tatsächlich entstand im Hinterland des Feindes eine starke Partisanenfront, deren Vergeltungsschläge den deutschen Besatzern schwer zu schaffen machten.

Besonders starke Partisanenverbände operierten in Belorußland und in der Ukraine.

Hier gewannen die Aktionen der Partisanenverbände von W. Je. Samutin, F.F. Taranenko, W.I. Koslow, T.L. Bumaschkow, A.F. Fjodosow, A.N. Saburow, S.A. Bogatyr, P.M. Mascherow, S.W. Rudnew, S.A. Kowpak, M.I. Naumow, I.J. Anissimenko, Je. M. Melnik, D.T. Burtschenko und F.F. Kapusta große Bedeutung.

Das sowjetische Kommando kalkulierte bei seinen Plänen und Aktionen die reale Kraft und die zunehmende Rolle der Partisanen mit ein, zumal das Vorgehen dieser Verbände sich in taktischer Beziehung verbessert hatte.

Die Einsätze der Partisanenverbände wurden jetzt in der Hauptsache von den Militärräten der Fronten und von der Leitung der Zentralkomitees der KP der Ukraine und Belorußlands koordiniert.

---

1) Schukow, Seite 483.

Große Hilfe leisteten der Partei bei der Aufbietung der Bevölkerung, besonders der Jugend, zum Kampf gegen den Feind die illegalen Komsomolorganisationen, an deren Spitze die Sekretäre des ZK des Komsomol von Belorußland, K.T. Masurow und F.A. Surganow, standen, die sich die ganze Zeit in dem vom Feind besetzten Gebiet aufhielten. 1943 sabotierten die Partisanen 11 000 Eisenbahntransporte, beschädigten und vernichteten 6000 Lokomotiven, etwa 40 000 Eisenbahnwagen und -loren, zerstörten mehr als 22 000 Kraftwagen und mehr als 900 Eisenbahnbrücken. Diese Aktionen wurden an Ort und Stelle von den illegalen Parteiorganisationen organisiert."

Die „Lauterkeit" dieser Zahlen soll dem Urteil des Lesers überlassen bleiben. Ebenso jene: Telpuchowskij gibt an, daß am 1.2.1943 in Weißrußland 65 000, Anfang Sommer schon über 100 000 und Ende des Jahres sogar 245 000 Partisanen tätig gewesen sein sollen. Andere Quellen melden für 1943 für Belorußland 360 000, für die Ukraine 220 000 und für die übrigen noch deutschbesetzten Gebiete „viele Zehntausende". Es verlautet, daß sich oft ganze Großfamilien, ganze Ortschaften den Partisanen angeschlossen hätten, um den Strafexpeditionen der Deutschen zu entgehen ...

Am 14.7.1943 befahl das sowjetische Oberkommando den Partisaneneinheiten, die nun auch mit PAK(Panzer-Abwehrkanone) für den Lokomotiven-Beschuß ausgerüstet waren, einen allgemeinen „Schienenkrieg". Die Vorbereitungen waren getroffen. In Koordination mit der Roten Armee, deren Offensiven in der Nacht zum 21. Juli gegen Orel und Brjansk zielten, erfolgten nun auch Anschläge gegen die Bahnstränge in diesem Raum, wobei 5885 Gleise demoliert wurden. Insgesamt sprengten die örtlichen Partisaneneinheiten dort zwischen dem 21.7. und 27.9.1943 an die 17 000 Schienen.

Der „Schienenkrieg" war in Weißrußland noch intensiver. Schon vor dem Aufruf (Januar bis Mai 1943) flogen 634 Züge in die Luft. Am 3.8.1943 führten Anschläge zur Minderung der weißrussischen Transportkapazität um 40 Prozent. Die Strecke Molodetschno-Minsk war zehn Tage lang blockiert. Zwischen August und November 1943 zeigten sich die weißrussischen Partisanen sehr aktiv: 200 000 Schienen gesprengt, 1014 entgleiste bzw. zerstörte Züge, 814 beschädigte bzw. demolierte Eisenbahnbrücken.

Alarmstimmung bei den Deutschen. Am 7.11.1943 gab General Alfred Jodl (Chef des Wehrmachtführungsstabs) zu, daß im Juli 1560, im August 2121 und im September 2000 Streckensprengungen an der Ostfront erfolgt waren, die „mit großen Auswirkungen auf die Operationen und auf die Räumungstransporte verbunden" waren.

Werth[1] schreibt: „Telpuchowskijs halboffizielle Geschichte behauptet, daß in den drei Jahren 1942–1944 die Partisanen in Weißrußland 500 000 Deutsche, darunter 47 Generale und Hitlers Reichskommissar Wilhelm Kube, getötet hätten. Aus deutschen Quellen weiß man — was die Russen nicht erwähnen —, daß seine hübsche weißrussische Freundin ihm eine Bombe unters Bett gelegt hatte. In der Ukraine konnten lt. Telpuchowskij die Partisanen 460 000 Deutsche töten, 5000 Lokomotiven, 50 000 Eisenbahnwagen und 15 000 Automobile usw. zerstören oder beschädigen. Einige dieser Ziffern — besonders die Gesamtsumme von nahezu einer Million durch die Partisanen getöteter Deutscher — klingt sehr übertrieben."

Neben Telpuchowskij erklärten auch andere offiziöse Geschichtsschreiber, daß die Partisanentätigkeit durch die Partei gesteuert worden sei: „In dem vom Feind besetzten Gebiet Weißrußlands zählte man Anfang 1944 1113 frühere Parteiorganisationen in den Partisanenbrigaden und -formationen und 189 örtliche Geheimorganisationen. Es arbeiteten 9 geheime Gebietskomitees, 174 Stadtkomitees und Ortskomitees der Partei." Während des Krieges sei die Mitgliederzahl dieser Gruppen von 8500 auf 25 000 gestiegen. Unter den ukrainischen Partisanen habe es 1943 knapp 1500 Parteiangehörige und 26 000 Komsomolzen (Jungkommunisten) gegeben. Also waren nur 15 Prozent aller Partisanen Parteigänger. Der Anteil der Partei- und Komsomolmitglieder an der Gesamtstärke der weißrussischen Partisanen war demnach noch weit geringer.

Ob Parteimitglied oder nicht, Schukow jedenfalls wußte die Partisanen zu schätzen und schrieb: „Der Sieg der Sowjettruppen bei Kursk, Orjol und Charkow wurde durch die sowjetischen Partisanen, die im Hinterland des Feindes operierten, in vieler Hinsicht gefördert. Einen besonders intensiven ‚Schienenkrieg' führten die Partisanen in Belorußland, in den Gebieten von Smolensk, Orjol und am Dnjepr."

Die große Stunde der weißrussischen Partisanen schlug im Sommer 1944. Am 22. Juni (genau drei Jahre nach Kriegsbeginn) brach die sowjetische Großoffensive (Deckname „Bagration") im Mittelabschnitt los: 1. Baltische Front (Bagramjan), 1. Weißrussische Front (Rokossowski), 2. Weißrussische Front (Sacharow), 3. Weißrussische Front (Tschernjakowski) — zusammen 166 Divisionen (andere Quellen nennen 140 Schützendivisionen sowie 43 Panzer- und mechanisierte Verbände). Frontbreite 700 Kilometer, die dann auf 1200 km ausgefächert wurde. Die Überlegenheit der Sowjets gegenüber den Deutschen betrug: Mannschaften 2:1, Geschütze und Werfer 2,9:1, Panzer 4,3:1, Flugzeuge 4,5:1. Die

1) Werth, Seite 483.

Marschälle Wassiljewski und Schukow fungierten als STAWKA-Koordinatoren.

Die Sowjetoffensive traf die Front der HG Mitte (Busch) wie ein Taifun. Ins Treffen kamen die 2. Armee (Weiß), 4. Armee (Heinrici), 9. Armee (Jordan) und 3. Panzerarmee (Reinhardt) mit Schwerpunkt im Raum Witebsk-Orscha-Mogilew. Die deutsche Luftflotte (Greim) besaß nur 80 Jagdflugzeuge und kaum Treibstoff.

Der Offensive gingen gewaltige Partisaneneinsätze voraus. Nach russischen Angaben verübten in der Nacht zum 20. Juni an die 240 000 Partisanen an 9600 Plätzen Brücken- und Schienensprengungen. Die Offensive brach am 22.6. nach einem Bombardement von 4500 Flugzeugen los. Von den ursprünglich 40 deutschen Divisionen wurden 25 vernichtet bzw. aufgesplittert. Nur Reste entkamen durch die 350 km breite Lücke.

Werth[1] schreibt dazu: „Einen besonderen Charakter erhielten die Kämpfe in Weißrußland durch die äußerst wichtige Rolle, die die Partisanenverbände hinter den deutschen Linien spielten. Obwohl die Deutschen in den Monaten Januar, Februar und April überaus grausame Strafexpeditionen gegen die weißrussischen Partisanen durchgeführt und im Zuge solcher Vergeltungsmaßnahmen ganze Ortschaften vernichtet hatten — etwa die Ortschaft Baiki in der Provinz Brest, wo am 22. Januar 1944 130 Häuser abgebrannt und 957 Menschen niedergemacht wurden —, stellten die weißrussischen Partisanen dennoch eine ansehnliche Streitmacht dar. Am Vorabend der Offensive betrug ihre Stärke 143 000 Mann. Zwischen dem Kommando der Roten Armee und den Partisanenverbänden bestand eine enge Zusammenarbeit. Zwischen dem 20. und 23. Juni gelang es den Partisanen, praktisch alle Eisenbahnen in Weißrußland außer Betrieb zu setzen — und gerade das brauchte die Rote Armee, um den deutschen Nachschub zu lähmen."

Die Offensive schlug an sechs Stellen durch. In den Kesseln bei Witebsk und Bobruisk wurden an die 20 000 Gefangene eingebracht. Die Deutschen mußten die Linie Witebsk-Orscha-Mogilew-Bobruisk bald aufgeben. Hitler befahl, an der Beresina zu halten. Aber auch hier drangen die Russen vor und besetzten am 3. Juli die weißrussische Hauptstadt Minsk. Hier entstand schnell ein neuer Kessel: 100 000 Deutsche eingeschlossen; 40 000 wurden getötet bzw. verwundet (57 000, darunter viele Generale, mußten am 17.7. durch Moskau marschieren: als Siegestrophäe. Die Reaktion der Bevölkerung reichte dabei von Beschimpfungen bis hin zu Mitleidstränen).

Den Partisanen in Weißrußland kam bei der Großoffensive tatsächlich ein großes Verdienst zu. Schon lange vorher zählten deut-

---

1) Werth, Seite 574.

sche Horchposten jede Nacht 150 bis 200 Flugzeuge, die Nachschub für die Partisanen herankarrten. Die deutschen Armeen verfügten bald nur noch über eine einzige Verbindungslinie, die sie überwachen mußten, ohne sie jedoch völlig gegen Übergriffe schützen zu können: Krieg ohne Erbarmen, der Gefangene und Verwundete nicht schonte, der Terror, Folterungen und Massaker mit einschloß. Die Partisanen lieferten den Deutschen vor der Offensive in Weißrußland 3500 Einzelgefechte und ließen 10 500 Schienen hochgehen, ehe 48 Stunden später, nach einer gewitterschwülen Nacht, in der Morgendämmerung des 22. Juni die Rote Armee losschlug.

Natürlich weiß auch Schukow[1] die Partisanenarbeit in Belorußland gebührend zu würdigen: „Die belorussischen Partisanen, die wußten, daß die Rote Armee die deutschen Truppen in der Ukraine bereits geschlagen und weit nach Westen zurückgeworfen hatte, rüsteten zu entscheidenden Operationen.

Zu Beginn des Sommers 1944 kämpften in Belorußland 374 000 gutbewaffnete Partisanen, die in großen Abteilungen, Truppenteilen und Verbänden zusammengefaßt waren. Die Gesamtleitung lag in den Händen der Untergrund-Organisation der Kommunistischen Partei dieser Republik unter Führung ihres Zentralkomitees und dessen Ersten Sekretär, P.K. Ponomarenko. Er war auch Chef des Zentralstabs der Partisanenbewegung der Sowjetunion, bis dieser nach Befreiung des größten Teils der besetzten Gebiete der UdSSR im Januar 1945 durch Beschluß des Staatlichen Verteidigungskomitees aufgelöst wurde.

Einige Tage bevor die Rote Armee mit der Befreiung Belorußlands begann, unternahmen die Partisanenabteilungen, geführt von den Parteileitungen der Republik und der Gebiete, eine Reihe großangelegter Operationen zur Zerstörung von Bahnverbindungen, Landstraßen und Brücken, wodurch das feindliche Hinterland im entscheidenden Augenblick lahmgelegt wurde."

An anderer Stelle schreibt Schukow[2]: „Im Rücken des Feindes leiteten die Partisanenverbände Operationen ein, die im voraus mit den Kampfhandlungen der Front koordiniert worden waren. Bei den Stäben der Fronten bestanden besondere Abteilungen für die Führung der Partisanenbewegung, die für die Sicherung der Verbindung und die materiell-technische Versorgung der Partisanen und die Koordinierung ihres Vorgehens verantwortlich waren. Während der belorussischen Operation waren die Partisanenabteilungen außerordentlich aktiv. Das lag weitgehend an dem bewaldeten Gelände und dem Umstand, daß 1941 beim Rückzug unserer Truppen in diesen Gegenden mehr Soldaten und Offiziere zurückgeblieben waren."

1) Schukow, Seite 511.
2) Schukow, Seite 521.

Im Gegensatz zur Ukraine hatten in Weißrußland viele junge Leute das Partisanenleben einer Deportation vorgezogen. Sie halfen mit, die Zerstörungsbefehle örtlicher deutscher Kommandostellen zu verhindern; schließlich kontrollierten die Partisanen 70 Prozent des Bauernlandes und die Dörfer. Dennoch wurden 380 000 Weißrussen nach Deutschland verschleppt ...

Die Rote Armee hatte im Sommer 1944 östlich Minsk einen 400 km breiten Korridor geschlagen: den Weg nach Polen und ins Baltikum. Am 4. Juli schon trat die Rote Armee mit neuen Zielen an: Ostlettland, Litauen, Wilna, Kowno, Grodno, Brest-Litowsk, Memel, Ostpreußen. Tagesleistung: 25 Kilometer. Am 28.7. fiel Brest-Litowsk: ganz Weißrußland war zurückerobert.

Die deutsche HG Mitte war zertrümmert. Selbst das OKW bezeichnete die Verluste in Weißrußland höher als die bei Stalingrad: 25 – 28 Divisionen (350 000 Mann)!

Am 23.7. hatte die 1. Weißrussische Front (Rokossowski), der auch die 1. polnische Armee unterstellt war, Lublin befreit und stand acht Tage später in Praga, der Warschauer Vorstadt am östlichen Weichslufer.

Und am 1. August schlug die Armia Krajowa (Bór-Komorowski) in Warschau los.

Südabschnitt

Auch im **Südabschnitt** der Ostfront – besonders im bewaldeten Gebiet der Ukraine – existierte eine stellenweise sehr aktive und wirksame Partisanentätigkeit, welche die deutschen Operationen empfindlich zu treffen vermochte.

In der Ukraine traten neben den kommunistischen 1943 auch rund 40 000 nationalukrainische Partisanen auf, die von der „Organisation Ukrainischer Nationalitäten" (OUN) gesteuert wurden und gleichermaßen gegen die deutschen Okkupanten und sowjetischen „Moskowiter" fochten. Als die Rote Armee im Sommer 1944 deren Operationsgebiet in Wolhynien und Südwest-Polesien überrollte, setzten sie ihre illegale Tätigkeit bis 1945 gegen die Sowjets fort.

Über die nationalen Elemente in der Ukraine schrieb die Zeitung „Bolschewik", wie Werth[1] zitiert: „Die Deutschen haben sich in der Ukraine weiße Emigranten, ukrainische Nationalisten, Bandera-, Bulba- und Melnikow-Banden dienstbar gemacht ... Diese verächtlichen Lakaien Hitlers dienten mit ihren nationalen Parolen dem deutschen Imperialismus; aktiv beteiligten sie sich an den von den Deutschen organisierten Massakern ..."

Ein National-Ukrainer führte am 29.2.1944 das Attentat auf General Watutin, Befehlshaber der 1. Ukrainischen Front, aus, der in

---

1) Werth, Seite 629.

einer Wagenkolonne mitfuhr. Zum Überfall berichtet Schukow: „Wie sich später herausstellte, inspizierte N.F. Watutin die 60. Armee. Voraus fuhr die Wache. Watutin saß im zweiten Wagen zusammen mit dem Mitglied des Militärrats, K.W. Krainjukow, und seinem Adjutanten.

Bei der Einfahrt in ein Dorf wurden die Fahrzeuge von Bandera-Leuten beschossen. Watutin sprang aus dem Auto und erwiderte gemeinsam mit den Offizieren das Feuer, wobei er einen Beckenschuß erhielt.

Die besten Ärzte wurden nach Kiew geholt, darunter der bekannte Chirurg Burdenko, doch es gelang nicht, Watutin zu retten. Er starb am 15. April und wurde am 17. April in Kiew bestattet. Die Hauptstadt Moskau erwies diesem treuen Sohn unseres Landes und talentierten Heerführer mit zwanzig Artilleriesalven die letzte militärische Ehrung."

Am 5.7.1943 begann die letzte deutsche Großoffensive (Unternehmen „Zitadelle") an der Ostfront bei Kursk. Doch sie schlug nicht durch, zumal Hitler wegen der alliierten Landung auf Sizilien Panzerkräfte abzog. Mitte Juli eröffnete die Rote Armee ihre Gegenoffensive, welche den stetigen Rückzug der deutschen Verbände einleitete.

Im Zuge der Kampfhandlungen um Kursk wurden auch die Partisanen wieder sehr aktiv. Allein am 2. und 3. August wurden 8422 Anschläge auf Bahnlinien und 1478 Überfälle gezählt. Dadurch wurden die deutschen Truppenbewegungen gestört. Aber es hätte vieler Divisionen bedurft, um die Wälder zu säubern.

Die Sowjetoffensive war sehr breit angelegt. Während zwei Fronten auf Orel und Brjansk vorrückten, durchbrachen andere schnelle Verbände den Mius-Donez-Bogen, überrollten Stalino, Charkow und Bjelgorod. Im Norden fielen Dorogobusch und Jelnja. Hitler wollte aber die Ukraine nicht aufgeben. Doch unter dem Lagedruck genehmigte er am 4.9. schließlich die Räumung des Gebietes bei Melitopol, am Dnjepr und an der Pronja sowie die Rücknahme der 17. Armee (Jaenecke) vom unteren Kuban auf die Halbinsel Kertsch.

Die Sowjets drückten überall hinter der weichenden deutschen Front nach. Auch hier machten die Partisanenverbände den Rückzüglern schwer zu schaffen.

Über die Partisanentätigkeit bei Kursk schreibt Schukow[1]: „Nach Absprache mit dem Generalstabschef Wassilewski und den Frontbefehlshabern veranlaßten wir eine gründliche Aufklärung im Bereich der Zentral-, Woronesch- und der Südwest-Front. Wassilewski beauftragte die Aufklärungsverwaltung und den Zentralstab der Partisanenbewegung, die Anzahl der Reserven und deren

1) Schukow, Seite 422.

Verteilung hinter der feindlichen Front sowie den Ablauf der Umgruppierungen und Versammlung von Truppen (aus Frankreich, Deutschland und anderen Ländern) zu ermitteln. Die Wucht unserer Schläge wurde durch die Aktionen der Partisanen bedeutend verstärkt, die unter ständiger, unermüdlicher Mitarbeit der illegalen örtlichen Parteiorganisationen von einem Zentrum aus organisiert und gelenkt wurden. Das Zusammenwirken der Partisanen und der regulären Armee festigte sich; die Partisanen verschafften ihr Informationen über den Feind, zerschlugen seine Reserven, störten die Kommunikation und sabotierten Truppen- und Waffentransporte.

Das Hitler-Kommando mußte schon 1942 fast 10 Prozent seiner an der sowjetisch-deutschen Front stehenden Landstreitkräfte gegen die Partisanen einsetzen. 1943 wurden zum gleichen Zweck SS- und SD-Polizeiverbände, 500 000 Soldaten an Hilfstruppen und etwa 25 Divisionen Fronttruppen an anderer Stelle abgezogen.

Die Kommunistische Partei leitete geschickt diesen patriotischen Volkskampf gegen die fremden Okkupanten und erwies unseren regulären Truppen dadurch eine wesentliche Hilfe. Die Kommunisten unter den Partisanen kämpften nicht nur mit der Waffe in der Hand, sondern leisteten auch eine umfangreiche politische Aufklärungsarbeit unter der Bevölkerung, verbreiteten Flugblätter, Aufrufe, Meldungen des Sowinformbüros und entlarvten die Lügenpropaganda des Feindes. Von größter Bedeutung war die Wirkung der Partisanen auf die Moral der Feindtruppen."

Am 25.8.1943 wurde im sowjetischen Hauptquartier der Offensivplan ins Donez-Becken, zum Dnjepr, nach Dnjepropetrowsk und Saporoschje entwickelt. Schukow[1] schreibt darüber: „Stalin fragte: ‚Welche Aufgaben haben die Partisanen-Abteilungen übernommen?‘

Antonow[2]: ‚Die Hauptaufgabe der Partisanen-Abteilungen besteht vor allem in der Desorgnisation des Eisenbahnverkehrs an den Abschnitten Polozk-Dwinsk, Mogiljow-Schlobin, Mogiljow-Kritschew.‘"

Seit der Kursker Schlacht war die Wehrmacht auf dem Rückzug. Eine der großen Barrieren war der Dnjepr-Fluß. Wer würde ihn zuerst erreichen — Deutsche oder Russen? Der Wettlauf begann.

Stalin erkannte die große Bedeutung des Dnjepr-Hindernisses für die weitere Entwicklung des Krieges. Wenn es ihm gelang, vor den Deutschen den Fluß zu ereichen, konnte er ihnen ein „Super-Stalingrad" bereiten! Deshalb hämmerte er seinen Marschällen immer wieder ein, die Feinde noch vor diesem Fluß zu stoppen. Das Oberkommando konzentrierte daher am Südflügel der Front 40 Prozent aller Schützen- und 84 Prozent der Panzerverbände.

---

1) Schukow, Seite 472.
2) Alexej Innokentjewitsch Antonow: Generalstabschef.

Gegenüber den deutschen Kräften war das eine Überlegenheit von 6:1. Stalin bereitete die größte sowjetische Operation des Zweiten Weltkrieges im Osten vor, und er machte alles mobil: Armeen, Waffen, Partisanen, Spionage und Propaganda. Er arbeitete mit „Zuckerbrot und Peitsche"; er drohte mit Bestrafungen und versprach Orden und Beförderungen. Der Dnjepr wurde zum „Heiligen Ziel", zur „Morgenröte des Sieges" erklärt. Am 9.9.1943 wurde jedem Rotarmisten ein Orden versprochen, der sich bei der Überwindung von Dnjepr und Desna auszeichnen würde.

Feldmarschall Erich von Manstein stand das kühnste Absetzmanöver der Kriegsgeschichte überhaupt bevor: 4 Armeen (15 Generalkommandos, 63 Divisionen, zusammen 1 Million Mann), dazu 200 000 Verwundete samt Personal, Trecks von Zivilrussen und Kosaken (mit Familien) sowie riesige Viehherden über den Fluß zu bringen. Diese Kräfte – 1. und 4. Panzerarmee sowie die 8. Armee – sollten auf nur sechs Übergängen den Fluß überqueren und dann wieder auf 700 Kilometer Frontbreite ausfächern. Und das alles unter Feinddruck. Wenn das „Abenteuer" aber nicht gelang, drohte eine gewaltige Katastrophe! ...

21. September 1943: Im Gefechtsstand der deutschen 8. Armee (Wöhler) in Smela wurden Meldungen des Partisanenfunks aufgefangen, die offen durchgegeben worden waren. Eine „Gruppe Tschapajew" verkündete, daß auf dem Westufer im Dnjepr-Bogen nördlich Kanew keine deutschen Kräfte stehen würden.

Das stimmte. Gleichzeitig meldete auch die niederbayerische 10. Panzergrenadierdivision, daß der Russe auf der Bahnlinie Poltawa-Kiew Truppen westwärts in Richtung Dnjepr heranschaffte.

Da sich zwischen den Dörfern Grigorowka und Rischtschew nur eine deutsche Strafkompanie befand, alarmierte Wöhler General Nehrings XXIV. Panzerkorps. Doch das stand zu weit weg. So wurde dann eine Armee-Waffenschule in Tscherkassy, südlich von Kanew, in Marsch gesetzt. Die Männer brausten mit Lastwagen durch die Nacht.

Doch die Russen waren schneller. Teile der 3. Garde-Panzerarmee (Rybalko) von der „Woronesch-Front" (Watutin) erreichten, durch die Funksprüche der Partisanengruppe W.I. Tschapajew dirigiert, das ungeschützte Ostufer des Dnjepr bei Grigorowka. Watutin alarmierte Rybalko und der jagte sofort seine 51. Panzerbrigade zum Fluß. Aber sie hatte keine Pioniermittel. Doch das war jetzt gleich. Leutnant Sinaschkin, Führer der MP-Kompanie der Brigade, erhielt den Auftrag, mit seiner Einheit als Vorausabteilung zwischen den Dörfern Grigorowka und Sarubenzy – egal wie – über den Fluß zu gehen. Die Gardesoldaten I.D. Semjonow, W.N. Iwanow, N.J. Petuchow und W.A. Syssoljatin waren Komsomolzen und meldeten sich freiwillig als Vorhut ...

Mitternacht. Nebel brodelte auf dem Wasser und engte das Blickfeld ein. Die vier Soldaten robbten zum Schilfgürtel vor: Sie waren die ersten Männer der 3. Garde-Panzerarmee, ja der ganzen Roten Armee überhaupt, die nun am Dnjepr standen.

Am Ufer erwartete sie ein Partisan, von Beruf Fischer, der jetzt seinen Kahn aus dem Röhricht hervorholte. Der Mann umwickelte die Riemen mit Säcken, während die Gardisten ihre Maschinenpistolen in Tücher packten, damit sie nicht klapperten. Lautlos glitt das Boot in die Strömung hinaus und näherte sich langsam dem dunklen Westufer.

Semjonow sprang hinaus, sank bis zur Brust ein und zog den Kahn ins Schilf. Der Partisan hatte seine Begleiter genau an der vereinbarten Stelle, 200 Meter nördlich des Dorfes, an Land gesetzt. Die Rotgardisten hatten den Auftrag, die deutsche Sicherung durch Beschuß abzulenken, während Leutnant Sinaschkin mit dem Gros der Kompanie und 120 Partisanen einen Kilometer nördlich dicht unterhalb des Dorfes Sarubenzy übersetzen und für die nachziehende Brigade einen Brückenkopf bilden sollte. Dann würde der Angriff auf Grigorowka erfolgen.

Gegen zwei Uhr feuerten die vier Gardisten auf den deutschen Doppelposten vor Grigorowka und wechselten die Standorte; es hörte sich an, als würde eine ganze Kompanie angreifen. Alarmrufe gellten in den Quartieren. Im Dorf lag aber nur ein Zug Männer, die aus der Strafhaft hierher zur Frontbewährung geschickt worden waren. Sie warfen sich nun in Stellung.

Inzwischen aber ging Sinaschkins Kompanie mit Brettern und Flößen beiderseits Sarubenzy lautlos über den Dnjepr, und noch vor Tagesanbruch stürmte sie und warf die deutschen Sicherungskräfte aus Sarubenzy und Grigorowka. Damit hatten die Russen am 22.9.1943 mit Hilfe der Partisanen nördlich Kanew den Dnjepr überwunden – und bis Kiew stand keine einzige kampffähige deutsche Einheit mehr!

Auch 200 Kilometer weiter nördlich, bei Tschernigow, brachte die sowjetische 13. Armee ebenfalls Truppen über den Fluß. Dort, im riesigen Sumpfgebiet, mündet der Pripjet in den Dnjepr. Schon Mitte September hatten Partisanen versteckte Knüppeldämme durch den Morast gelegt. Auf diesen Pfaden pirschten sich die Rotarmisten vor und bildeten einen zweiten Brückenkopf. Er wurde zwar von den Kampfgruppen der 2., 8. und 12. Panzerdivision sowie der 20. Panzergrenadierdivision eingeschlossen, doch der Brückenkopf bei Grigorowka, von den Sowjets „Brückenkopf von Bukrin" genannt, wurde gefährlicher. Retter war die 19. Panzerdivision. Im Verband der 4. Panzerarmee überschritt sie bei Kiew den Dnjepr und wurde dann sehr schnell verwendet. Knobelsdorff schreibt: „Die Division wurde in der großen Dnjepr-Schleife eingesetzt, um russische Kräfte, die dort mit Hilfe von Partisanen über den Fluß gegangen waren, im Verband des XXIV. Panzerkorps, General Nehring, zurückzuwerfen ... Dies Gebiet, das jahrelang weit hinter der deutschen Front gelegen hatte, war noch niemals früher von deutschen Truppen besetzt gewesen. Es hatte den Ruf, ein tolles Partisanengebiet zu sein, und die Verwaltungsleute im rückwärtigen Gebiet der Ukraine, die ja nicht der Wehrmacht, sondern der Partei unterstanden, hatten es daher wie die Pest gemieden, trotzdem dicht daran vorbei eine der Haupteisenbahnlinien und eine große Eisenbahnbrücke, die für den Nachschub lebensnotwendig waren, führten. Die Truppe hatte zunächst nicht unter Partisanen zu leiden ..."

Die 19. P.D. (Källner) griff den Brückenkopf bei Grigorowka heftig an. Rybalko führte Panzer ins Treffen. Die Sowjets setzten sogar Fallschirmjäger ein. Doch sie wurden aufgerieben, nur wenige schlugen sich zu den Partisanen durch. Nach sowjetischen Angaben wurden aus den versprengten Fallschirmjägern bis zum 5. Oktober 43 Gruppen (2300 Mann) unter der Führung von Offizieren der 3. und 5. Luftlandebrigade gebildet, die hinter den deutschen Linien in den Wäldern zwischen Kanew und Tscherkassy operierten und große Partisanenlager einrichteten.

Von den 7 000 Mann abgesetzten Fallschirmjägern waren also nur 2300 übriggeblieben, und sie besaßen keine Funkverbindung zu Watutin. Deshalb wurde in der Nacht zum 28. September nochmals ein Kontingent – drei Luftlandegruppen – mit Funkgeräten abgesetzt. Aber sie verfehlten ihr Ziel. Daraufhin startete ein PO-2-Flugzeug mit Funkausstattung: Es wurde abgeschossen. Schließlich konnte die sowjetische 40. Armee erst Ende September Funkkontakt zu einer Fallschirmjäger-Gruppe bei Kanew herstellen.

Carell[1] schreibt dazu: „Erstaunlich ist auch, daß ganz offensichtlich die Partisanenverbände in den Wäldern bei Kanew vom sowjetischen Oberkommando überhaupt nicht in den Operationsplan für die Luftlandung einbezogen wurden, obwohl sieben Partisanen-Abteilungen in diesen Waldgebieten gestanden haben sollen. Dachten der STAWKA und die Generale nicht daran? Oder war es damals mit der Schlagkraft der Partisanen nicht so weit her, wie es heute dargestellt wird? Auf jeden Fall enthüllte die katastrophale Luftlandeoperation westlich Kanew, daß die Sowjets auf diesem militärischen Sektor im Sommer 1943 noch nichts zu bestellen hatten."

Auch bei den Kämpfen um Nikopol spielten Partisanen eine Rolle. Carell[2] vermerkt hierzu: „Schörner hatte seit Ende 1943 mit großer Umsicht und Tatkraft die Verteidigung im Brückenkopf Nikopol gegen einen weit überlegenen Feind organisiert. Eine

1) Carell, Bd. II, Seite 316.
2) Carell, Bd. II, Seite 343.

schwierige Aufgabe. 120 km war die Sehnenstellung lang. Keine Tiefe! Zehn bis fünfzehn Kilometer hinter der Front floß der Dnjepr, 600 bis 1200 Meter breit, davor lagen noch die Plavna, die ausgedehnten versumpften Niederungen, in denen es von Partisanen wimmelte.

Diese geheime Truppe in den unzugänglichen Schlupfwinkeln der Sümpfe wäre für die deutsche Front lebensgefährlich geworden, wäre nicht Ende November der Oberwachtmeister Willi Lilienthal, ein Hamburger aus dem Alten Land, mit dem Kalmükkenmajor Abuschinow gekommen. Fünf Reiterschwadronen brachte er mit, 1200 Mann freiwillige Kalmücken aus den Jurtendörfern der Kalmückensteppe. Diese Todfeinde der Russen kämpften seit Sommer 1942 auf deutscher Seite. Aus den weiten Räumen um Elista waren sie mit Weib und Kind im Gefolge der 16. PGD (Panzergrenadierdivision) mit westwärts gegangen. Es gab keine besseren Kundschafter und keine besseren Partisanenjäger. Sie hielten auch die Franktireure der Plavna im Zaum."

Als die 8. Garde-Armee (Tschuikow) am 1.2.1944 gegen den Brückenkopf Nikopol anstürmte, befahl Schörner unter dem Stichwort „Damenwahl" den Ausbruch. Er war am 16.2. erfolgreich beendet.

Andere Kessel gab es bei Tscherkassy und Uman. Besonders in dieser Kleinstadt der Ukraine hatte es Partisanen und eine Untergrundbewegung gegeben. Auch Nationalisten traten auf, die mit den Deutschen kollaborierten, als Ende 1944 Bandera, Melnik und andere Nationalistenführer aus deutscher Internierung freikamen. Es entstand ein antisowjetischer Guerillakrieg, der bis 1947 anhielt. Doch antisowjetische Banden hatte es auch schon vorher gegeben, denen sich später sogar SS-Offiziere anschlossen.

Noch vor dem Einmarsch der Roten Armee besetzten Partisanen der Umgebung die Stadt Uman. Sie patrouillierten zu Pferde und zu Fuß: hohe Pelzmützen mit roten Plaketten. Der „Oberhenker des SD" in der Stadt, Woropajew, war bereits in den Händen des NKWD und wurde später gehängt.

General Graf Sponeck, Kommandeur der 46. I.D., hatte auf der **Krim** ebenfalls Ärger mit den Partisanen. Die Bevölkerung brachte ihnen Sympathie entgegen und half, so daß eine regelrechte Guerilla-Truppe entstand, die sich im Jaila-Gebirge und an der Küste zwischen Jalta und Feodosia einnistete. Statt den Küstengürtel zu verstärken, machte ein rumänisches Korps Jagd auf die Insurgenten.

Anfang November 1943 stürmten Sowjettruppen die Krim. Die 4. Ukrainische Front (Tolbuchin) stieß aus der Nogaischen Steppe über den Tatarengraben auf Perekop zum Siwasch vor. Die Küstenarmee (Jeremenko) schuf beiderseits Kertsch zwei Brückenköpfe. Nun wurden auch die Partisanen wieder sehr aktiv, die seit 1941 in den altgriechischen Katakomben ihren Unterschlupf hatten.

Die Räumung der Krim hatte überwiegend luftstrategische Nachteile, denn von dort aus konnten russische Bomber Einsätze gegen das für Deutschland wichtige Erdölgebiet von Ploesti (Rumänien) fliegen. Nach hartem Ringen mußte die Krim im Mai 1944 doch aufgegeben werden.

Ebenfalls von Katakomben aus operierten die Partisanen in **Odessa.** Das „russische Marseille" hatte (abgesehen wenige Wochen vor der Räumung) nicht unter deutscher Herrschaft gestanden. Hitler hatte Rumänien als Belohnung für die Teilnahme am Rußlandfeldzug ein Gebiet der Südukraine überlassen, das sich von Bessarabien bis zum Bug erstreckte und den Schwarzmeerhafen Odessa mit einschloß. Es wurde als „Transnistrien" (Land jenseits des Dnjepr) „Großrumänien" als Provinz angegliedert.

Die „Odessiti" (Einwohner Odessas: Ukrainer, Russen, Moldauer u.a.) führten unter der rumänischen Besatzung ein relativ bequemes Leben. Es gab Gottesdienste, Restaurants, den schwarzen Markt, Spielhöllen, Lottoklubs, Kabaretts, Oper, Ballett, Symphoniekonzerte und Bordelle.

Der Bürgermeister — er bekleidete vorher das gleiche Amt in Kischinew — hieß Herman Pintia. Die Polizei war rumänisch und entsprach etwa der sowjetischen Miliz. Die Deutschen lösten Pintia dann durch einen russischen „Quisling" namens Petuschkow ab: kleinwüchsig, 46jähriger Ingenieur, vorher unter den Deutschen Bürgermeister von Stalino. Er war das letzte Oberhaupt von Odessa. Am 24. März eingetroffen, verschwand er am 9. April schon wieder.

Zivilgouverneur „Transnistriens" war Professor Alexeanu (er residierte im prächtigen Woronzow-Palais an der Seepromenade), der aber im Februar 1944 wegen Veruntreuung abgesetzt wurde. Sein Kabinettchef war ein Russe namens Tscherkawskij. Alexeanus Nachfolger wurde General Potopianu (seine Truppe hatte 1941 Odessa belagert), doch am 1.4.1944 übernahmen die Deutschen wieder offiziell die Macht.

Unter den Rumänen ging es Odessa gut. Trotz der „Siguranza", der rumänischen Geheimpolizei, existierte ein bolschewistischer Untergrund. Die „Siguranza" soll auf dem Strelbischtsche-Feld rund 40 00 Juden und an die 10 000 Kommunisten bzw. Sympathisanten bei Vergeltungsmaßnahmen liquidiert haben.

Doch Werth[1] hält dem entgegen: „1941 hatte es in Odessa 150 000 Juden gegeben, doch waren ungefähr zwei Drittel davon mit dem größten Teil der Armeeangehörigen und vielen anderen Zivilisten auf dem Seewege evakuiert worden. Als ich im Januar 1944 nach Botosani im russisch besetzten Teil Rumäniens kam, fand ich dort eine starke jüdische Bevölkerungsgruppe, die trotz

1) Werth, Seite 551.

der deutschen Aufforderung an die Rumänen, sie zu liquidieren, ungeschoren geblieben war. Über das Judenproblem hatte in der rumänischen Regierung Meinungsverschiedenheit geherrscht." (Im übrigen war die „Siguranza" korrupt; Juden konnten sich freikaufen.)

Über den Widerstand schreibt Werth[1]: „Was den sowjetischen ‚Untergrund' in Odessa betrifft, der von dem unentwirrbaren Labyrinth die Katakomben mit seinen Dutzenden von kilometerlangen, zum Teil 30 Meter tief liegenden unterirdischen Gängen aus operierte, so bestehen dazu einige Zweifel über seinen Umfang und seine tatsächliche Bedeutung. Viele romantische Geschichten wurden – vor allem von W. Katajew – gegen Ende des Krieges über die ‚einzigen Stadtpartisanen der Welt' und über ihre kommunistischen Führer wie S.F. Lasarew, I.G. Iljuchin und L.F. Borgel geschrieben, die während der rumänischen Besetzung tätig gewesen seien und unter den Eindringlingen Furcht und Schrecken verbreitet hätten.

In Wirklichkeit scheint die sowjetische Untergrundbewegung in Odessa die Katakomben, welche durch viele geheime Eingänge im Innern von Häusern zugänglich waren, nur in Notfällen benutzt zu haben, und bestenfalls haben dort nur einige wenige Leute für längere Zeit gehaust. Es hieß, mehrere Juden hätten die ganze Besatzungszeit über dort gelebt, doch scheint dies angesichts der außergewöhnlich starken Feuchtigkeit der Katakomben höchst zweifelhaft. Sicher ist jedoch, daß große Bestände an Lebensmitteln und Waffen in den Katakomben versteckt waren und daß seit Ende 1943 und besonders während des letzten Monats der Besatzungszeit die unterirdischen Gänge auch als Zufluchtsstätte für gefährdete Personen an Bedeutung gewannen. Die Untergrundorganisationen versteckten hier junge Leute, die in Gefahr waren, deportiert zu werden, und ebenso eine gewisse Anzahl elsässische, polnischer und vor allem slowakischer Deserteure der deutschen Armee. Einige Partisanen, mit denen ich nach der Befreiung in Odessa zusammenkam – es waren recht verwegene Typen –, behaupteten, es hat in den Katakomben eine gut ausgerüstete Armee von 10 000 Mann gegeben (die meisten Waffen habe man auf dem schwarzen Markt von rumänischen oder deutschen Soldaten erwerben können), außerdem ein ‚Katakombenlazarett' mit ‚12 Chirurgen und 200 Pflegerinnen', eine ‚Katakombenbäckerei' und sogar eine ‚Katakombenwurstfabrik'. Aber diese Angaben müssen mit Vorbehalt zur Kenntnis genommen werden. Abgesehen von den letzten Wochen der Besatzungszeit, waren die für eine starke Partisanenbewegung notwendigen Antriebsmomente, wie etwa die Gefahr der Deportation, einfach nicht gegeben. Auch später – unter deutscher

---

1) Werth, Seite 551.

Besatzung – handelte es sich bei vielen, die in die Katakomben gingen, eher um passive als um aktive Widerständler. Alles, was ich in den Katakomben sah, waren ein paar MG-Nester, welche die wichtigsten Durchgänge absicherten. Nahrungsmittellager, die man für den Notfall angelegt hatte, sowie Brunnen und Waffendepots. Vielleicht haben sich einige tausend Leute während der letzten kritischen Wochen in den Katakomben aufgehalten, aber die Behauptungen der Partisanenführer, die Untergrundbewegung von Odessa habe ‚Hunderte von Deutschen' getötet und außerdem verhindert, daß ganz Odessa zerstört wurde, scheinen mir reichlich übertrieben zu sein, zumal die Partisanen die Deutschen auch nicht davon abhalten konnten, den Hafen und praktisch alle Industrieanlagen zu zerstören. So wird auch in ernsthaften sowjetischen Studien sehr wenig über die ‚Katakombenpartisanen' berichtet. Von einer großen Untergrundarmee, die, wie die Partisanenchefs am 14.4.1944 behaupteten, ‚ganz Odessa besetzt und die Deutschen aus der Stadt hinausgeworfen' hätte, wenn die Rote Armee nicht rechtzeitig einmarschiert wäre, ist nicht die Rede.

Malinowskis 3. Ukrainische Front eroberte auf dem Wege über Cherson und Nikolajew am 10.4.1944 auch Odessa zurück.

Die Stadt und ihre „Odessiti" waren in Moskau jedoch wegen des relativ leichten Schicksals, das sie hatten, schlecht angeschrieben, und die Stadt rangierte deshalb beim Wiederaufbau weit hinten auf der Dringlichkeitsliste.

Am 27.6.1942 begann die große deutsche Sommeroffensive in Richtung Wolga und **Kaukasus.** Schon am 23.7. erließ Hitler die Weisung Nr. 45 „für die Fortsetzung der Operation Braunschweig" mit zwei Zielen: Stalingrad und Baku. Gleichzeitig ließ er die Schlußoffensive gegen Leningrad vorbereiten: Verzettelung der Kräfte! Sie war der Grund für ein Zerwürfnis mit dem Generalstabschef Halder, der im September zurücktrat.

Die HG A (List, später Kleist) trat nun an. Während sich die 6. Armee (Paulus) Ende August Stalingrad näherte, rollten Teile der HG A durch die Don-Kuban-Steppe, stieß die 1. Panzerarmee (Kleist) auf Maikop und Mosdok zu den Ölfeldern vor. Die 17. Armee (Ruoff) nahm Krasnodar und ging über den Kuban, ein rumänisches Gebirgskorps (Avramescu) landete auf der Taman-Halbinsel. „Brandenburger"*) fochten an der Kuban-Mündung gegen Rotarmisten und Partisanen. Anapa und Noworossisk fielen in deutsche Hand. Dann gebot der Kaukasus Einhalt. In dem gewaltigen Gebirgsmassiv konzentrierte der schnauzbärtige Marschall Budjennij fünf Großverbände: 9. Armee (Korotjew), 18. Armee

---

*) Spezialtruppe der deutschen Abwehr.

(Gretschko), 37. Armee (Koslow), 46. Armee (Rosslij) und 58. Armee (Melinjow). Im Hafen von Poti lag die Schwarzmeerflotte (Oktjabrskij).

Die 17. Armee (Ruoff) marschierte bei 50 Grad Hitze und Staub 800 Kilometer weit. Zusammen mit Rumänen und Slowaken nahm sie die Pässe Kluchow, Allistrachu-Furche. Hauptmann Max Gämmerler und Hauptmann Groth von der 1. Gebirgsdivision bestiegen mit 21 Gebirgsjägern vom 18. bis 21.8.1942 den 5633 Meter hohen Elbrus und hißten dort die Reichskriegsflagge. Die Plätze Ssuchum, Adler, Ssotschi und Tuapse fielen. Die Schwarzmeerflotte nahm die grusinische Heerstraße unter Beschuß. Die „Brandenburger" unternahmen mit dem tschetschenischen Freiheitskämpfer Hamdi Mansura und seinen Leuten eine Luftlandung, doch sie schlug fehl. Der in Transkaukasien geplante Aufstand brach nicht aus.

Mißstände und Fehlentscheidungen, Truppenmangel und Transportprobleme setzten den Deutschen hart zu. Dann kam der Regen. Die Zeit der Partisanen brach an. Sie fielen im zerklüfteten, verschlammten Gelände über die oft nur 30 – 50 Mann starken Gebirgsjäger-Kompanien her und machten sie nieder.

Die Kaukasus-Offensive hatte sich festgefahren. Die deutsche Angriffsfront von Woronesch bis Noworossisk maß rund 2000 Kilometer. Zwischen den Heeresgruppen A und B klaffte in der Kalmückensteppe eine 800 Kilometer breite Lücke. Die 17. Armee konnte schließlich auf der Taman-Halbinsel einen Brückenkopf bilden und überwintern.

Beim Vormarsch 1942 hatten die Deutschen die Regionen Woroschilowsk und Krasnodar sowie die „Autonomen Sowjetrepubliken" (ASSR) der Kalmücken, Kabardiner, Balkaren, Krimtataren, Tschetschenen und Inguschen besetzt, die teils sowjetfeindlich eingestellt waren. Der Durchbruch nach Dagestan mit seinen 32 Bergvölkern und in die ASSR Nord-Ossetien aber mißlang*).

Aber nicht alle Kaukasier waren Kollaborateure. Zumal bei den Mohammedanern (die Kalmücken sind Buddhisten) waren die Deutschen nicht beliebt. Dennoch hatte es die Partei im Unterschied zu den rein russischen Gegenden (die Kosaken an Don, Terek und Kuban waren für die Sowjets auch „Fremdkörper"), besonders in Belorußland, der Parteihochburg, im Kaukasus sehr schwer. Deshalb schickte Stalin nicht umsonst Berija und Kaganowitsch, seine erbarmungslosen Vollstrecker, zweimal dorthin.

---

*) Von den neun Völkern, deren Gebiete die Deutschen nahmen, blieben bei Kriegsende nur drei – die Adyge, Kabardiner und Tscherkessen – übrig; die anderen wurden wegen „Zusammenarbeit mit dem Feind" nach Sibirien verbannt, wie schon am 28.8.1941 die Wolgadeutschen.

Kretische Freischärler (1941)

Ein sowjetischer Partisan beim Verhör

Festnahme versprengter Rotarmisten in Zivil

Gefangene russische Partisanen werden abgeführt

Russische „Waldbrüder" bei einer Besprechung

Seit 1939 Parteichef von Woroschilowsk im Nordkaukasus und seit Mai 1942 Leiter des Regionalstabs der Partisanen war Michail Andrejewitsch Suslow, ein hagerer, sauertöpfisch blickender Wolgarusse. Er kam 1941 ins Zentralkomitee (ZK). Seine Aufgabe bestand darin, die Zusammenarbeit mit den Politischen Verwaltungen der beiden sowjetischen „Fronten" und den Politischen Abteilungen der elf im Nord- und Transkaukasus operierenden Armeen zu pflegen und eine starke Partisanenbewegung aufzubauen. (Die beiden Luftarmeen waren unabhängiger; die Schwarzmeerflotte befehligte Admiral N.G. Kusnezow.) Der spätere ZK-Generalsekretär Leonid I. Breschnew, damals Oberst und Chef der Polit-Verwaltung der 18. Armee, arbeitete oft mit Suslow zusammen.

Ein anderer Partisanenchef im Kaukasus war Nikolai Grogorowitsch Ignatow: massige Figur, grobgesichtig. Er stammte vom Don, war Bürgerkriegsveteran mit bunter Vergangenheit. Als Tschekistenführer schlug er einen Aufstand der von den Türken unterstützten „Basmatschen"-Gruppe nieder. Ignatow war überall: am Don, im Kaukasus, an der Wolga, in Mittelasien, Leningrad und Orel. Dort leitete er einen Partisanenstab; später wurde er Regional-Partei- und Partisanenführer in Krasnodar. Nach dem Kriege löste er Ponomarenko als Beschaffungsminister ab.

Über den Kampf im Kaukasus schreibt Schukow[1]: „Die Parteiorganisationen Grusiens, Armeniens und Aserbeidschans übernahmen auf Weisung des Staatlichen Verteidigungskomitees vollständig die Versorgung der kämpfenden Truppen. Auf einen Appell des ZK der Partei Grusiens, Aserbeidschans und Armeniens hin wurden bewaffnete Abteilungen aufgestellt: Die Rote Armee wurde mit Freiwilligen aufgefüllt. Auf diese Weise konnten die kämpfenden Fronten verstärkt werden. Die Hoffnung der Nazis, daß das Vordringen der deutschen Truppen im Kaukasus die kaukasischen Völker veranlassen würde, der Sowjetunion den Rücken zu kehren, wurde arg enttäuscht.

Partisanenabteilungen, die das Gelände gut kannten, unterstützten unsere regulären Truppen. Ihre kühnen Überfälle versetzten den Gegner in Schrecken und fügten ihm bedeutende Verluste zu."

Ganz so war es nicht. Die sowjetischen Behörden machten sich große Sorgen über die Haltung der kaukasischen Nationalitäten islamischen Glaubens. Die Krimtataren z.B. (nicht die Wolgatataren) kollaborierten mit den Deutschen. Wie würden sich die Usbeken verhalten? Dort war die mohammedanische Tradition noch sehr lebendig. Oder die Kosaken? Extrem antibolschewistische Kosakenführer des Bürgerkriegs wie die Generale Krasnow und Schkuro wurden vorsorglich an den Kuban gebracht, damit sie die Kosaken nicht zur Kollaboration ermuntern konnten.

---

1) Schukow, Seite 364.

Werth[1] schreibt dazu: „Zweck dieser ‚realistischen' Politik der deutschen Armee war es, wie Alexander Dallin sagt, möglichst viel Kanonenfutter für die Wehrmacht zu sichern. Dallin vermerkt: ‚Als Kleists Heeresgruppe sich vom Kuban zurückzog, schlossen sich ihr zahlreiche kosakische Flüchtlinge an, und Ende 1943 kämpften mehr als 20 000 Kosaken – oder auch angebliche Kosaken – in den verschiedenen deutscherseits aufgestellten Verbänden.'"

Zugegeben: Viele Kosaken lehnten den Bolschewismus ab, doch in der patriotischen Atmosphäre des Jahres 1942 überwog dennoch ihre national-russische Tradition gegenüber einer Sympathie für die Deutschen. Es wäre auch absurd zu glauben, daß es der zwielichtige General Krasnow, Chef der zentralen Kosaken-Verwaltung in Berlin, fertiggebracht haben würde, den „Führer Adolf Hitler als den Obersten Diktator der kosakischen Nation" (das wünschte sich der ebenfalls in deutschen Diensten stehende Kosak Wassilij Glaskow) seinen Stammesbrüdern anzubieten. Jedenfalls erwarben sich die von den Deutschen vor allem in der Ukraine eingesetzten Kosaken einen guten Ruf als verläßliche Partisanenjäger. Generell waren die deutscherseits kämpfenden Kosakenverbände sehr zuverlässig. Anfang 1945 beliefen sich die im Kavalleriekorps des Generals von Pannwitz zusammengefaßten Kosaken-Verbände auf 35 000 Mann. Hinzu kamen noch 18 000 Landsturm-Kosaken des Atamans Domanow.

Auch auf sowjetischer Seite fochten Kosaken. Sie stellten Partisaneneinheiten und hatten ihren Anteil bei der Befreiung Krasnodars im Februar 1943. Seit Kriegsbeginn dienten über 100 000 Kosaken, u.a. das berühmte Korps Dowator, in der Roten Armee. Auch andere ethnische Gruppen wie Armenier, Georgier und Aserbeidschaner hatten mit den Deutschen ihre Probleme. Im Herbst 1942 wurden aus diesen Nationalitäten einige Divisionen gebildet, die auf russischer Seite kämpften; doch es gab auch welche bei den Deutschen.

Unter den buddhistischen Kalmücken im östlichen Kubangebiet, deren Hauptstadt Elista fünf Monate lang von den Deutschen besetzt war, warb der Emigrant Prinz Tundutow für den Eintritt in die Wehrmacht.

Besonders im Nordkaukasus machten die Deutschen Zugeständnisse: Abschaffung der Kolchosen, Wiedereröffnung von Moscheen und Kirchen. In den Rayons Karatschai und Kabardin-Balkar wurden „Nationalkomitees" gegründet.

---

1) Werth, Seite 396.

Werth[1] zitiert hier wieder Dallin: „Nach außen hin bildeten den Höhepunkt der Besetzung die feierliche Begehung des Moslemfestes Bairam in Kislowodsk am 11. Oktober. Köstring, Schiller und andere hohe deutsche Beamte erhielten vom örtlichen Komitee kostbare Geschenke. Die Deutschen ihrerseits versprachen baldige Auflösung der Kolchosen und Kollektive und gaben die Aufstellung einer freiwilligen karatschaiischen Kavallerieschwadron bekannt, die auf deutscher Seite kämpfen sollte. Köstrings auf russisch gehaltene Rede rief bei der Masse so große Begeisterung hervor, daß ihn die Eingeborenen auf die Arme nahmen und ihn buchstäblich immer wieder in die Luft schleuderten." Ähnlich soll es, nach Dallin, auch bei der örtlichen Verwaltung des Raumes Kabardin-Balkar in Naltschik zugegangen sein. Doch zwei Wochen nach diesen Zeremonien mußten ihn die Deutschen schnell wieder räumen.

Die mohammedanischen Balkaren brachten den Deutschen jedenfalls mehr Sympathie entgegen als die andersgläubigen Kabardiner. Deutschfreundlich waren auch die Einwohner der Autonomen Sowjetrepublik Tschetschen-Ingusch (südlich des Terek), wohin die Deutschen aber nur wenig vordrangen. Dennoch mußten diese Nationalitäten wegen angeblicher Kollaboration später büßen.

Generell konnten die Deutschen im Kaukasus unter den Moslems nur wenige Soldaten für ihre Sache gewinnen. Die aktivsten Kollaborateure schlossen sich dann beim Rückzug an. Wer blieb, wurde bestraft. Am 11.2.1944 befahl der Oberste Sowjet die Liquidierung der mohammedanischen Gebiete. Der NKWD verfrachtete diese Völkerstämme in Eisenbahnwagen „nach Osten". Chruschtschow berichtete (nach Werth[2]) über die Massendeportationen vor dem XX. Parteikongreß: „Ende 1943 wurde der Beschluß gefaßt, alle Karatschai zu deportieren ... Dasselbe Schicksal hatten im Dezember 1943 die Einwohner der Autonomen Kalmücken-Republik. Im März 1944 wurden die Bewohner der Tschetschen-Inguschischen Sowjetrepublik deportiert. Die Republik wurde aufgelöst. Im April 1944 schaffte man alle Balkaren nach weit entfernten Orten, die Kabardino-Balkarische Republik wurde wieder in Kabardinische Republik umbenannt. Die Ukrainer entkamen diesem Schicksal nur, weil es zu viele waren ... Wenn es anders gewesen wäre, hätte er (Stalin) auch sie deportiert.

Nicht nur kein Marxist-Leninist, sondern auch kein Mensch mit gesundem Verstand kann verstehen, wie man ganze Nationen, Frauen, Kinder, alte Leute, Kommunisten und Komsomolzen, in dieser Weise verantwortlich machen kann, wie man sie dem Elend

1) Werth, Seite 397.
2) Werth, Seite 398.

preisgeben und leiden lassen kann wegen der feindseligen Handlungen von Individuen oder vereinzelten Gruppen." (Chruschtschow erwähnte aber nicht die Krim-Tataren und Wolga-Deutschen. Deshalb klingt seine Entrüstung nicht echt. Schließlich durften die fünf o.a. Nationen nach Stalins Tod wieder zurückkehren, diese beiden aber nicht.)

Fazit: Hitlers Absicht, mit Hilfe der kaukasischen Gebirgsstämme den Vorderen Orient zu unterwerfen und Soldaten für die Wehrmacht zu gewinnen, erwies sich nur zum Teil als erfüllbar. Vor allem die Zeit arbeitete gegen ihn.

Die Sowjets richteten 1943 ihre Hauptangriffe auf die Rückzugsstraße der Deutschen zwischen Saratowskaja und Krasnodar, die einzige nach Norden führende Chaussee, „Stalin-Straße" genannt. Auf ihr konnte auch bei dem Matschwetter schweres Gerät transportiert werden. Die Sowjetführung suchte daher diese Rückzugsstraße unter allen Umständen zu blockieren. Dafür setzte sie Kommandotrupps und Partisanenverbände ein, die in den dichten Wäldern südlich Krasnodar ihre Basen hatten und im dünn besetzten Gebiet leicht operieren konnten. Hin und wieder wurden Partisanen ertappt, doch das zählte nicht viel.

Carell[1] schreibt darüber: „Die Gefechtsberichte der 97. Jägerdivision verzeichnen eine für die Grausamkeit des Partisanenkampfes typische Episode. Eine Turkmenen-Einheit aus Freiwilligen, die sich tapfer neben den 97ern vor Tuapse geschlagen hatte, benutzte in den Winternächten ein kleines verlassenes Dorf bei Sewerskaja, um sich auszuschlafen. Dabei vergaßen die Einheitsführer zuweilen, nachts Wachen aufzustellen.

Eines Morgens kamen die Turkmenen nicht zum Dienst. Eine deutsche Streife pirschte sich an das verdächtig stille Dorf heran. Der Patrouillenführer mit gezogener Pistole als erster ins Haus. Die Männer hörten ihn einen wilden Fluch brüllen. Und dann sahen sie es selbst. Sahen es in jeder Kate: Die Turkmenen lagen mit abgeschnittenen Köpfen in ihrem Blut. Mit Kreide war an die Wand geschrieben: ‚So nehmen wir Rache an Verrätern!'

Die schauerliche Szene gehörte zur psychologischen Kriegführung gegen die von den Sowjets so gefürchtete Zusammenarbeit der verschiedenen antibolschewistischen, nichtrussischen Volksgruppen mit der Deutschen Wehrmacht. Ein großer Teil des geheimen sowjetischen Nachrichtendienstes hinter der deutschen Front diente der Beobachtung und der Behinderung dieser Kollaborateure. Das klappte ausgezeichnet. Offiziere und Kommissare der geheimen Front rekrutierten dafür geeignete Einwohner hinter den deutschen Linien durch regelrechte Einberufungsbefehle. Die Bevollmächtigten Moskaus für diesen gefährlichen Kampf waren verwegene Burschen."

1) Carell, Bd. II, Seite 132.

Ein Sergeant, den die 125. Infanteriedivision gefangennahm, sagte aus: „Unsere Kommandeure haben allen Einheiten den Befehl des Hauptquartiers verlesen. Er lautete: ‚Die deutschen Rückzugsstraßen müssen blockiert werden, kein Opfer ist dafür zu groß.'" – Und so stürmten sie: vorneweg junge Offiziere, teils Kadetten aus Offiziersschulen, dahinter Halbwüchsige von 13, 14 Jahren, daneben Versehrte und Greise – das letzte Aufgebot. Die ersten Wellen wurden niedergemacht, die Nachfolgenden ergriffen die Waffen der Toten und Verwundeten und kämpften todeswütig weiter.

Die Kommandeure der Roten Milizen und Partisanengruppen bei Krasnodar (und anderswo) führten mit drakonischen Mitteln. Sie gaben die taktischen Befehle an die Unterführer mit der Drohung weiter: „Wenn Sie das Ziel nicht erreichen, lasse ich Sie erschießen!" – „Wenn Sie zurückgehen, lege ich Sperrfeuer auf Ihre Einheit!" ...

Auch in der Stalingradschlacht im Winter 1942/43 leisteten die Partisanen ihren Anteil bei der Zerstörung der langen deutschen Nachschubverbindungen. So z.B. wurde die Manstein-Offensive (sie sollte einen Korridor in den Kessel schlagen) verzögert, weil Partisanen den Waffentransport ins Don-Gebiet unterbrachen.

Abschließend sei hier zu den russischen Partisanen-Operationen noch einmal Schukow[1] angeführt: „Viel trugen die sowjetischen Partisanen zum Erfolg bei. Sie gönnten dem Feind über drei Jahre lang keine Atempause, zerstörten seine Verbindungswege und terrorisierten sein Hinterland. Als die Sowjettruppen in Polen, in der Tschechoslowakei, in Rumänien, Bulgarien, Jugoslawien und Ungarn einrückten, wurden sie von den Patrioten dieser Länder, die unter der Leitung ihrer kommunistischen und sozialistischen Parteien kämpften, unterstützt.

Im feindbesetzten Gebiet kämpften nach Angaben, die aber weitgehend unvollständig sind, in den organisierten Partisanenabteilungen der Russischen Föderation 260 000, der Ukraine 220 000 und Belorußlands 374 000 Mann. Der Gegner mußte in seinem rückwärtigen Gebiet praktisch eine zweite Front zur Bekämpfung der Partisanen aufbauen, was sich schwerwiegend auf den Gesamtzustand der deutschen Front und letzten Endes auf den Ausgang des Krieges auswirkte.

Hier möchte ich der hervorragenden Führer illegaler Partisanenorganisationen und Kommandeure von Partisanenabteilungen und -verbänden gedenken, die im geschickten Zusammenwirken mit unseren Truppen alles getan haben, um den Gegner niederzuringen: W. A. Begma, P. P. Werschigora, S. Ja. Werschnin, P. K. Ponomarenko, T. A. Strokatsch, A. F. Fjodorow, S. S. Beltschenko, M. Gussein-Sade, F.A. Baranow, S.A. Kowpak, I.A. Koslow, W.I. Koslow, S.W. Rudnew, K.S. Saslonow, A.N. Saburow, M. Sumauskas, D.N. Medwedew, M.I. Naumow und P.S. Kalinin ..."

In Südosteuropa war der Partisanenkrieg besonders in **Jugoslawien** intensiv, hart und grausam. Dort kämpften rivalisierende Gruppen mit- und gegeneinander sowie gegen die italienischen und deutschen Besatzer mit der sprichwörtlichen „balkanischen Grausamkeit".

Am 15.10.1941 ernannte Draža Mihailović den Major Djordje Lašić zum Tschetnik-Kommandeur von Montenegro.

Zu Stalins Geburtstag, dem 21.Dezember, hatte Tito aus serbischen Einheiten und zwei montenegrinischen Bataillonen die Erste Proletarische Brigade (1200 Mann) gebildet, die an den Brennpunkten des Aufstandes eingesetzt werden sollte. (Nach dem Zerwürfnis mit Stalin 1948 wurde der Gründungs-Feiertag auf den 22.12. verlegt.) Die neue Brigade focht gegen alle: die Nedić-Verbände, Tschetniks, Italiener, Deutsche und die moslemische Miliz des Hodscha Pačariz. Der Oberste Stab war nach Foča gezogen. Schon am 1.3.1942 wurde die zweite Proletarische Brigade aufgestellt. In Foča hatten inzwischen Ustascha-Leute Hunderte Serben massakriert, während die Tschetniks (Beiname: „Koljači" = „Schlächter") wiederum an die 300 Moslems ermordeten. Diese Exzesse schafften abgrundtiefen Haß. So kam es z.B. in der Herzegowina vor, daß Söhne den Kommunisten ihre Loyalität dadurch beweisen wollten, indem sie ihre Väter töteten; sodann wurde um die Ermordeten herum getanzt und gesungen ...

Wie stand es eigentlich um die Verbindung der jugoslawischen Kommunisten zur Sowjetunion? Djilas[1] notiert hierzu: „Wenn uns auch für den eigenen Bereich alles klargeworden war oder zumindest klar zu sein schien, so verfiel Tito im Verhältnis zur Komintern bzw. zur sowjetischen Regierung bald in Empörung, bald in Depression. Zwar hatte Moskau auf sowjetischem Boden den Rundfunksender ‚Freies Jugoslawien' (‚Svobodna Jugoslavija') in Betrieb genommen, verschwieg aber ‚unserem' Radio immer noch die Kolllaboration der Tschetniks mit den Besatzungsmächten. In den Funksprüchen der Komintern wurden auch Zweifel an der ‚Richtigkeit' unserer Haltung gegenüber der königlichen Regierung bzw. gegenüber Mihailović spürbar. Vergeblich forderte Tito von der sowjetischen Regierung die Entsendung einer Mission, die sich an Ort und Stelle vom Wahrheitsgehalt unserer Angaben überzeugen sollte (genau wie 1948, als es um die Unhaltbarkeit der Anklagen Stalins über die ‚Entartung' der jugoslawischen Partei ging). Vergeblich verlangte Tito auch eine Intervention der Sowjets

---

1) Djilas, Seite 192.

bei der britischen Regierung, damit der Glorifizierung von Draža Mihailović als den wahren Führer der Widerstandsbewegung in Jugoslawien ein Ende gesetzt werde. Ebenso fruchtlos verlief das Warten auf die Hilfslieferungen, die von sowjetischen Flugzeugen über dem Durmitor abgeworfen werden sollten ..."

Bis Mitte Februar 1942 waren schon an die 8 000 Partisanen getötet und etwa 20 000 Sühne-Exekutionen vorgenommen worden. Dennoch wurde Djilas (trotz seiner angeblich begangenen „Fehler") von Tito wieder nach Montenegro entsandt, denn eine feindliche Offensive – voran die Italiener – war gegen die inzwischen befreiten Gebiete Ostbosniens (dort gab es einzelne deutsche Garnisonen), der Herzegowina, des Sandžak und Montenegros angesagt.

Im April lief dann ein Angriff deutscher, kroatischer, italienischer Truppen und Tschetniks gegen das rote Hauptquartier in Foča. Tito brach mit Gefolge nun nach Nordwesten auf. In einem 300 km langen Marsch durch italienisch-besetztes Gebiet wurde am 12.7.1942 Prozor, am 6.8. Livno und Mitte des Monats Glamouć genommen. Titos Hauptquartier war nun in Bihać.

Am 22.6.1942 weilte der jugoslawische König Peter II. zu Besuch beim amerikanischen Präsidenten Roosevelt. Tags darauf traf Churchill in Washington ein. Die jugoslawischen Kommunisten waren – obwohl von der Sowjetunion nun zur Kenntnis genommen – noch immer ein Heer von „Abtrünnigen". Tito war inzwischen mit dem Stab nach Krajina umgezogen und hatte die Dritte Proletarische Brigade (Sandžaker) gebildet.

Als am 3.8.1942 Moskau und die jugoslawische Exilregierung übereinkamen, ihre beiden Gesandtschaften in den Rang von Botschaften zu erheben, ließ Tito acht Tage später erbost an die Komintern funken: „Kann man denn gar nichts tun, um die sowjetische Regierung besser über die verräterische Rolle der jugoslawischen Regierung zu informieren und über die übermenschlichen Leiden und Entbehrungen unseres Volkes, das nicht nur gegen Okkupanten, sondern auch gegen Tschetniks und Ustaschas etc. kämpft? Glaubt ihr denn nicht, was wir euch täglich melden? ... Es (die Erhebung der Gesandtschaften zu Botschaften – Milovan Djilas) kann für unseren Kampf schreckliche Folgen haben. Wir unterstreichen: Die jugoslawische Regierung kollaboriert offen mit den Italienern, getarnt mit den Deutschen. Damit übt sie Verrat an unserem Volk und an der Sowjetunion."

Titos Stab wurde jetzt nach Glamouć verlegt. Dorthin kam auch Dušan Mugoša aus Albanien; auch in diesem Land entwickelte sich der Aufstand, ebenso in Dalmatien (Livorno war gefallen) und Slowenien.

Am 1.11.1942 erließ der Oberste Stab einen Befehl über die Schaffung eines „Volksbefreiungs-Heeres" als ständige Streitmacht, und am 26.11. wurde eine provisorische Volksvertretung, der „Antifaschistische Rat für die Nationale Befreiung Jugoslawiens" (A.V.N.O.J.) gegründet. Er verschaffte Tito Zulauf. Ende 1943 zählte die Partisanenarmee ca. 150 000 Mann. Dennoch setzten die Engländer weiter auf Mihailović, den König Peter II. schon Anfang 1942 zum Kriegsminister und Oberbefehlshaber der jugoslawischen Aufständischen-Armee ernannt hatte.

Ende 1942 hatten Deutsche und Ustaschas ihre Offensive im Kozara-Gebirge abgeschlossen, „in deren Verlauf an die 40 000 Serben aus den Dörfern des Gebietes gefangengenommen und in Jasenovac – dem wahrscheinlich grausigsten Konzentrationslager des Zweiten Weltkriegs – niedergemacht wurden" (so Djilas).

Für Anfang 1943 waren weitere Vorstöße gegen die Tito-Leute in Richtung auf Südserbien, zum Kopavnik-Gebirge und nach Toplica, im Dreiländereck zwischen Mazedonien und Kosovo, geplant. Zu diesem Zeitpunkt hatten Hitler und Pavelić, der Ustascha-Führer, bei Winniza Umfang und Maßnahmen gegen die roten Partisanen erörtert. Dieser Unterredung war schon vom 18. bis 20.12.1942 eine Konferenz in Görlitz mit Hitler, Ribbentrop, Keitel, Ciano (italienischer Außenminister) und Cavallero (italienischer Generalstabschef) vorausgegangen, auf der die Zerschlagung der jugoslawischen Widerstandsbewegung beraten wurde. Und am 3.1.1943 hatte in Rom ebenfalls eine Besprechung zwischen General Alexander Löhr, Cavallero, Roatta (Befehlshaber der italienischen 2. Armee) sowie Pavelićs Generalen und Jevdjević (Tschetnik-Führer für Dalmatien und Herzegowina) stattgefunden. Ein ähnliches Treffen war für den 9. Januar vorgesehen.

Am 16.2.1943 ließ Hitler dem Duce („Führer") eine Note überreichen, in der er „mit Rücksicht auf die Gefahren, die von der Mihailović-Bewegung ausgehen, die Vernichtung aller ihrer Anhänger" vorschlug. Als „Bandenführer" wurden Tito und Mihailović gleichhoch bewertet: 100 000 Reichsmark in bar als Belohnung für jeden von ihnen, ob „tot oder lebendig".

Jedenfalls wurden vorerst mal zur Vernichtung der Tito-Partisanen Truppen bereitgestellt: 5 deutsche Divisionen, darunter die 7. SS-Freiwilligen-Gebirgsdivision „Prinz Eugen" (sie wurde 1941 im serbischen Banat aus Volksdeutschen des Südostraumes zusammengestellt), des weiteren Tschetnik- und Ustascha-Verbände. Deckname: „Operation Weiß". Die Deutschen hatten allerdings gerade die Niederlage von Stalingrad erlebt, was den Partisanen Hoffnung machte.

Operation „Weiß" sollte das rückwärtige Gebiet in Jugoslawien, besonders in den italienisch-besetzten Landesteilen, ruhigstellen, da Hitler zu diesem Zeitpunkt mit einer alliierten Landung auf dem Balkan rechnete. Die von den Deutschen verlangte Entwaffnung der Tschetniks in Dalmatien und der Herzegowina lehnten die Italiener mit der Begründung ab, daß diese Verbände ja für das Unternehmen „Weiß" gebraucht würden.

Der Angriff für Operation „Weiß" begann in Banija am 16. und in Kordun am 20. Januar mit Panzer- und Luftwaffeneinsatz. Am 21.2 stieß die deutsche Kampfgruppe Annacher von der 717. Infanteriedivision, aus Sarajevo kommend, mit Flugzeug- und Panzerschutz auf Konjic vor. Dort stand die Erste Proletarische Brigade (Lekić). Die 5. Brigade (Kovačević) rückte auch auf die Stadt zu, während die 4. Brigade Jablanica eroberte und ein Bataillon Italiener zerschlug. Dennoch drohte den Partisanen in der Neretva-Schlacht ein bitteres Ende. Nachdem Titos Sprengmeister, der Russe Wladimir Smirnow, die Neretva-Brücke in die Luft gejagt hatte, konnte in dreitägigen Gefechten die 717. Division samt ihren Hilfstruppen zurückgeschlagen werden. Doch nun wurde die bewährte 369. Division („Teufelsdivision") herangeführt; sie bestand aus Kroaten, die von deutschen Offizieren geleitet wurden. Sie vertrieb die Partisanen.

Tito, wieder aus Bihać, Glamouć und Livno verjagt, brach nach einem Gewaltmarsch Anfang März 1943 bei den Italienern über die Neretva in Prozor durch. Seine Leute machten das 3. Bataillon des 259. Regiments der italienischen Division „Murge" nieder und erbeuteten dabei noch Geschütze, die sie nun gegen die Deutschen verwenden konnten. Im nördlichen Montenegro bezogen die roten Partisanen erneut Stellung. Aber in dem unwegsamen, kaum besiedelten Gebirge traten bald Hunger und Krankheiten auf, die viele Opfer forderten. Tito versuchte deshalb, mit den Deutschen ein Stillhalteabkommen zu erreichen, wenn sie die Besatzungsmächte gegen die Tschetniks wenden würden. Hitler aber verbot jeden Kontakt und befahl erneut den Angriff.

Am 11.3.1943 kam es dann doch zu Absprachen zwischen Tito-Vertretern und deutschen Abwehroffizieren. Es sollte geprüft werden, ob die Deutschen bereit waren, sich von den verbündeten Ustaschas zu lösen und deren Schicksal den Kommunisten zu überlassen. Die Partisanen boten an, keine Attentate mehr auf die Bahnlinie Zagreb-Belgrad zu unternehmen, wenn deutsche Angriffe gegen die Tito-Truppen unterbleiben würden. Gegenüber dem Kommandeur der 717. Infanteriedivision (Generalleutnant Benignus Dippold) erklärten die Tito-Emissäre Djilas und Popović, daß sie „keinen Grund sehen, die deutsche Armee zu bekämpfen", sondern sie wollten mithelfen, Jugoslawien von den „Banden" des Generals Mihailović zu befreien.

Ende März 1943 gab es wieder ein Gespräch zwischen Partisanen-Vertretern und den Deutschen in Zagreb, Hauptstadt des „Unabhängigen Staates Kroatien". Titos Leute schlugen dem deutschen General Glaise von Horstenau vor, die Feindseligkeiten zu beenden. Erfolg: Die Deutschen ließen Titos deutsch-slowenische Ehefrau Herta Haas und andere Kommunisten frei. Dafür befahl Broz-Tito den Genossen, Anschläge gegen die Bahnlinie einzustellen –

und ging fröhlich auf die Jagd. Denn: Die Deutschen waren ja in Stalingrad geschlagen worden und würden auch bald Jugoslawien räumen müssen; dann war er, Tito, Herr über dieses Land!

Hitler aber lehnte alle Verhandlungen weiterhin brüsk ab und ordnete stattdessen die fünfte Offensive, „Operation Schwarz", für Juni 1943 an. Auch die Amerikaner trauten Tito nicht. Er aber schaffte es trotzdem, Mihailović bei den Alliierten ins schlechte, sich selbst aber ins gute Licht zu rücken. Am 1. Mai führte er in seiner Armee die Offiziersdienstgrade ein.

11.5.1943. Die königliche Exilregierung wies (auf Londoner Druck hin) Mihailović an, mit den Tito-Partisanen friedliche Beziehungen anzuknüpfen, doch daraus wurde nichts. Auch die USA wurden aktiv und schickten vier Tage danach eine Kommission zu Mihailović, und Moskau löste die Komintern auf.

Anfang Juni lief „Operation Schwarz" an: 7 deutsche, 2 italienische Divisionen, Ustascha-Gruppen und 1 bulgarisches Regiment, zusammen 120 000 Soldaten. Die Deutschen waren für den Gebirgskrieg bestens gerüstet und verfügten über Hunderte von Pferden; zusätzlich wurden Moslems und Bosniaken zu Tragtierdiensten verpflichtet. Auf den wenigen Paßstraßen konnten auch mit Lastwagen Nachschubgüter herangeschafft werden, und schließlich wählten die Angreifer für sie günstiges Gelände mit Schluchten, Steilwänden und nur wenigen Passagen aus, um dem Gegner die Fluchtwege abschneiden zu können.

Die Partisanen zählten 18 000 Mann: 3. Brigade (Savo Kovačević), 7. Brigade (Pavle Jakšić); den Gesamtbefehl hatte Radovan Vukanović. Dann aber wurde die schwache siebte (1500 Mann) zusammen mit dem Vorsitzenden des Antifaschistischen Rates, Dr. Ivan Ribar, und 600 Leichtverwundeten der Gruppe des Obersten Stabes zugeteilt.

Die Deutschen besetzten die Täler des Lim und der Tara. Im Verlauf der Operation entwaffneten sie auch die Tschetniks und steckten sie in Nord-Montenegro in Internierungslager, weil sie ihnen im Falle einer alliierten Landung nicht trauten. Schließlich waren ja in Ostbosnien und in Kroatien bereits britische Missionen mit Fallschirmen abgesprungen.

Die Angreifer schlossen beim Unternehmen „Schwarz" bis zum 27. Juni an die 17 000 Partisanen in einem Kessel von 50 km Durchmesser ein, den sie allmählich bis auf 30 km verengten und mit Feuerschneisen systematisch zerfurchten. Titos Gefangennahme schien sicher. Er und der Oberste Stab mit der Sicherungsgruppe befanden sich damals in den Höhlen bei Mratinje. Es wurde beschlossen, in kleinen Trupps nach Sandžak auszuweichen. Dafür aber mußte der reißende Tara-Fluß überquert werden. Brücken gab es nicht. Deshalb wurden Seile über das Wasser gespannt, aus aufgeblasenen Schafhäuten und Rundhölzern Übersetzhilfen gebaut.

Auch dem Gros der montenegrinischen Tschetniks unter Pavle Djurišić kam es in den Sinn, auszubrechen, und sie stießen ohne Schwierigkeiten bei den Italienern aus dem Kessel. Doch die Deutschen hielten ihn noch geschlossen.

Djilas funkte am 8.6. von der 3. Brigade an Tito: „Lage schwierig. Feind hat beide Tara-Ufer besetzt. Sollte uns kein Durchbruch gelingen, werden wir bis zum letzten kämpfen." (Ein Ausbruchsversuch bei Vrbnica war bereits gescheitert.)

Tito befahl, Geschütze und Archive auf Vucevo zu vergraben und, um das Vorankommen zu erleichtern, 300 gefangene Italiener zu erschießen. Die Schwerverwundeten wurden in den Wäldern versteckt; man nahm ihnen die Waffen ab, um sie am Selbstmord zu hindern. Ausbruchs-Order: in Richtung Ostbosnien — dort stand die 1. Brigade im Brückenkopf an der Sutjeska bei Krekovi.

Nach opfervollen Kämpfen gelang es der Stabsgruppe und Tito, am 18. Juni beim Maglić-Massiv und dem See Trnovičko Jezero dem Kessel zu entkommen. Bei der „Operation Schwarz" kamen 7000 Partisanen um. Tito selbst war am 9.6. beim Berg Ozron von einem Bombensplitter am Arm verwundet worden.

Das britische Nahost-Kommando in Kairo nahm nun Verbindung mit Tito auf und hoffte dabei auf eigene Vorteile, denn die Waffenlieferungen an die Tschetniks landeten schon öfters bei den Italienern. Den Sommer über wurden monatlich für beide Partisanengruppen — Tschetniks und Titoisten — etwa 500 Tonnen an Nachschubgütern abgeworfen.

Das kroatische Volk in den Stammgebieten Slawonien, Podravina (entlang der Drau) und Zagarje (nördlich Zagreb) schloß sich nur langsam dem Aufstand an. Regionalsekretär war dort Duško Čalić. Die slawonischen Partisanen führte der Korpskommandeur Petar Drapšin; sein Politruk war Duško Brkić, Nachrichtenchef Jevto Šašić. Der Stab hatte sein Hauptquartier im Papuk-Gebirge. An der Save kam es schon ein paarmal zu Schießereien mit den Deutschen. Einer der populärsten Insurgentenchefs, Demonja, führte anfangs eine slawonische Brigade, dann die 12. Stoßdivision; er fiel später. Auch der „Schienensprenger" („Elias der Donnerer"), Spanienkämpfer, wurde bekannt. In Ljubljana gewann die mächtige Stadtguerilla die Oberhand.

Nach der Kapitulation Italiens im September 1943 fielen den jugoslawischen Partisanen italienische Waffen in die Hände, auch liefen viele Italiener zu den Aufständischen über. Die Deutschen hielten nur noch einige Städte und Küstenabschnitte.

Im November 1943 führte Tito Gespräche mit dem Leiter der britischen Militärmission, Brigadier Fitzroy MacLean. Darüber schreibt Djilas[1]: „Auch im Falle einer britischen Landung zur Un-

---

[1] Djilas, Seite 452.

terstützung Draža Mihailovićs war uns nicht einmal offene diplomatische Hilfe sicher. Die Briten scheuten sich vor einem zusätzlichen Druck auf ihre Front in Italien, wir vor einer Intervention der Briten zugunsten von Mihailović – gegen uns. Mit anderen Worten: Die Briten wünschten, daß wir so viele Divisionen der Deutschen und ihrer Satelliten wie nur möglich an uns binden sollten, uns aber war das ganz recht, und zwar unter der Bedingung, die einzige von den Alliierten unterstützte und anerkannte Kraft in Jugoslawien zu sein. Ein solches Junktim wäre unmöglich gewesen, hätte Mihailović über eine effektive, gegen die Besatzungstruppen einsetzbare und kämpfende Streitmacht verfügt. Den Briten blieb nur die Wahl, entweder in Jugoslawien zu landen und gegen die Partisanen zu kämpfen oder sich mit ihnen zu verständigen – auf einer rationalen, für beide Seiten nützlichen Basis. Sie wählten das letztere, vorsichtig, wenn auch keineswegs begeistert."

Titos Hoffnungen auf Verständnis und Hilfe seitens der USA wurden im Gespräch mit dem amerikanischen Major Louis Huot gestärkt. Er schickte ein Schiff mit Nachschubgütern auf eine Partisaneninsel (achtmal mehr, als die Briten per Flugzeug abgesetzt hatten). Doch die USA selbst unterliefen Huots weitere Hilfeversprechen. Roosevelt erklärte, bis zum Kriegsende nur die königliche Exilregierung anerkennen zu wollen, und übergab symbolisch am 31.12.1943 an königlich-jugoslawische Piloten vier Liberator-Bomber; zudem entsandte er mit verschiedenen Ausreden eine Mission zu Draža Mihailović.

Doch als sich die rivalisierenden Partisanengruppen nicht auf abgegrenzte Operations- und Einflußgebiete einigen konnten, beschlossen die Westmächte auf der Teheraner Konferenz um die Jahreswende 1943, nun nur noch Tito „im höchstmöglichen Ausmaß" Waffenhilfe zukommen zu lassen.

Schon am 29.11.1943 hatte sich im Hauptquartier Jajce wieder der Antifaschistische Rat versammelt; er ernannte Tito zum Marschall und setzte ihn an die Spitze des neugeschaffenen Nationalen Befreiungskomitees, das als Gegenpol der Exilregierung in London gedacht war.

Im Januar 1944 rückten die Deutschen von Banja Luka aus auf Titos Hauptquartier in Jajce vor, das aber sofort nach Dvar auswich. Der neugebackene Marschall bezog Unterkunft in einer Höhle am Unac-Fluß.

Zu der nun schon vorhandenen britischen Mission stieß am 23. Februar auch noch eine sowjetische, die mit Lastenseglern niederging: die Generale Kornejew und Gorschkow, beide erfahren im Partisanenkrieg, sowie die Majore Grigorijew und Saharow. Die Waffenlieferungen jedoch überließ der Kreml auch weiterhin den Westmächten, die 16 000 Tonnen an Waffen und Gütern heran- und 19 000 Verwundete wegschafften.

Im März 1944 – Montenegro und Ostbosnien waren schon frei – sollte Serbien zurückerobert werden. Zwei Divisionen unter dem Kommando von Milutin Moraca waren schon bereitgestellt; sie sollten durch Bevölkerungsschichten verstärkt werden. Gebietssekretär in Serbien war Blagoje Nešković. Militärbefehlshaber wurde Koča Popović. (In Mazedonien rüstete inzwischen Svetozar Vukmanović-Tempo zum bewaffneten Aufstand.)

Zugleich mit den Kontakten zu den Polen zeigte der Kreml auch gegenüber den Jugoslawen jetzt seine panslawistischen Gefühle. Daraufhin schickte Tito unter Djilas' Führung am 4. April eine regelrechte Militärmission nach Moskau, die dort für die Anerkennung des Nationalkomitees als provisorische jugoslawische Regierung werben, Militärhilfe sowie ein Darlehen von 200 000 Dollar verlangen sollte.

Ein Kommentar vom 20. Mai verkündete nun, daß Stalin ein langes Gespräch mit den Generalen Terzić und Djilas, den Vertretern der „Nationalen Befreiungsarmee Jugoslawiens" geführt habe. Praktisch hatte die Sowjetunion Tito schon anerkannt; der jugoslawische Botschafter in Moskau, Simic, war dessen Anhänger. Die königliche Regierung berief zwei andere Botschaftsmitglieder ab, die sich geweigert hatten, im Botschaftswagen mit der Tito-Flagge zu fahren.

Tito hatte in einem AP-Interview erklärt, daß er bereits 125 000 Quadratkilometer des Landes mit fünf Millionen Menschen kontrollieren würde. Deshalb drängte er auf Anerkennung des Nationalen Befreiungskomitees als legitime jugoslawische Regierung und verlangte UNRRA-Hilfe. Generalleutnant Djilas brachte unterdessen einen langen Aufsatz über den Befreiungskrieg in Jugoslawien in der russischen Presse unter und vergaß dabei keineswegs, Mihailović heftig zu attackieren.

Doch am 25. Mai geschah etwas Unerwartetes: Gerade an seinem Geburtstag griffen deutsche Fallschirmjäger, unterstützt von Bodentruppen (Unternehmen „Rösselsprung"),Titos Hauptquartier bei Dvar in Bosnien an. Tito „ließ seine kämpfenden Kameraden im Stich" (so Djilas), verschwand mit seiner Geliebten „Zdenka" und dem Hund „Tiger" durch eine Hintertür und ließ sogar seine Marschalluniform zurück. Die Gruppe entkam mit knapper Not. Zusammen mit dem Stab wurde sie nach Italien ausgeflogen und schlug dann ein neues Hauptquartier auf der Insel Vis (Lissa) auf.

König Peter II. ernannte auf Druck der Briten hin am 1.6.1944 Šubašić zum Ministerpräsidenten, der mit Titos Befreiungskomitee zwei Wochen später zu einem Kompromiß kam. Folge: Mihailović wurde entlassen und Titos Partisanenheer als alleinige Heimatarmee anerkannt. (Als die Russen im Sommer 1944 in Rumänien einmarschierten und Bulgarien zu den Alliierten überwechselte, erhielt Titos Partisanenarmee regelrechte strategische und taktische Aufgaben zugewiesen.)

Am 4.6.1944 wurde Tito mit seinem Stab (und dem Hund „Tiger") von einem russischen Piloten nach Bari (Unteritalien) geflogen, wo ihn die Briten „bearbeiteten". Als Churchill ihm für Serbien den König aufdrängen wollte, verließ Tito heimlich diesen Treffpunkt.

22.7.1944. General Sir Henry Maitland Wilson, alliierter Oberbefehlshaber im Mittelmeerraum, lud Tito ein. Doch der lehnte ab. Grund: Wilson könnte „im Handstreich" ein Arrangement zwischen Tito und König Peter II. (auch er war „zufällig" in Italien) herbeiführen wollen. Es war ja bekannt, daß die Briten „Wasser in Titos Wein" zu gießen wünschten. Außerdem gab es in Italien genug versprengte Tschetniks, denen ein Anschlag auf den Marschall zuzutrauen war. Doch als Wilson seine Einladung im Namen der britischen Regierung wiederholte, fuhr Tito hin; er kehrte mit Waffenversprechungen und der Zusage auf Rückgabe der jugoslawischen Flotte wieder. Bald darauf entstand mit den Briten ein Streit über die Bombardierung jugoslawischer Städte unter deutscher Besatzung. Anlaß dafür waren die Luftangriffe auf Belgrad und Split. In Belgrad übertrafen die Zerstörungen jene des deutschen Angriffs vom 6.4.1941. Darum wurden künftige Bombardements kategorisch abgelehnt.

Am 12.8.1944 trafen sich Tito und Churchill in Neapel. Die Briten wollten in Istrien landen, doch dann wurde nichts daraus.

6.9.1944. Die Rote Armee erreichte die jugoslawische Grenze und rückte drei Tage später in Bulgarien ein. Pavelić konnte zwei Wochen danach bei seinem Besuch Hitlers durchsetzen, daß General Glaise von Horstenau durch General Juppe ersetzt wurde. Den ganzen Herbst über tobte im Landesinneren ein harter Partisanenkrieg, während an der Ostgrenze Kroatiens (in Syrmien) deutsche und kroatische Verbände (12. und 13. Ustascha-Brigade, 8. Domobranen-Regiment) gegen Russen und Tito-Kräfte fochten.

Am 18.9. flog Tito in Begleitung des russischen Generals Kornejew nach Moskau. Dort begann er seine „Schaukelpolitik" zwischen Ost und West, und Ende des Monats traf sich Tito mit dem italienischen Kommunistenführer Togliatti in einer geheimen Wohnung in Rom. Thema: Istrien, Fiume und Triest. Tito: „Tudje nécemo-svoje nedamo" („Fremdes wollen wir nicht – das unsere geben wir nicht her").

Auch nach dem Einzug der Kommunisten in Belgrad schloß die Zusammenarbeit zwischen den jugoslawischen Kommunisten und der Roten Armee Kontroversen nicht aus. Djilas[1] schreibt: „Tito hatte keinen Grund zur Unzufriedenheit und war auch gar nicht

---

1) Djilas, Seite 536 ff.

mehr unzufrieden. Das einzige, was ihn wirklich störte, war das Verhalten der sowjetischen Soldaten. Auch mit der Haltung der sowjetischen Kommandostellen war er nicht glücklich, die auf unsere Mahnungen mit Verärgerung oder Nachlässigkeit reagierten.

All das kochte zunächst geräuschlos weiter. Und wurde mit immer neuen und immer drastischeren Details gewürzt: Aus dem Stadtkomitee erhielten wir die Mitteilung, in dem Belgrader Vorort Čukarica hätten sowjetische Soldaten eine Apothekerin vergewaltigt und schließlich aufgeschlitzt; beim Begräbnis der Frau seien demonstrativ an die 5000 Leute erschienen. Das Verhalten der sowjetischen Soldaten wurde zu einem wesentlichen Faktor bei der Sicherung unseres Einflusses und unserer Stabilisierung. Dies um so mehr, als durch die Übergriffe die Illusionen über die Rote Armee allmählich zerstört wurden und folglich auch wir Kommunisten in Mißkredit gerieten und – organisationsmäßig unterentwickelt – in einer heterogenen, zum Teil auch feindseligen und unkontrollierten Umgebung tätig waren.

Schließlich kochte unser Zorn über. Da ein Ende der Mißstände nicht abzusehen war, entschloß sich das Politbüro zu einem ernsten Gespräch mit dem Chef der sowjetischen Mission, General Kornejew ... Titos Ausführungen hörte er sich kaum an und erklärte barsch, das alles seien Einzelfälle, die noch dazu von Reaktionären aufgeblasen und hochgespielt würden ... Kornejew lief rot an und erhob sich von seinem Stuhl: ‚Ich protestiere auf das schärfste gegen die Beleidigungen, die man der Roten Armee zufügt, indem man sie mit den Armeen der kapitalistischen Länder vergleicht!' – Die Aussprache mit Kornejew war damit beendet ..."

Ein besonderes Problem entstand: die rund 500 000 Deutschen in Jugoslawien. Djilas[1] vermerkt: „Sowohl unsere Krieger als auch das Volk waren ‚unserer' Deutschen dermaßen überdrüssig geworden, daß man im Zentralkomitee die Frage einer Vertreibung der deutschen Bevölkerung viele Male angeschnitten hatte ... Man begann damit, die verbliebene deutsche Bevölkerung in zwei oder drei Dörfern, die zu Lagern bestimmt wurden, zu internieren."

Am 16. Oktober hatten die Truppen der 3. Ukrainischen Front (Tolbuchin) Belgrad genommen und zielten über Fünfkirchen auf Budapest. Die 2. deutsche Panzerarmee (Angelis) riegelte sofort zwischen Drau und Plattensee ab. Teile der Armee-Abteilung Fretter-Pico und Reste der ungarischen 3. Armee (Heszlényi) hielten die sogenannte Margareten Stellung südlich Budapest. Doch da zersplitterte die Front nordöstlich des Velence-Sees. Die sowjetische 6. Garde-Panzerarmee (Plijew) stieß am Donauknie auf Gran vor: Budapest wurde eingekesselt.

---

1) Djilas, Seite 540.

Dieser russische Stoß nach Südosteuropa traf indirekt auch die in Griechenland stehende HG E (Löhr): 350 000 Soldaten – eine schwer bewegliche Masse. Generaloberst Alexander Löhr ließ Kreta, die Ägäischen Inseln und Athen räumen. In pausenlosen Kämpfen mit den Partisanen erreichte die Heeresgruppe das Morava-Tal. Dort griffen bulgarische Truppen an. Die 7. SS-Gebirgsdivision „Prinz Eugen" (Kumm), albanische Nationalisten unter Mehdi Bey Frasheri sowie das XXXIV. Armeekorps (Müller) halfen Löhr. Bei Niš und Kraljevo kam es zu langen, blutigen Gefechten mit fünf Sowjetdivisionen, der bulgarischen 1. Armee (Stojtscheff) und den Tito-Partisanen. Erst nach Monaten hatte die Heeresgruppe Mazedonien, Albanien und Montenegro endgültig geräumt und zwischen Mostar und Sarajevo eine neue Front aufgebaut.

Nach dem Fall von Belgrad (Oktober 1944) wurde der Stab der Volksbefreiungsarmee und der Antifaschistische Rat dorthin verlegt. König Peter II. ließ in einer Rundfunkrede („Keiner hat das Recht, hinter meinem Rücken zu erklären, er sei mein Bevollmächtigter") seinen Mittelsmann in Jugoslawien, Draža Mihailović, fallen und appellierte an die Tschetniks: „Ich fordere alle meine Untertanen auf, sich vorbehaltlos der Armee Tito anzuschließen." Am 17.5.1944 bildete er sein Kabinett erneut um. Der frischgebackene Ministerpräsident, Dr. Ivan Šubašić, traf am 1.11. mit Tito zusammen. Man verhandelte über die künftige Regierungsmannschaft, was die Russen mit Verärgerung vermerkten. Nach einigem Hickhack (auch mit den Briten) wurde dann Anfang März 1945 eine Koalitionsregierung gebildet: Ministerpräsident wurde Josip Broz-Tito!

Um die Jahreswende 1944/45 war die Lage in Kroatien kritisch. Ante Pavelić, der „Poglavnik" (Staatsführer), erließ Aufrufe und führte politische Säuberungen durch.

Am 24.12.1944 verließ die kroatische Küstenflotte Fiume (Rijeka) und wollte sich den Westalliierten anschließen. Doch der Versuch mißlang. Nur der Flottillenchef entkam nach Italien. Da entwaffneten die Deutschen – entgegen Pavelićs Protest – kurzerhand die kroatischen Seeleute und lösten die ganze kroatische Marine auf. Pavelić aber wußte, daß sein „Staat", sein Leben, seine Bewegung von den Deutschen abhingen. Deshalb zeigte er sich gegenüber dem deutschen Gauleiter Rainer versöhnlich.

Für die Deutschen war Kroatien Anfang 1945 strategisch wichtig. Der Oberbefehlshaber Südost, Generalfeldmarschall Freiherr von Weichs, führte von Agram aus seine Widerstands- und Absetzmanöver gegen Russen, Bulgaren und Tito-Partisanen. Der OB der Heeresgruppe E, Generaloberst Alexander Löhr (10 deutsche, 3 Legions-Divisionen und unterstellte Domobranen) hielt auf der Frontlinie Drina-Foča-Kalinovik-Mostar.

Tolbuchins Kräfte gingen Ende 1944 bei Apatin und Baja über die Donau und stießen zur Drau vor: Deutsch-kroatische Stellungen in Syrmien (Raum zwischen Drau-Mündung und Save) wurden überflügelt. Im Januar 1945 brachen die Deutschen, obwohl zahlenmäßig unterlegen, dennoch durch drei Partisanenarmeen: im Srem durch die Erste, in Nordbosnien durch die Zweite und an der Drau durch die Dritte. Peko Dapčević, Kommandeur der 1. Armee, berichtete, daß man ihm sogar noch 40 Geschütze abgenommen hatte („Ein deutscher Granatwerfer ist wirksamer als zwei meiner Batterien"). Auch Koča Popović klagte über seine Truppen: „Völlig unausgebildet, alles Bauernjungen und Schüler — Serbiens voll Ausgebildete sind zum großen Teil bereits in Gefangenschaft." Ob solcher Meldungen war der Oberste Stab arg bestürzt.

Im Februar 1945 kämmten Löhrs Verbände die Partisanenbasen im Požega-Gebiet und im Papuk-Gebirge durch und fügten den Tito-Kräften schwere Verluste zu. Doch die Insurgentengefahr blieb, besonders im Berggelände, für rückwärtige Dienste und Nachschubfahrer bestehen.

Im Frühjahr erwartete man die Großoffensive der Russen, Bulgaren und vier Tito-Armeen (800 000 Mann). Löhr verfügte über 17 deutsche, 18 kroatische Divisionen und zusätzliche Spezial- und Polizeitruppen. Pavelić stampfte noch 5 Ustascha-Korps zu je 3 bis 4 Domobranen-Divisionen aus dem Boden. Noch bei Kriegsende stand diese neue kroatische „Partisanenarmee" auf deutscher Seite: I., II. und Teile des III. Ustascha-Korps in Slawonien; Reste des III. und IV. Korps in Nordbosnien; V. Korps in Mittelkroatien.

Tito griff am 20. März die HG E an. Er wollte ganz Jugoslawien befreien. Die vier Partisanen-Feldarmeen drückten im April die Deutschen und Kroaten aus Syrmien hinaus. Daraufhin ersetzte der verärgerte Hitler den OB Südost von Weichs durch Löhr. Inzwischen aber rollten die Russen zwischen Drau und Plattensee in Richtung Österreich.

Bis Mitte April, hielt die Heeresgruppe E an den Flüssen Neretva, Bosna, Save und Drau eine Abwehrlinie. Doch bald wurde der Gegner wieder offensiv. Während sich an der Drau die bulgarische 1. Armee in Richtung Nordwesten vorschob, griff in den anderen Abschnitten die Tito-Streitmacht an: 1. Armee (Dapčević), 2. Armee (Popović), 3. Armee (Nadj) und 4. Armee (Drapšin). Auf deutscher Seite standen auch noch Freiwilligenverbände: Kosaken, Ukrainer, Albaner, Slowenen, Montenegriner, Serben und 200 000 Kroaten unter General Georg Gruić, die Titos Rache besonders fürchten mußten.

Die Lage der Jugoslawen verschlechterte sich für Deutsche und Hilfstruppen, als die HG C (Vietinghoff) am 28.4.1945 in Italien kapitulierte und die Briten nach Südkärnten vordrangen — dorthin sollten nämlich die deutsch-kroatischen Verbände retirieren. Erste

Kontakte zwischen Löhr und den Briten erbrachten nichts. Feldmarschall Alexander verfolgte seine strikten Weisungen aus London; demnach hätte er nur den Stab der HG E übernehmen dürfen. Außerdem hatte Churchill Tito schon die „ganze Beute" versprochen.

Am 2. Mai ließ Tito seine 4. Armee in Triest einmarschieren. Doch Feldmarschall Alexander forderte ihn auf, die Stadt sofort wieder zu räumen. Und drei Tage später verlangte General F. Morgan bei Verhandlungen in Belgrad, die Partisanenarmee hinter eine von ihm markierte Linie zurückzunehmen. Churchill wiederum verbot es, die in diesem Gebiet gefangengenommenen deutschen Truppen zu entwaffnen. Während um Zagreb bis zum 8. Mai noch schwere Kämpfe mit den Deutschen und deren Verbündeten tobten, drohte ein Konflikt zwischen Tito und den Westmächten. Doch er wurde beigelegt. Tito räumte Triest.

Das deutsche XXI. Armeekorps zog von Griechenland aus durch Montenegro und Albanien nordwärts, versprengte Truppenteile schlossen sich ihm im Kosovo-Gebiet an. Doch am 15. Mai kapitulierten die letzten deutschen Verbände in Jugoslawien.

Über die Behandlung deutscher Kriegsgefangener schreibt Djilas[1]: „Die deutschen Kriegsgefangenen wurden hingegen gut behandelt, egal welchen Maßstab man anlegt ... Im Verlauf der Kämpfe um Serbien und um Belgrad hatte man aufgehört, Gefangene zu töten. Zwar tolerierten unsere Kommandanten hier und da die Hinrichtung von Gestapo- und SS-Leuten, jedoch nicht von Angehörigen der Wehrmacht. Die Gefangenen mehrten sich, so daß ihre Zahl am Ende des Krieges weit über 100 000 lag. Sie selbst äußerten den Wunsch, zu arbeiten ... Man begann sie zu schätzen und sogar gernzuhaben. Wir behielten sie zu lange bei uns, bis 1949–1950, aber verabschiedeten uns auf freundschaftliche Weise ... Es war das eine weitere Bestätigung dafür, daß man die Völker nicht danach einschätzen sollte, wie sie sich im Krieg verhalten, sondern auch danach, wie sie in Friedenszeiten sind..." Dieser Aussage Djilas' stehen andere Berichte von Historikern gegenüber, wonach die jugoslawischen Partisanen deutsche Gefangene massenhaft abgeschlachtet haben.

Draža Mihailović zog sich schon im Winter 1944/45 nach Dugo Polje im Vucjak-Gebirge (Nordbosnien) zurück, und Pavle Djurišié (er wurde später von Ustaschas ermordet) und seine Tschetniks schlossen sich ihm an. Der OZNA (Kommunistischer Geheimdienst) aber lockte Mihailović nach Serbien, wo er dann umgebracht wurde.

Ehe am 29.11.1945 die Monarchie in Jugoslawien durch die Verfassungsgebende Versammlung abgeschafft wurde, war Šubašić

---

1) Djilas, Seite 541.

114

nach London geflogen, um König Peter II. davon zu überzeugen, daß es gerechtfertigt sei, die Einsetzung einer Regentschaft und das Abkommen mit Tito zu akzeptieren. Doch der Monarch reagierte unter dem Druck seiner Umgebung störrisch. Daraufhin wurde nun in Jugoslawien eine Kampagne unter der Devise: „Hocéme Tito — nécemo kralja" („Wir wollen Tito — wir wollen keinen König") gegen ihn gestartet.

Schon im September 1942 wurde in **Albanien** unter dem Moskauhörigen Enver Hodscha eine kommunistische „Nationale Befreiungsbewegung" (L.N.C.) gegründet. Daneben bildete sich die mehr konservative republikanische „Nationale Union" („Balli-Kombetar"). Beide Partisanengruppen kämpften gegen die Besatzer und untereinander.

So lieferten die 15 000 L.N.C.-Anhänger im Mai 1944 sowohl dem „Balli-Kombetar" als auch den Deutschen heftige Gefechte und bildeten unter Hodscha eine provisorische Regierung, die nach dem Abzug der deutschen Truppen am 20.11.1944 in die Hauptstadt Tirana einzog.

Eigentlich gab es für die Russen in **Bulgarien** gar keinen Rechtsgrund zum Eingreifen. Denn das Königreich befand sich seit Dezember 1941 nur mit Großbritannien und den USA im Kriegszustand. Gegenüber der Sowjetunion jedoch hatte sich Zar Boris III. samt seiner Regierung als neutral erklärt: „Das bulgarische Volk wird niemals gegen Rußland kämpfen, dem es seine Befreiung vom türkischen Joch verdankt." Bulgarien trat zwar am 25.11.1941 dem Antikomintern-Pakt bei, doch dabei blieb es auch.

Boris starb nach einem Besuch bei Hitler am 28.2.1943. Der Thronfolger, Kronprinz Simeon, war aber erst sechs Jahre alt, so daß eine Regentschaft gebildet wurde. Die bulgarischen Politiker versuchten 1944, sich vom Krieg zurückzuziehen. Außenpolitisch liefen Verhandlungen mit den Anglo-Amerikanern, innenpolitisch ergriff der neue Regierungschef Boshiloff (er hatte Filoff abgelöst) energische Maßnahmen gegen die Partisanen, die sich in die Berge zurückgezogen hatten und sporadisch Polizeistationen und Armeepatrouillen überfielen.

Am 21.5.1944 wurde Boshiloff durch Iwan Iwanoff ersetzt. Im Juni verhandelte Stojsho Moschanoff, früher Präsident des Sobranje (Parlament), in Ankara mit den Westalliierten.

Da geschah etwas Seltsames: Mit der Note vom 5.9.1944 erklärte die Sowjetunion Bulgarien den Krieg! Am 23. August war Marschall Schukow nach Moskau beordert worden, wo ihm aufgetragen wurde, den Stab der 3. Ukrainischen Front (Tolbuchin) über den Feldzug gegen Bulgarien zu informieren, das noch immer mit Deutschland zusammenarbeitete. Schukow traf sich vor dem Rückflug mit Georgi Dimitroff, dem bulgarischen Kommunistenführer im russischen Exil. Schukow zitiert Dimitroffs Ansicht so: „Obwohl Sie an der 3. Ukrainischen Front die Aufgabe haben werden, die Truppen auf einen Krieg mit Bulgarien vorzubereiten, wird es bestimmt nicht zu einem Krieg kommen. Das bulgarische Volk wartet voll Ungeduld auf die Rote Armee, um mit ihrer Hilfe die Zarenregierung Bagrjanow zu stürzen und die Volksbefreiungsfront an die Macht zu bringen. Man wird Sie nicht mit Artillerie- und MG-Feuer, sondern nach unserem slawischen Brauch mit Brot und Salz empfangen.

Auch die bulgarischen Regierungstruppen werden es wohl kaum riskieren, gegen die Rote Armee zu kämpfen. Nach meinen Informationen sind unsere Leute in fast allen Truppenteilen der Armee aktiv. In den Bergen und Wäldern gibt es jetzt starke Partisanenverbände. Sie sind nicht müßig, sondern bereit, von den Bergen herabzusteigen und einen Volksaufstand zu unterstützen.“

Am 8. September 1944 begann denn auch die 3. Ukrainische Front ihren Angriff auf Bulgarien. Gleichzeitig drängte der von Moskau aus dirigierte Partisanensender Christo Boteff die Bulgaren zum Aufstand. Partisanen und Vertreter der „Vaterländischen Front" (sie war im Juli 1942 in der Illegalität gegründet worden, umfaßte die verbotene sozialdemokratische, die Bauernpartei, den „Zweno-Bund", die Armeeliga und Kommunisten) bereiteten in Sofia die Machtergreifung vor. Der erste Schlag war gegen die Mitglieder der alten Regierung und den Regentschaftsrat in Sofia geplant. Die Aufständischen in der Hauptstadt führte Oberst a.D. Damjan Weltscheff an, der von der Armee unterstützt wurde.

Dem Putsch in Sofia gingen vom 6. bis 8. September Demonstrationen in den Provinzstädten Silistra, Warna, Plewen, Pernik und Plowdiw voraus. In der Frühe des 9. September brach in Sofia der Aufstand los. Schon um 02.10 Uhr besetzte Weltscheff mit einer Sturmpionier-Kompanie widerstandslos das Verteidigungsministerium. Wer nicht zum „Zweno-Bund"*) gehörte, wurde verhaftet, so daß die Oberste Führung der zaristischen Armee ausgeschaltet werden konnte. Während man andere Ministerien besetzte, erließen General Marinoff und Oberst Weltscheff einen Befehl, der das Militär der neuen Regierung unterstellte. Schon um 03.30 Uhr war der unblutige Putsch beendet. Die Bevölkerung erfuhr von ihm und der „Vaterländischen Front" erst im Radio. Die neue Regierung bildete der Zweno-Bündler Oberst a.D. Kimon Georgieff. Die Kommunisten erhielten vier von den insgesamt 16 Ministerposten.

Die Rote Armee rückte erst am 15. September „kampfbereit, ohne das kleinste Anzeichen einer Parade" in Sofia ein und duldete

---

*) „Zweno-Bund": Geheimbund aus Offizieren und Intellektuellen der 30er Jahre, der zusammen mit Jugoslawien ein Großsüdslawisches Reich plante.

vorerst das neue Regime. Die sowjetische 57. Armee verlegte an die Nordostgrenze Bulgariens, um mit Titos Partisanen in Jugoslawien Verbindung aufzunehmen. Schon am 10. September hatte Bulgarien Deutschland den Krieg erklärt.

Ende September tobte mit Duldung der Regierung in Bulgarien der Terror, Tausende Menschen wurden umgebracht. Die Hoffnung, durch die Ereignisse vom 9.9. das Land vor dem Krieg bewahren zu können, erfüllte sich nicht. Die Kommunisten wurden ständig stärker, ihre Führer kehrten aus der Emigration zurück und übernahmen Schlüsselpositionen. Inzwischen besetzte die sowjetische 37. Armee das ganze Land. Generaloberst Birjuzow wurde Ende September russischer Statthalter in Bulgarien. Die bulgarischen Streitkräfte: 5 Armeen (zusammen 450 000 Mann), 410 Flugzeuge und 80 Schiffe – wurden neu gruppiert und kamen unter russisches Kommando; die Heeresverbände stellten sich zum Angriff mit den Russen für Ungarn bereit. Da nützten auch die Einwände hoher bulgarischer Persönlichkeiten nichts, die da lauteten: „Sowohl die Offiziere als auch das Volk betrachten die Kriegsbeteiligung gegen Deutschland vom bulgarischen Standpunkt aus als unnötig. Es ist allen klar, daß wir in diesen Kämpfen nichts zu gewinnen haben ... Jedes Opfer, das diese Armee auf sich nehmen müßte, wäre also vergeblich und könnte nur der Festigung der kommunistischen Macht im Lande dienen." Die Kommunisten aber traten natürlich für eine Kriegsbeteiligung mit den Russen ein, zettelten Unruhen an und wollten die Alleinherrschaft. Der kommunistische Innenminister Anton Jugoff ließ durch seine Volksmiliz Verhaftungen durchführen. Im Februar 1945 gab es den ersten „Kriegsverbrecherprozeß". Heute behauptet die bulgarische Geschichtsschreibung: „Angesichts der Widerstandsbewegung wagte es die monarcho-faschistische Regierung nicht, bulgarische Truppen an die Ostfront zu schicken*)."

In **Griechenland** wurde die britische Offiziersgruppe zu einer Mission ausgebaut, die 1944 schon 400 Mann umfaßte und mit den Partisanenverbänden Kontakt hielt.

Ab 1942 bekämpften die griechischen Widerstandsorganisationen EAM (Griechische Befreiungsfront) und ELAS (Griechische Volksbefreiungsarmee) – beide kommunistisch – zusammen mit der EDES (Griechisch-demokratische Nationalarmee) die deutschen Besatzungstruppen. Doch wie in Jugoslawien auch, befehdeten sich die Gruppen bald untereinander. Die ELAS begann ihre Rivalen zu attackieren, doch die von den Engländern bevorzugt unterstützte EDES konnte sich behaupten.

*) Gegenüber der kommunistischen Erhebung in Mazedonien nahm die bulgarische linke „Volksfront" – die „Vaterländische Front" = Otetschestwen – allerdings eine „unklare" Haltung ein, die Tito kritisierte.

Im Juli 1943 schlossen die widerstreitenden Organisationen ein Abkommen, um gemeinsam unter dem britischen Nahost-Kommando in Kairo zu kämpfen und von ihm unterstützt zu werden. Die englischen Lieferungen an die griechischen Partisanen sollten 4090 Tonnen über See und 1706 Tonnen aus der Luft umfassen.

Im Sommer 1943 starteten die EDES- und ELAS-Gruppen ein gemeinsames Großunternehmen gegen deutsch-italienische Hauptverbindungen, um die Besatzungskräfte von der anglo-amerikanischen Landung auf Sizilien und in Süditalien abzulenken. Die Partisanen zerstörten Schienenstränge, Brücken und Paßstraßen in Mittel- und Nordgriechenland und verbreiteten ihre Macht im Pindus-Gebiet, in Thessalien, auf Euböa und im Peloponnes. Die Insurgenten kontrollierten nun fast zwei Drittel des Landes; sie führten dort Verwaltungs-, Post- und Telefondienste ein und bauten in Thessalien einen Flugplatz.

Die Deutschen ergriffen Strafmaßnahmen. Im Herbst 1943 wurden in Kalitva (Peloponnes) 700 männliche Geiseln erschossen, 24 Dörfer und mehrere Klöster zerstört.

Beim Zusammenbruch Italiens (September 1943) ließ sich in Thessalien die 12 000 Mann starke italienische Division „Pinerolo" von der ELAS einfach entwaffnen. Mit dem Beutegut, darunter auch Geschütze, wurde die inzwischen 40 000 Mann starke Partisanengruppe zu einer beachtlichen Streitmacht.

Zur gleichen Zeit begann das britische Nahost-Kommando ein Unternehmen (Operation „Accolade") gegen die strategisch wichtigen Dodekanes-Inseln. Aber die Landungskräfte waren zu schwach und scheiterten. Dadurch verschlechterte sich auch die Lage der Briten auf Kos, Leros und Samos. Die Amerikaner wiederum weigerten sich, von Italien Verstärkungen herüberzuschikken. Die deutsche Luftwaffe aber fügte den britischen Überwasserstreitkräften erhebliche Verluste zu.

3.10.1943. Deutsche Fallschirmjäger und Landungskräfte eroberten Kos zurück. Die Engländer mußten Samos und am 16.11 auch Leros aufgeben.

Aus den britischen Aktivitäten im September 1943 in der Ägäis schloß nun die ELAS auch auf eine alliierte Landung in Griechenland selbst und schlug deshalb im Oktober wieder einmal gegen ihren Rivalen EDES los. Folge: Die Engländer sperrten dem Angreifer sofort alle Hilfslieferungen.

Erst am 29.2.1944 gelang es der Alliierten Mission unter Führung von Colonel Woodhouse und Major Wines, den Bürgerkrieg zu beenden. Im Juli schickten auch die Sowjets eine Militärmission zum ELAS-Hauptquartier, die umgehend auf die Kommunisten einwirken sollte. So gelang es, eine „Regierung der Nationalen Einheit" zu bilden. Ende September unterzeichneten die Generale Zervas (EDES) und Saraphis (ELAS) im alliierten Mittelmeer-Hauptquartier in Caserta den Vertrag und unterstellten ihre Verbände der neuen Regierung. Das Kommando über die nun geeinten Partisanen wurde dem Oberbefehlshaber der britischen Expeditionsstreitkräfte für Griechenland, General Scobie, übertragen. Dieser britische Verband (4000 Mann) sollte nach dem Abzug der Deutschen landen.

Im Gegensatz zu den jugoslawischen Partisanen traten die griechischen als Helfer der Alliierten nicht in Erscheinung. Sie beschränkten sich darauf, bis Herbst 1944 die sechs deutschen Divisionen zu „beschäftigen".

Im März 1944 konstituierte die kommunistische „Nationale Befreiungsfront" (EAM) eine provisorische Untergrund-Regierung („Politisches Komitee der Nationalen Befreiung" – PEEA), die der Exilregierung die Legitimität streitig machte. König Georg II. bildete sie auf Drängen der Briten um und übergab sie dem aus Griechenland herausgeholten Führer der Sozialdemokraten, Papandreou. Auf Veranlassung der Sowjets beteiligten sich im August 1944 auch die Kommunisten an dieser Regierung.

Am 2.9.1944 begann die Räumung der Ägäischen Inseln auf dem Luftwege. Doch auf Kreta, Rhodos, Milos und Leros blieben deutsche Garnisonen bis Kriegsende zurück. Am 4.10. landete Scobie bei Patras britische Kräfte, und zehn Tage später zogen sie in Athen ein. Im Dezember kam es zu Kämpfen der Briten mit den Partisanen.

Am 6.11. veröffentlichte Papandreou eine Erklärung, in der u.a. die EAM/ELAS angewiesen wurden, sich der Regierung zu unterstellen. Die Kommunisten ließen sich aber nicht ausschalten, so daß es zu Kämpfen mit den Engländern und regierungstreuen griechischen Truppen kam. Nach einem Waffenstillstand flackerten nach 1945 erneut bürgerkriegsähnliche Gefechte auf, die erst 1949/50 mit amerikanischer Hilfe zugunsten der demokratischen Kräfte beendet wurden.

Anfang April 1945 brach in **Österreich** die Donaufront zusammen. Hitler tobte. General Wöhler, OB der HG Süd, wurde durch Generaloberst Lothar Rendulic, einem Verteidigungstaktiker, abgelöst: seit Sommer 1944 der dritte Heeresgruppenchef! Er traf am 8.8.1944 im Hauptquartier in Sankt Leonhard, Niederösterreich, ein. Ihm war sofort klar, daß Wien nicht zu halten sein würde: Die deutschen Truppen waren ausgeblutet und die Honvéds (ungarische Soldaten) unzuverlässig.

Reichsstatthalter und Reichsverteidigungskommissar war Baldur von Schirach. Als Gauleiter von Niederdonau fungierte Dr. Hugo Jury. Chef der Verteidigung von Wien wurde SS-Obergruppenführer Sepp Dietrich, Befehlshaber der 6. SS-Panzerarmee, und Kampfkommandant schließlich war General der Infanterie Rudolf von Bünau. Ihm zur Seite stand SS-Obergruppenführer und General der Waffen-SS Willy Bittrich mit den Resten des II. SS-Panzerkorps. Diese Truppe sollte zusammen mit Volkssturm, HJ und Wehrmachtssplittern Wien schützen, das dann am 5. April zum „Verteidigungsbereich" (nicht zur „Festung") erklärt wurde. Dadurch blieb der Stadt schließlich das Schicksal von Budapest erspart.

Keiner aber rechnete mit der österreichischen Widerstandsbewegung. Sie hatte sich im Spätherbst 1944 gebildet (Parole: „Von selber hören die nicht auf, wir müssen dem verfluchten Krieg ein Ende machen") und nannte sich „Österreich 1945" (nach dem ersten Buchstaben und der letzten Zahl abgekürzt), „O 5" genannt. Verschiedene politische Gruppen schlossen sich hier zu einer Einheitsfront zusammen, verteilten Flugblätter und illegale Zeitungen. Der ehemalige Widerständler Dr. Ferdinand Käs schreibt dazu: „Man wußte, daß die östlichen Teile Österreichs vorerst unter sowjetische Verwaltung gestellt würden. Es lag auf der Hand, daß nur im Zusammenwirken mit den russischen Truppen das Kampfgeschehen um Wien und in den östlichen Teilen Österreichs abgekürzt werden konnte. Als idealer Erfolg war die kampflose Übergabe Wiens zubetrachten. Das Streben des militärischen Widerstands war darauf gerichtet, das sinnlose Kriegsgeschehen abzukürzen, Wien vor der totalen Zerstörung zu bewahren und den Menschen dieser Stadt die Schrecken langwieriger Kämpfe ... zu ersparen."

Die „O-5"-Gruppe hatte also vor, die Stadt aus eigener Kraft bzw. mit Unterstützung der Roten Armee zu befreien. Als das aber nicht ging, verrieten Kontaktpersonen den Russen Wiens Verteidigungsplan.

Schon am 3. April besprach sich der damalige Oberfeldwebel Käs mit Tolbuchin. Der Befehlshaber der 3. Ukrainischen Front machte Zugeständnisse: Einstellung der Bombenangriffe, Unterstützung eines evtl. Aufstandes, Sonderregelung für österreichische Kriegsgefangene, Einsetzung des ehemaligen Staatskanzlers Dr. Karl Renner (er reiste bereits an).

Freitag, 6. April: Die Belagerung Wiens begann.

7. April. Die Russen besetzten Favoriten mit der Ankerbrotfabrik, die Versorgung der Stadt fiel aus.

8. April. Die Sowjets durchbrachen die Widerstandslinie im Wienerwald, stießen auf Hütteldorf, Ottakring und Dornbach weiter. Die Sozialisten (besonders in der Siedlung Sandleiten) überredeten die 3000 Verteidiger und besorgten ihnen Zivilkleidung. So kamen die Russen kampflos bis zum Gürtel am Südtiroler Platz und bis Döbling voran. Dort verlief die zweite Widerstandslinie.

An diesem Sonntag wurde durch Verrat eines NS-Leutnants der Stab der militärischen Widerstandsabteilung festgenommen.

Nur der Chef, Major Karl Szokoll, konnte fliehen. Die drei anderen Offiziere – Major Karl Biedermann, Hauptmann Alfred Huth und Oberleutnant Rudolf Raschke – wurden im Schnellverfahren abgeurteilt und an Straßenlaternen des Floridsdorfer Hauptplatzes aufgehängt.

Im Stadtzentrum tobten Straßenkämpfe. Am 13. April war Wien gefallen. Moskau feierte den Sieg mit 24 Salutschüssen aus 324 Geschützen: 84 Einheiten wurden ausgezeichnet. Tolbuchin erhielt den „Pobjeda"-(„Sieg"-)Orden.

Sepp Dietrich ergab sich mit seinem Stab den Amerikanern. Die meisten Soldaten aber traten den langen Weg in die russische Gefangenschaft an.

Der Widerstand in **Polen** erhielt durch die Haltung der Sowjets beim Warschauer Aufstand eine besonders tragische Note. Am 26.4.1943 schon brach der Kreml die Beziehungen zur polnischen Exilregierung in London ab und setzte dafür die in Moskau etablierte kommunistische „Union polnischer Patrioten" als Vertreter Polens ein. Dennoch hofften die Nationalpolen, durch einen militärischen Beitrag auch von der Sowjetführung ihre Autorität für ein künftiges freies Polen bestätigt zu bekommen: eine Illusion.

Die Waffenlieferungen der Westmächte für Polen waren sehr dürftig. Grund: Das Land lag außerhalb ihrer strategischen Planung, so daß die Versorgung west- und südosteuropäischer Widerstandsorganisationen Priorität genoß; zudem war der Anflugweg zu weit. Von 1941 bis zum Warschauer Aufstand 1944 unternahm die britische S.O.E. immerhin 485 Versorgungsflüge von England nach Polen – die Hälfte davon kam ins Ziel. Jedenfalls sah General „Bór" (Komorowski), neuer Befehlshaber der „Armia Krajowa" (AK = Heimatarmee) – er löste den im Juni 1943 verhafteten General Rowiecki ab –, im Herbst 1943 die Bewaffnung der Heimatarmee als ausreichend an, um zur Unterstützung der nahenden Roten Armee im November die Operation „Burza" (Orkan) auslösen zu können.

Bis zum Frühjahr und Sommer 1944 erfaßte die subversive Tätigkeit Ost- und Mittelpolen und führte auch zu gelegentlichen Scharmützeln mit den Deutschen. Das Problem war: Sollte man die Hauptstadt noch vor dem Eintreffen der Russen selbst befreien? Und wann? Der Oberbefehlshaber in London, General Sosnkowski, sprach sich gegen eine Erhebung aus, weil die Engländer ihre Luftunterstützung vom alliierten Vormarsch zum Rhein abhängig machten. Die Exilregierung wiederum versprach sich von einer Erhebung politische Vorteile und überließ deshalb General Bór die Entscheidung. Der beriet sich mit dem „Hauptdelegierten" und dem „Rat der Nationalen Einheit", und man beschloß, am 1.8.1944 loszuschlagen.

Ehe die Russen ihre Sommeroffensive mit dem Ziel Polen vorbereiteten, mußten erst die politischen Probleme mit diesem Land gelöst werden. Denn in den Monaten April und Mai 1944 erhielten die Sowjets merkwürdigen Besuch: Father Orlemanski und Dr. Oscar Lange sowie die Führer der „Demokratischen Polnischen Untergrundbewegung".

Orlemanski, ein Gemeindepriester aus Springfield, Massachusetts (USA) – dessen Bild zusammen mit den Konterfeis von Stalin und Molotow am 28.4. auf der Titelseite der „Prawda" erschien – war nach Moskau gekommen, „um die Probleme der Polen und der polnischen Armee in der Sowjetunion zu studieren". Stalin und Molotow nutzten diese Visite, um erstens auf die Katholiken in den USA einen günstigen Eindruck zu machen, und zweitens den mächtigen katholischen Klerus (größtenteils auf seiten der Londoner Exilregierung), in Polen zu besänftigen und für Moskau einzunehmen (was sich wiederum auf die Priester in Litauen und Weißrußland auswirken sollte), und drittens schließlich mit diesen Gesten auch eine Annäherung zum Vatikan zu erreichen.

Orlemanski durfte sogar über Radio Moskau eine Erklärung abgeben. Dabei führte er aus, daß er zur Aufstellung der polnischen Kosciuszko-Division in der Sowjetunion beitragen wolle und deshalb im November 1943 in Detroit die jetzt schon erfolgreiche „Kosciuszko-Liga" gegründet hätte und ergänzte: „Doch bald hatte ich das Gefühl, ich müßte mich noch besser über die Pläne und Ziele der polnischen Emigranten in der UdSSR informieren." Er hatte auch die polnische Armee besucht. Doch zwei Wochen später erhielt Orlemanski, zurück in den USA, von seinem Vorgesetzten, Bischof O'Leary, wegen dieser Eigenmächtigkeit einen Verweis und mußte Buße tun, ehe er wieder in sein Amt eingesetzt werden konnte. (Wie kam ein Priester dazu, sich mit dem „Teufel" zu verbünden?)

Pfarrer Brown, inoffizieller Vertreter des Vatikans in der Sowjetunion, empfand den Orlemanski-Besuch „als einen Witz". Auch Professor Oscar Lange von der Universität Chikago plädierte in Moskau für künftige enge Bindungen zwischen der UdSSR und Polen.

Doch die größte Überraschung geschah am 24.5.1944. Der „Bund der Polnischen Patrioten" gab eine Erklärung heraus. Werth[1] zitiert: „Vor einigen Tagen sind Delegierte des Volkskongresses von Polen (Krajowa Rada Narodowa) in Moskau eingetroffen. Dieser Volkskongreß wurde am 1. Januar 1944 in Warschau von den demokratischen Parteien und Gruppen gebildet, die gegen die deutschen Okkupanten kämpfen. Folgende Gruppen sind in der KRN vertreten: die Oppositionsgruppen der Bauernpar-

---

1) Werth, Seite 566.

tei, die Sozialistische Partei, die Arbeiterpartei (KP), das Komitee für Nationale Initiative der nicht parteigebundenen Demokraten, die Untergrund-Gewerkschaftsbewegung, die Jugend-Kampfbewegung, Gruppen der Schriftsteller, Geistesschaffenden und Künstler, Vertreter der militärischen Untergrundorganisationen – der Nationalgarde, der Nationalmiliz, der Bauernbataillone, örtliche Einheiten der ‚Armia Krajowa'." Alle diese Organisationen und Gruppen aber waren „Dissendenten" der unter dem Befehl der Londoner Exilregierung stehenden „Armia Krajowa". Weiter heißt es bei Werth: „Es hat sich als notwendig erwiesen, ein Zentrum des Kampfes und der Koordination zu schaffen ... Die Exilregierung kämpft nicht gegen die Deutschen; statt dessen verlangt sie Inaktivität. Ihre Angehörigen ermorden gelegentlich sogar Widerstandsführer ... Der Nationalrat hat bei seinem ersten Treffen die höchst wichtige Entscheidung getroffen, alle Partisanengruppen, bewaffnete Einheiten usw., welche die Okkupanten bekämpfen, zu vereinigen und sie in einer einzigen Armee (Armia Ludowa) zusammenzuschließen. In wenigen Monaten hat der Nationalrat ein Netz von örtlichen Organisationen aufgebaut. Der Kampf gegen die Okkupanten hat an Heftigkeit zugenommen."

Die Deklaration schloß mit der Feststellung, daß die Delegierten des Nationalrats unter Morawskis Führung nach Moskau gekommen waren, um mit dem „Bund der Polnischen Patrioten", der polnischen Armee und den alliierten Regierungsvertretern Kontakt aufzunehmen. Durch diese Erklärung erfuhr die Weltöffentlichkeit überhaupt erst etwas vom „Linken Untergrund" in Polen, dem „Polnischen Nationalrat" und seinem Führer (Osóbka-)Morawski. Er hatte außerdem eine „Polnische Sozialistische Arbeiterpartei" (RPPS) gegründet. Im Dezember 1943 wurde unter Bieruts Vorsitz ein Untergrundparlament, eben der „Nationalrat des Heimatlandes" (KRN) eingesetzt. Die Exilpolen in London beschimpften die Delegierten in Moskau als „eine Bande von kommunistischen Handlangern und Abenteurern". Die Delegation, an der Spitze neben Morawski auch Bierut und Andrzej Witos, blieb länger in Moskau. Einige Mitglieder kehrten erst im Juli mit der Roten Armee zurück. Am 8.6.1944 gab Morawski in einem TASS-Interview bekannt, daß fast 100 000 polnische Soldaten unter Führung der Generale Berling (er erhielt das Grünwaldkreuz Erster Klasse), Alexander Zawadski und Karol Sweszczewski (Deckname im Spanischen Bürgerkrieg „General Walter", als polnischer Verteidigungsminister 1947 von ukrainischen Terroristen ermordet).

Die Delegation wollte in Rußland vor allem Waffen und erhielt sie auch. (Briten und Amerikaner dagegen unterstützten weiter die Armia Krajowa). Sie bildete den Kern des „Lubliner Komitees", der späteren De-facto-Regierung in Polen.

Am 23.7.1944 hatte die Rote Armee Lublin eingenommen. Schon zwei Tage danach veröffentlichte das sowjetische Außenministerium eine Erklärung bezüglich der Haltung der Sowjetunion gegenüber Polen. Zugleich wurde ein Manifest bekanntgegeben – datiert vom 22.7.1944 und in Chelm (Kleinstadt nahe der russischen Grenze östlich von Lublin) unterschrieben –, das die Bildung eines „Polnischen Komitees der Nationalen Befreiung" (später als „Lubliner Komitee" bekannt) ankündigte.

Werth[1] schreibt hierzu: „In der russischen Erklärung hieß es, die Rote Armee habe gemeinsam mit der polnischen Armee, die an der sowjetischen Front kämpfe, nunmehr mit der Befreiung polnischen Bodens begonnen. Die sowjetischen Truppen, wurde festgestellt, hätten nur ein Ziel: den Feind zu schlagen und dem polnischen Volk beim Aufbau eines unabhängigen, starken und demokratischen Polen zu helfen. Da Polen ein souveräner Staat sei, habe die Sowjetregierung beschlossen, keine eigene Verwaltung auf polnischem Boden zu errichten, sondern mit dem Polnischen Komitee für die Nationale Befreiung ein Abkommen über die Beziehungen zwischen dem sowjetischen Oberkommando und den polnischen Verwaltungsinstanzen zu treffen. Die Erklärung betonte ferner, die Sowjetregierung habe nicht die geringste Absicht, irgendwelche polnischen Gebietsteile an sich zu reißen oder die Gesellschaftsordnung Polens zu ändern; die Anwesenheit der Roten Armee in Polen sei lediglich durch die militärischen Erfordernisse bedingt.

Die Rada Narodowa, der Nationalrat, erließ ein mit dem Datumsvermerk ,Warschau, 21. Juni' versehenes Dekret, das in Chelm am darauffolgenden Tag publiziert wurde, und zwar in der ersten Ausgabe der ,amtlichen' Zeitung ,Rzeczpospolita'. Darin wurde, wie in dem bereits erwähnten Manifest, die Gründung des Befreiungskomitees mitgeteilt."

Dessen wichtigste Mitglieder waren: E.B. Osóbka-Morawski (Präsident und Chef der Außenpolitischen Abteilung), Andrzei Witos (Vizepräsident und Chef der Abteilung für Landwirtschaft und landwirtschaftliche Reformen), Wanda Wasilewska (Vizepräsidentin), Generaloberst M. Rola-Zymierski (Chef der Abteilung für Nationale Verteidigung), Generalleutnant Berling (Stellvertretender Chef der Abteilung für Verteidigung). Unter weiteren fünfzehn Namen war auch der des berüchtigten Chefs des Sicherheitsdienstes, S. Radkiewicz. Für fünf Ressorts fehlten noch die Namen; ihre Träger waren noch im deutsch-besetzten Gebiet...

Der Warschauer Aufstand 1944 war die große Stunde der Partisanenbewegung des Zweiten Weltkriegs überhaupt. Für die Polen jedoch bedeutete er Selbstbehauptung, Wiederfindung ihrer Identität.

---

1) Werth, Seite 578.

Das Londoner Exilkabinett des Ministerpräsidenten Stanislaw Mikolajczyk hatte die Erhebung lange vorher geplant, weil es den Absichten der Sowjetunion gegenüber einem freien Polen einfach nicht traute. Der bekannte Turnierreiter Oberst Tadeusz Graf Komorowski („Bór" genannt) äußerte zwar Zweifel über den Nutzen eines Aufstandes, führte dann aber doch die Befehle aus. Bór, Befehlshaber der Armia Krajowa (AK = polnische patriotische Untergrundarmee), konnte Ende Juli 1944 um Warschau kampfstarke Partisanenverbände zusammenziehen. Die AK hatte Funksprüche der deutschen 4. Panzerarmee aufgefangen, wonach sie über die Weichsel setzten wollte. Grund genug für die AK, die Deutschen zu vertreiben und Warschau noch vor der Roten Armee zu befreien. Während nun die Deutschen und in ihrem Gefolge die Russen dem östlichen Weichselufer in Richtung Praga zurollten, räumten deutsche Zivilisten die Hauptstadt. Die Lokale schlossen. Züge wurden gestürmt. Seltsam: Schon am 25. Juli hörte man russische Geschütze feuern, die Hoffnung der Polen wuchs; doch plötzlich schwiegen sie abrupt. Was war geschehen? Und während sowjetische Sender die Polen zu den Waffen riefen, hielt die Vorhut der Roten Armee jenseits der Weichsel an – und wartete! ... Was hatte das alles zu bedeuten?

Am 1. August 1944, um 17.00 Uhr, gab Bór-Komorowski den Befehl zum Aufstand. Männer und Frauen mit rotweißen Armbinden schritten zum Angriff auf den Hauptbahnhof, die Hauptpost, gegen Wehrmachtslager und Weichselbrücken, während andere Trupps die rückwärtigen Verbindungen der deutschen 9. Armee (Vormann) zerstörten; der Verband war nach der schweren Niederlage bei Bobruisk wieder in der Aufstellung. Innerhalb weniger Minuten war die erste von Hitlers eroberten Hauptstädten in heftige Kämpfe verstrickt. Die polnische Widerstandsbewegung ging nun zum offenen Sturm gegen die Besatzer über. Der Angriff sollte nach dem ursprünglichen „Burza"-Plan ablaufen.

Die deutschen Truppen in Warschau umfaßten kampfschwache Etappen-, Polizeiverbände, Stäbe und Ostlegionäre. Auch die Aufständischen waren schlecht bewaffnet und mangelhaft organisiert, dennoch kämpften sie mit beachtlichem Mut. So gelang es den AK-Leuten (drei Fünftel davon waren Einwohner Warschaus, darunter viele Frauen) nur, die meisten, aus Aserbeidschanern, Turkmenen und Ukrainern zusammengesetzten Garnisonen niederzumachen. Doch viele Stützpunkte und auch zwei Flugplätze konnten nicht genommen werden. Auch der Angriff auf den Vorort Zoliborz scheiterte ebenso wie auf die Weichselbrücken. Dadurch blieb der Vorort Praga, nur 10 Kilometer entfernt, abgeschnitten. Schließlich beherrschten Bórs Leute nur das Stadtgebiet von Stara Miasto (Altstadt) und Wola; auch zwei Tiger-Panzer wurden erobert. Den Brückenkopf von Praga jedoch hielten die

19. Panzerdivision und Teile einer Infanterieeinheit. Warum aber kamen die Russen nicht? ...

Marschall Konstantin Rokossowski, selbst gebürtiger Pole, dem auch die aus ehemaligen polnischen Gefangenen bestehende Kosciuszko-Brigade unterstand, ließ den Aufständischen Hilfe zusagen. Seine Panzer warteten am östlichen Weichselufer bei der Vorstadt Praga. Doch sie durften nicht eingreifen. Denn: Da der Aufstand unter Leitung der Exilregierung in London lief und fast die gesamte polnische Intelligenz daran teilnahm, verbot der Kreml jegliche Unterstützung. Er untersagte sogar den polnischen RAF*)-Piloten, die von Nahost-Plätzen aus Versorgungsbomben über Warschau abwarfen, eine Zwischenlandung auf russischen Rollfeldern. Deshalb mußten die Flüge eingestellt werden.

Es wird behauptet, Hitler hätte sich geweigert, Wehrmachtsverbände gegen die Aufständischen einzusetzen und die SS damit beauftragt. So übertrug der Reichsführer der SS, Heinrich Himmler, dem bewährten Partisanenjäger, SS-Obergruppenführer Erich von dem Bach-Zelewski, diese Operation. Insgesamt wurden 12 SS-Polizei-Kompanien, die Mord-Brigade Dirlewanger und die weißrussische Brigade Kaminski (kriegsgefangene Russen) eingesetzt, die furchtbare Greuel verübten und dabei auch deutsche Zivilisten und Nachrichtenhelferinnen nicht verschonten. Generaloberst Guderian protestierte daraufhin bei Hitler, doch der reagierte nicht.

Bach-Zelewskis Truppen konnten nun einige Stützpunkte – Danziger Bahnhof, Zitadelle, Palais Brühl, zwei Flugplätze, das Polizeiviertel – behaupten und Reserven heranholen.

Warschau fiel in Trümmer. Schwere Artillerie, Sturmgeschütze und Sprengpanzer („Goliath", ferngesteuert) zerschlugen Häuser und Straßen. Wütende Kämpfe gab es am Miadowa-Prospekt: Dort hatten die Polen 400 deutsche Schwerverwundete sowie Ärzte und Krankenschwestern abgeschlachtet. Auch bei den Mirecki-Markthallen und dem Sächsischen Garten wurde gnadenlos batailliert. Als die Vorstädte Zoliborz, Wola und Czerniakow verlorengingen, setzten sich Bórs Gefolgsleute – teils kilometerweit in den unterirdischen Kloaken watend – ab und bezogen in den Alt-Warschauer Ruinen neue Stellungen. Bachs Angebot auf freien Abzug von Frauen und Kindern wurde abgelehnt, auch sein Kontakt mit Bór erbrachte nichts, denn der verließ sich auf russische Versprechungen – die leere Zusagen blieben. Darüber schrieb die Zeitung „Gazeta Warszawska: „Wir stehen allen unseren Nachbarn und den Großmächten unter ihnen im Wege, den Deutschen in ihrem Bestreben, nach Osten vorzudringen, den Sowjets in dem Bemühen, den bolschewistischen Herrschaftsbereich nach Westen aus-

---

*) Britische Luftwaffe.

zuweiten ...; es bleibt uns nur noch übrig, die Welt um Verzeihung zu bitten, daß wir überhaupt noch leben."

Am 3.8.1944 empfing Stalin den Präsidenten der polnischen Exilregierung Mikolajczyk. Der bat um Unterstützung für die Aufständischen, die Armia Krajowa...

Stalin: „Von welcher Armee sprechen Sie denn da? Ist das denn eine Armee, ohne Artillerie, ohne Panzer, ohne Luftstreitkräfte?" So fragte der Mann, der 1941 den Partisanenkrieg „zu Pferd und zu Fuß" im eigenen Lande gefordert hatte und auch die Polen ständig gegen die Deutschen aufhetzte! Es war doch ganz klar: Für Stalin waren die Kämpfer der Armia Krajowa „Klassenfeinde", die er der Vernichtung überließ: Diese „Dreckarbeit" konnten die Deutschen für ihn tun!

6.8.1944: Deutsche Flugzeuge bombardierten Warschau.

8.8.1944: Britische Maschinen warfen Waffen und Munition ab. Sie mußten 1750 Kilometer weit anfliegen, doch der Kreml verweigerte stur die Zwischenlandungen und das Auftanken auf nahe gelegenen Feldflugplätzen.

16.8.1944: Moskau teilte der britischen Regierung mit, es wolle mit dem Aufstand nichts zu tun haben.

22.8.1944: Stalin bezeichnete in einer Nachricht an Churchill und Roosevelt die polnische Befreiungsarmee als eine „Gruppe Krimineller".

Bach-Zelewski schlug den Aufstand systematisch nieder: mit Tiger-Panzern, Goliaths, 38- und 60-cm („Karl")Geschützen. SS- und Polizeitruppen, Dirlewangers und Kaminskis Horden (die letztere nannte sich offiziell „SS-Sturmbrigade RONA"), zwei Aserbeidschaner-Bataillone, Teile der Fallschirmjäger-Panzerdivision „Hermann Göring" erledigten den Rest. Im Stadtteil Ochota und auch andernorts zeichneten sich die Angreifer durch besondere Greuel aus.

Die Schlacht dauerte den ganzen August über an. Radio Blyscawica dementierte des öfteren Gerüchte über das Ende der Kämpfe. Bór gab die Altstadt am 29.8. auf. Aber zwischen dem Sächsischen Garten und dem Lazienki-Park sowie in drei Enklaven (Zoliborz, Mokolov, Czerniakow) hielten noch immer die Aufständischen. Die Stadt brannte an dreißig Stellen: Hitze, Wassermangel, Rauch, Verwesungsgestank.

Am 4. September fiel das Elektrizitätswerk, tags darauf das Weichselviertel Powisla. Bór erwirkte einen auf Stunden begrenzten Waffenstillstand; 30 000 Zivilisten verließen ihre Wohnungen.

10.9. Die Russen schossen plötzlich wieder mit Artillerie. Die 19. Panzerdivision setzte auf das westliche Weichselufer über und sprengte die Brücken. Kein Bataillon der polnischen Berling-Division, die bei den Russen kämpfte, kam über den Fluß; sie gingen wieder zurück. Bór wollte telefonisch den russischen Oberbefehlshaber Rokossowski erreichen – nichts. Nun schwiegen auch die sowjetischen Kanonen wieder.

16.9. Die Enklave Czerniakow fiel. Die Deutschen nahmen die Jerozolimskaja-Allee und teilten die Stadt in zwei Hälften.

18.9. Um 11.00 Uhr warfen 110 US-Flugzeuge vom Typ B-17 1800 Nachschubbehälter ab – aber nur jeder zehnte konnte geborgen werden.

In der Frühe des 2. Oktober 1944, am 64. Kampftag, erklommen drei Parlamentäre die Sperre an der Eisenstraße und begaben sich zu Bach-Zelewski. Der sagte allen AK-Kämpfern den Kriegsgefangenenstatus gemäß der Genfer Konvention von 1927 zu. Zwei Tage danach unterschrieb Bór mit ihm auf dem Gutshof Ozarew die Kapitulationsurkunde. Der Aufstand hatte 120 000 Tote gefordert.

Bór-Komorowski verhehlte seine Meinung über den „russischen Verrat" nicht. Auch Stanislaw Mikolajczyk weist in seinem Buch „The Rape of Poland" darauf hin, daß General Rokossowskis Hauptquartier nur ein paar Kilometer von Warschau entfernt gewesen sei, die Rote Armee sich aber nicht von der Stelle rührte. Er behauptet, die Weichsel wäre kein Hindernis gewesen. Die Russen hätten, wenn sie wollten, Warschau leicht erobern und einen Teil der 300 000 Polen, die im Kampfverlauf der zwei Monate fielen, retten können.

Werth[1] schreibt dazu: „Aus rein politischen Gründen hätten die Russen die Stadt nicht einnehmen wollen: Es habe ihnen nicht behagt, die polnische Hauptstadt durch einen von Bór-Komorowski und andern ‚Handlangern' der Londoner Regierung geführten Volksaufstand befreit zu sehen. Bór-Komorowski und Mikolajczyk wiesen besonders auf die Umstände hin: daß die Bevölkerung Warschaus Ende Juli in einer Moskauer Radiosendung aufgefordert wurde, sich gegen die Deutschen zu erheben; daß die Sowjets es ablehnten, Flugzeuge aus dem Westen, die Nachschub über Warschau abwerfen sollten, auf russischen Flugplätzen landen zu lassen; daß sie den mutigen Versuch der polnischen Truppen unter General Berling, die Weichsel in unmittelbarer Nähe Warschaus zu überqueren, nicht wirksam unterstützten und disziplinarische Maßnahmen gegen Berling einleiteten, angeblich, weil er den Brückenkopf nicht hatte halten können, in Wirklichkeit aber wohl, weil er das ganze Unternehmen überhaupt gewagt hatte."

Der Briefwechsel zwischen Stalin und Churchill während des Warschauer Aufstandes zeigte zunehmende Verärgerung auf beiden Seiten. Stalin mokierte sich über die Warschauer „Abenteurer", während Churchill die Hilfsunwilligkeit der Russen verurteilte.

---

[1] Werth, Seite 580.

Am 14.8. teilte Außenminister Eden aus Italien Churchill sein Befremden darüber mit, daß die russischen Armeen im gleichen Augenblick ihre Offensive gegen Warschau einstellten, als sich die Untergrundarmee erhob, daß sogar russische Verbände zurückgenommen wurden. Washington und London waren über die Haltung der Sowjets erregt. Die beiden Staatschefs schickten deshalb Stalin am 20. August eine Botschaft, die Werth[1] hier zitiert: „Wir machen uns Sorgen um die Weltöffentlichkeit, falls die Nazi-Gegner in Warschau wirklich im Stich gelassen werden. Wir glauben, daß wir alle drei das Äußerste tun sollten, um so viele der dortigen Patrioten wie nur möglich zu retten."

Und Stalins Antwort vom 22. August[2]: „Früher oder später wird die Wahrheit über die Handvoll machthungriger Verbrecher, die das Warschauer Abenteuer begonnen haben, bekannt werden. Diese Elemente haben die Leichtgläubigkeit der Einwohner Warschaus mißbraucht und praktisch unbewaffnete Menschen den deutschen Kanonen, Panzern und Flugzeugen ausgeliefert. Die Folge davon ist, daß jeder neue Tag nicht von den Polen für die Befreiung Warschaus, sondern von den Hitlerfaschisten benutzt wird, um die Zivilbevölkerung Warschaus auf grausame Weise auszurotten.

Militärisch gesehen ist die entstandene Situation, die die Aufmerksamkeit der Deutschen auf Warschau lenkt, sowohl für die Rote Armee wie für die Polen außerordentlich ungünstig ... keine Anstrengungen scheuen wir, um die Deutschen bei Warschau zu vernichten und die Stadt für die Polen zu befreien. Das wird die beste, wirksamste Hilfe für die polnischen Nazigegner sein."

Die Russen sahen den Warschauer Aufstand als eine gegen sie gerichtete „politische Operation" an. Als sie im Januar 1945 in Warschau eindrangen, waren neun Zehntel der Stadt zerstört. Es war ihnen aber jedenfalls erspart geblieben, rund 35 000 Mann einer national denkenden Bürgerwehr liquidieren zu müssen − ein großes Risiko für die neue Lubliner Regierung. Der Kreml war also zu diesem Zeitpunkt noch nicht bereit, gegen polnische Patrioten vorzugehen, die zudem mit Sympathien im Westen rechnen konnten.

Der Kreml behauptete später, der Aufstand wäre als „Rückenstärkung" des Ministerpräsidenten der polnischen Exilregierung, Mikolajczyk, für seine Verhandlungen in Moskau inszeniert worden. Außerdem wollte er von der Erhebung zu spät erfahren haben. Dem steht aber entgegen, daß schon am 17. Juli in Wilna alle Führer und Stäbe der polnischen Befreiungsarmee mit dem OB der 3. Weißrussischen Front, Tschernjakowski, verhan-

1) Werth, Seite 580.
2) Werth, Seite 581.

delt hatten. Außerdem hatte das sowjetische Oberkommando mit Flugblättern die Polen allgemein und Radio Moskau am 29.7. speziell die Warschauer zur Erhebung aufgerufen. Bedingung jedoch war: Ein Aufstand müßte im Einvernehmen mit der Sowjetunion erfolgen und nicht von einer nationalistischen oder kapitalistischen Emigrantenorganisation getragen werden, die anti-kommunistisch bzw. antirussisch ausgerichtet wäre. Schließlich verfügte die Sowjetunion ja selbst bereits über eine von sowjetischen Offizieren und Politruks geleitete polnische Armee, die der ehemalige Offizier Berling führte. Sie rekrutierte sich aus polnischen Kriegsgefangenen, Gefängnis- und Lagerinsassen aus der UdSSR. Dieser Verband erhielt eine Doppelaufgabe zugeteilt: Kaderfunktion für spätere polnische Streitkräfte sowie Unterstützung der kommunistischen Regierung, die Moskau in Lublin etablieren wollte.

Kein Wunder also, wenn die Sowjets mit den Resten der nicht gefaßten Aufständischen-Armee rüde umgingen. Und wer sich nicht der Berling-Truppe anschloß, kam in ein russisches Lager. Nach dem Abzug der Deutschen, am 8.2.1945, wurde die Heimatarmee (AK) offiziell aufgelöst. Die Sowjets verhafteten den Regierungsdelegierten Jankowski und General Okulicki (Bórs Nachfolger) und verurteilten sie in Moskau (nicht in Polen!) zu langjährigen Freiheitsstrafen.

Marschall Schukows[1] Version über den Warschauer Aufstand liest sich so: „Wie wir später feststellen konnten, war die Führung der Front und die der 1. Polnischen Armee von Bór-Komorowski nicht über den bevorstehenden Aufstand unterrichtet worden, auch hatte man die Aktionen der Warschauer nicht mit dem Vorgehen der 1. Belorussischen Front in Einklang gebracht. Die Führung der Sowjettruppen erfuhr erst nachträglich von Einwohnern Warschaus, die über die Weichsel geschwommen waren, vom Aufstand. Auch das Hauptquartier war nicht rechtzeitig davon in Kenntnis gesetzt worden.

Im Auftrag des Hauptquartiers wurden mit dem Fallschirm zwei Verbindungsoffiziere zu Bór-Komorowski entsandt, der sie aber nicht empfing.

Um die aufständischen Warschauer zu unterstützen, überschritten sowjetische und polnische Truppen der 1. Belorussischen Front die Weichsel und besetzten einen Teil des Warschauer Ufergeländes. Doch Bór-Komorowski tat wiederum nichts, um mit uns in Verbindung zu treten. Nach etwa einem Tag zogen die Deutschen bedeutende Kräfte zusammen und begannen uns zurückzudrängen. Die Lage wurde kritisch. Wir hatten große Verluste. So beschloß das Frontkommando, da wir Warschau doch nicht nehmen konnten, die Truppen auf unser Ufer zurückzuziehen.

---

1) Schukow, Seite 541.

Ich konnte feststellen, daß unsere Truppen alles getan hatten, was in ihren Kräften stand, um den Aufständischen zu helfen, obwohl diese Erhebung, wie gesagt, in keiner Weise mit der sowjetischen Führung abgesprochen war. Die 1. Belorussische Front unterstützte die Aufständischen die ganze Zeit hindurch, also vor und nach dem zwangsweisen Rückzug unserer Truppen, und versorgte sie mit Nahrungsmitteln, Medikamenten und Munition vom Flugzeug aus. Die westliche Presse brachte darüber, so erinnere ich mich, viele Falschmeldungen, die die Öffentlichkeit irreführen konnten."

General Knobelsdorff[1] schreibt über den Aufstand: „In der Nacht vom 13./14.10. wird das ganze Regiment geschlossen im Weichselbrückenkopf eingesetzt. Am 15.10. erschien der OB der Heeresgruppe Mitte, Generaloberst Reinhardt, auf dem Div.Gef.-, St., um der Division, zugleich im Namen des Chefs des Generalstabs, Generaloberst Guderian, die Anerkennung für die hervorragenden Leistungen der Division in den letzten Kämpfen auszusprechen. Diese Anerkennung galt besonders den Leistungen bei der Feindabwehr im Weichselbrückenkopf und bei der Niederkämpfung der Aufständischen in Warschau.

Teile der Division waren in dieser Zeit auch im Stadtteil Zoliborz im Norden von Warschau zur Niederkämpfung eines Stützpunktes der Aufständischen eingesetzt. Am 24.8. hatte ein Unternehmen anderer Kräfte gegen einen Stützpunkt der Aufständischen im Stadtteil Warschau-Mokolow Erfolg gehabt. Dabei wurde auch der angebliche Stabschef des Führers der Aufständischen, der polnische General Bór, gefangengenommen.

Um unnötiges Blutvergießen zu vermeiden, war von der Division eine polnische Abordnung aus dem genommenen Stützpunkt Mokolow mit dem gefangenen General Bór als Parlamentäre in den Stützpunkt Zoliborz gesandt worden, um diesen Stützpunkt unter Hinweis auf die vernichtende Wirkung der deutschen schweren Waffen und auf die Bereitstellung starker Kräfte einer Panzerdivision zur Einstellung des Kampfes aufzufordern. Dieses wurde vom Stützpunkt Zoliborz abgelehnt und der konzentrische Angriff, unterstützt durch Panzer, Flammenwerfer und Artillerie, begann am 29.9. Am 30.9. abends ist der Widerstand gebrochen, 1300 Polen, darunter der Führer, Oberstleutnant Zywielec, streckten die Waffen..."

Churchill war bestürzt über die Berichte, in denen das Lubliner Komitee angekündigt hatte, es werde die Mitglieder der polnischen Heimatarmee (AK) und des Untergrunds als Verräter aburteilen. (Und genau das taten die Sowjets Monate später.) Stalin wies öfters darauf hin, daß die Armia Krajowa für die Rote Armee in

---

1) Knobelsdorff, Seite 276.

Polen eine Gefahr bedeuten würde. Tatsächlich war die Rote Armee schon in Weißrußland und Litauen auf den Widerstand der AK gestoßen, und er wurde in Polen selbst noch härter. Die Sowjets behaupteten, daß dabei mehrere hundert Rotarmisten umgekommen wären. Der AK wurden auch Terrorakte gegenüber Vertretern der Lubliner Regierung unterstellt, auch hätte sie Abwehr für die Rekrutierung zur Armia Ludowa betrieben. Die antisowjetische Propaganda des von London und der Kirche aus gesteuerten Untergrunds und die feindselige Haltung der polnischen Bevölkerung schockierten die Russen doch sehr.

Im Februar 1945 hatte sich auf Befehl der Londoner Exilregierung die Armia Krajowa zwar aufgelöst, doch sie wurde durch eine Geheimorganisation, die NIE (Niepodleglosc = Unabhängigkeit) mit General Okulicki an der Spitze, ersetzt (Okulicki war nach dem Warschauer Aufstand Nachfolger von General Bór und Chef der AK geworden). Die neue Widerstandsbewegung arbeitete auch weiter, als die Russen ganz Polen besetzt hatten. Deshalb beschloß der Kreml im März 1945, die Führungsspitze unschädlich zu machen. Man lud Okulicki und fünfzehn andere Funktionäre zu einer Besprechung mit sowjetischen Offizieren über die Jalta-Beschlüsse ein. Das aber war nur eine Falle. Alle Polen (darunter Okulicki, die Mitglieder der „Polnischen Untergrundregierung" Jan Jankowski, Adam Ben und Stanislaw Jasiukowicz sowie der Präsident des „Untergrundparlaments", Puzak) wurden festgenommen und nach Moskau gebracht. Am 28. April fragte Churchill Stalin nach den „fünfzehn Polen", die „deportiert worden seien". Stalin antwortete, sie würden vor ein Gericht gestellt.

Am 18.6.1945 begann der Prozeß. Urteile: Okulicki erhielt zehn Jahre, die Mitglieder der „Untergrundregierung" bedachte man mit fünf bis zu acht Jahren Gefängnis; die anderen bekamen weniger, drei wurden freigesprochen.

Im Sommer 1944 wurde die Lage in **Rumänien** bedrohlich: die eigene Armee führte weiter Krieg. Der junge rumänische König Michael I. aus dem Hause Hohenzollern-Sigmaringen stand seit 1941 mit 31 Divisionen auf deutscher Seite. Nun aber schien es opportun, sich aus dem Bündnis zu lösen, denn am 20.8.1944 griffen die Truppen der 2. (Malinowski) und 3. Ukrainischen Front (Tolbuchin) an und zerschlugen die ganze Heeresgruppe Südukraine (Friessner). Am 23. August erfolgte in Bukarest ein Putsch, und am 12. September trat zwischen den Alliierten und Rumänien der Waffenstillstand in Kraft, den aber nur die Russen unterschrieben. Der Wunsch, auch von den Westmächten besetzt zu werden, erfüllte sich nicht, und wie in Bulgarien auch, mußten nun rumänische Truppen auf seiten der Roten Armee weiter Krieg führen.

Die Kommunisten drängten im Herbst 1944, als die Russen das

Land kontrollierten, an die Macht und lobten ihren Führer Gheorgiu-Dej: „Er stürzte die faschistische Diktatur und erschloß dem rumänischen Volk zugleich mit der Befreiung vom faschistischen Joch den Weg zum Sieg über die Ausbeuterklasse – einem Sieg, der ihm gestattete, ein neues, blühendes sozialistisches Rumänien zu schaffen."

Aber erst Anfang Oktober 1944 erhoben sich die Kommunisten gegen das Kabinett Sanatescu, dem auch Sozialisten, Bauernvertreter und Liberale angehörten. Sanatescu sollte abdanken, denn er hatte als Kavallerie-General der rumänischen Armee am Rußlandfeldzug teilgenommen. Am 7.12. wurde er dann von General Nicolas Radescu abgelöst.

Inzwischen schürten die Kommunisten Unruhen, um endlich die Macht zu erlangen. In einem späteren Kommentar hieß es: „Unter Führung der Kommunisten jagte das Volk die Faschisten aus Betrieben und Behörden, besetzte Bürgermeistereien (Primarien) und Präfekturen und stellte eigene Vertreter an deren Spitze. So wurden bis zum 6. März in 52 der insgesamt 60 Kreise Vertreter der nationaldemokratischen Front eingesetzt." Bürgerkriegsgefahr zog herauf.

Am 24.2.1945 gab es in Bukarest blutige Ausschreitungen. Vize-Volkskommissar Wyschinski kam aus Moskau und sprach mit dem König. Radescu wurde abgesetzt und Dr. Petru Groza mit der neuen Regierungsbildung beauftragt.

Stalin hatte wieder einmal – wie in Bulgarien und (anfangs) auch in Jugoslawien – die Regierungskonstellation manipuliert, Kommunisten bzw. russenfreundlich gesinnte Politiker an die Macht gebracht.

Die **Slowakei,** zusammen mit Böhmen und Mähren zur Tschechoslowakischen Republik gehörend, war 1939 als eigenständiges (deutsch-höriges) Staatsgebilde erstanden, woraus ein gewisser wirtschaftlicher Aufstieg resultierte. Deshalb setzte die Partisanenbewegung dort erst relativ spät, nämlich mit dem Näherrücken der Roten Armee, ein.

Am 5.8.1942 distanzierte sich Großbritannien und am 29.9. General de Gaulle vom Münchener Abkommen von 1938, wonach die Sudetengebiete an Deutschland abgetreten worden waren. Hitler hatte im März 1939 (Einmarsch der Wehrmacht in Prag) der Rest-Tschechei den Garaus gemacht und die Länder Böhmen und Mähren im „Protektorat" zusammengefaßt. Am 12.12.1943 schloß die Exilregierung der Tschechoslowakei unter ihrem früheren Präsidenten Eduard Benesch (ursprünglich in der Londoner Emigration) mit Moskau einen Freundschafts- und Beistandspakt: Beide Parteien verpflichteten sich zur gegenseitigen Nichteinmischung in innere Angelegenheiten. Im Zusatzabkommen vom 8.5.1944 sollte die Rote Armee die künftig besetzten tschechoslowakischen Gebietsteile sofort der Autorität der neuen Exilregierung unterstellen.

Als die Sowjettruppen den Karpatenbogen erreichten, forderte die Exilregierung die Bildung von Kampfgruppen und Nationalkomitees in Ruthenien und der Slowakei, welche der Roten Armee den Weg freimachen und dann die Verwaltung in den befreiten Gebieten übernehmen sollten.

Die slowakische Marionettenregierung unter Monsignore Jozef Tiso als Staatspräsidenten (Ministerpräsident: Tuka) stellte gleich den Kabinetten in anderen Ländern ebenfalls Überlegungen an, möglichst unbeschadet aus dem Bündnis mit Deuschland auszuscheren. Aber das Dilemma bestand darin, daß die Anti-Hitler-Koalition ihr Land wieder in das tschechoslowakische Staatsgebilde einzugliedern wünschte, wie es vor dem Münchener Abkommen von 1938 unter Präsident Benesch bestanden hatte. Doch dort hatten die Slowaken keine Gleichberechtigung erfahren – ergo lehnten nationale Kräfte eine solche Integration entschieden ab.

Aber es blieb nicht mehr viel Zeit, sich zu entscheiden. Die Rote Armee rollte im Sommer 1944 auf die Staatsgrenze zu. Es gab überhaupt wenig Hoffnung auf den Status quo im Donauraum. Die Tiso-Anhänger jedenfalls wollten den Russen äußersten Widerstand entgegensetzten. Einer von ihnen, F. Durtschansky, kommentierte das später so: „Dabei hofften sie, daß trotz der in Teheran getroffenen Vereinbarungen die Westmächte gezwungen sein würden, ihre Politik gegenüber dem Kreml zu revidieren, wenn sie selbst nicht gefährdet sein wollten. Sie hofften, daß spätestens am Tag der Niederlage Deutschlands der Westen daraus die entsprechenden Konsequenzen ziehen würde... Obwohl diese Erwartungen sich nicht erfüllt haben, ist es heute klar, daß sie logisch begründet waren." Also auch die Slowaken hofften darauf, daß die Westmächte sie und ihr Land vor dem Zugriff der Roten Armee bewahren würden – eine Illusion! Denn die Operationsbereiche und Einflußsphären in Europa waren zwischen den Sowjets und den Anglo-Amerikanern längst festgelegt und wurden – zumindest von den Westalliierten – auch entsprechend respektiert.

In der Slowakei waren unter dem Einfluß der Exilregierung Benesch (er ging später nach Moskau) einige Partisanengruppen mit dem Schwerpunkt um Neusohl (Banská Bystrica) gegründet worden, die dann, verstärkt durch slowakische Soldaten und Arbeiter, 1944 den Aufstand anführten.

Im Sommer 1944 wurden diese Widerstandsorganisationen wieder stark aktiviert. Die kleinen Partisanengruppen erhielten russische Instrukteure, Experten im Guerillakrieg. Bald gab es 1200 gut gedrillte russische Partisanen zusätzlich im slowakischen Gebirgsterritorium. Teile der slowakischen Armee konspirierten bereits mit den Partisanen. Die Deutschen hielten nur einzelne Sicherungszonen: günstige Voraussetzungen zur Bildung größerer Partisanenverbände.

Geplant war ein allgemeiner Aufstand, um der Roten Armee mit Zielrichtung auf Wien über die Nordkarpaten hinwegzuhelfen. Daran sollte die 100 000 Mann starke slowakische Armee ebenfalls teilhaben. Ihre Kerntruppe, das in Prešov stationierte Ostslowakische Korps, bestand aus zwei Divisionen (24 000 Soldaten) mit genügend Waffen und Munition.

Am 27.7.1944 beschloß der aus demokratischen und kommunistischen Widerständlern zusammengesetzte „Slowakische Nationalrat" den offenen Aufstand. Inspiriert vom Warschauer Befreiungskampf (Beginn: 1.8.1944), begannen auch in der Slowakei bald die ersten Geplänkel mit deutschen Truppen. Die allgemeine Erhebung aber, an der u.a. auch der Innenminister Mach und Kriegsminister General Čatloš (beide vom Tiso-Tuka-Kabinett) teilnahmen, wurde für Ende August 1944 angesetzt. Man hoffte tatsächlich noch immer auf die Hilfe des Kreml zur Erhaltung der „Slowakischen Republik", nur weil der 5. Kongreß der Komintern 1924 für eine selbständige Slowakei eingetreten war. Man bemühte also verstaubte Relikte aus der Rumpelkammer der Geschichte und nährte illusionäre Hoffnungen, übersah jedoch die Tatsache, daß der Kreml auch die Warschauer Aufständischen schnöde im Stich ließ. Und das zum gleichen Zeitpunkt: im August 1944.

Mitte August 1944 nahm General Čatloš Kontakt mit der Roten Armee auf und informierte seine Truppen über den bevorstehenden Aufstand. Er begann dann am 29. August und breitete sich schnell aus, so daß die Aufständischen schon zwei Tage danach zwei Drittel des Landes kontrollierten und in Neusohl (Banská Bystrica) als politisches Zentrum den „Slowakischen Nationalrat" offiziell etablierten. Das Gremium, in dem Kommunisten und bürgerlich-demokratische Parteien vertreten waren, erließ nun die allgemeine Mobilmachung und traf Anstalten zur Abwehr der Deutschen und Tiso-Anhänger. Gleichzeitig begab sich der stellvertretende Führer des Ostslowakischen Korps, Oberst V. Talsky, zum Oberbefehlshaber der 1. Ukrainischen Front, Marschall Konjew, und meldete, daß im Fall einer russischen Offensive die slowakische 1. und 2. Division in Richtung Krosno angreifen und der Roten Armee entgegenstoßen würden. Der sowjetische Generalstab stimmte zu. Plan: 1. und 2. Ukrainische Front rollen unter Beteiligung des in Rußland aufgestellten Tschechoslowakischen I. Korps (Svoboda) auf die Slowakei vor.

Inzwischen aber sollte der Aufstand noch vor dem Einmarsch der Russen zum politischen Sieg verhelfen. Teile der slowakischen Armee liefen schon zu den Aufständischen über. Nun bemühte sich eine Delegation der tschechoslowakischen Exilregierung in London, darunter der Kriegsminister des Benesch-Kabinetts,

General Viest, nach Neusohl, um dort Einfluß zu nehmen. Alle Aufständischen – ausgenommen die Kommunisten – traten nun unter Viests Kommando. Die Hoffnung, von den Russen Waffen und Soldaten für die Erhebung zu bekommen, erfüllte sich jedoch nicht. Es kam überhaupt alles ganz anders.

Die Deutschen erfuhren natürlich vom Aufstand und konnten vor allem nicht zulassen, daß den Russen im Norden und Nordosten die Karpatenübergänge geöffnet werden sollten. Darum schlugen sie nun hart zu. Am 1. September griffen, in Absprache mit der Preßburger Regierung, unter dem SS-Obergruppenführer und Polizeigeneral Höfle aus Wehrmacht, Waffen-SS, Polizei- und Wlassow-Einheiten zusammengestellte Alarmverbände (insgesamt fünf Divisionen) die Aufrührer an.

Die Kämpfe dauerten den September und Oktober über an. Um Neusohl (Banská Bystrica), das Aufständischen-Zentrum, und bei Sillein (Zilina) tobten besonders harte Gefechte.

Inzwischen gab es in Neusohl politisches Geplänkel. General Viest, stellvertretender Kommandeur des militärischen Aufstands, machte sich für die Wiederherstellung der Tschechoslowakischen Republik stark, während die slowakischen Vertreter ihre Eigenstaatlichkeit bewahren wollten. Dem stimmten sogar die Kommunisten zu, nur wollten sie – wie nicht anders zu erwarten – die Slowakei in eine Autonome Sowjetrepublik umfunktionieren und in die UdSSR eingliedern.

Die Slowaken hatten auf die Russen gewartet, doch die wurden am Dukla-Paß in den Ostkarpaten verlustreich zurückgeworfen. Dagegen aber überrannten starke deutsche Verbände am 27. Oktober Neu- und Altsohl (Zvolen). Die slowakischen Resttruppen zogen sich ins Gebirge zurück. (Mitglieder der Exilregierung und Ex-Präsident Benesch konnten erst am 3.4.1945 ins befreite slowakische Gebiet und nach Kaschau (Košice) zurückkehren.)

Der Aufstand brach also erfolglos zusammen. Heinrich Himmler persönlich sorgte für die „Befreiung" der Slowakei und machte sofort die Juden für die Erhebung verantwortlich. Bis Ende 1944 wurden daraufhin 18 937 Personen verhaftet, darunter über die Hälfte Juden.

Für das Desaster der Slowaken gibt es mehrere, bis heute noch nicht ganz geklärte Gründe. Einerseits versagte die slowakische Armee total und ließ sich (größtenteils) widerstandslos entwaffnen; andererseits kamen die Russen nicht zu Hilfe. Auch blieb der Offensivstoß der slowakischen Korps-Soldaten auf Krosno plötzlich stecken. Aber wie immer auch, die sowjetischen Historiker haben für solche Gelegenheiten stets eine passende Erklärung parat; hier diese: „Die faschistischen Truppen begannen mit den Kampfhandlungen gegen die Aufständischen, als in den Karpaten die Regenfälle einsetzten. Die 38. Armee und das Tschechoslowakische

I. Korps waren gezwungen, ihre Angriffe vorzeitig einzustellen. Die Faschisten beeilten sich, diese Gelegenheit zu nutzen und den Aufstand zu zerschlagen."

Gosztony[1] vermerkt hierzu: „Man kann nicht umhin, hier eine Parallele zur Haltung der Russen im Warschauer Aufstand zu ziehen, der beinahe zur gleichen Zeit vor den Augen der Roten Armee unter den Schlägen der Deutschen zusammenbrach."

1.11.1944: Große Siegesfeier in Neusohl. Monsignore Tiso hielt die Festrede. Darin bezeichnete er den Tag, an dem der „Bandenterror" überwunden wurde, als einen Markstein in der Geschichte des jungen slowakischen Staates, der nun noch fester an Deutschlands Seite marschieren würde. Nicht genug damit, schickte er Hitler ein Dank- und Ergebenheitstelegramm. Tiso dankte auch „den Einheiten der slowakischen Domobronen, den Hlinka-Gardisten und der Hlinka-Jugend".

Die Deutschen entwaffneten die slowakischen Reststreitkräfte und schickten sie zum Arbeitseinsatz; auch schränkten die Besatzer alle Befugnisse der Preßburger Regierung weitgehend ein und hielten das Land unter Kontrolle. Die Front rückte näher.

Werth[2] schreibt über den slowakischen Aufstand: „Im ereignisreichen Herbst des Jahres 1944 geschah es auch, daß in der ‚unabhängigen' Slowakei die slowakischen Partisanen von Einheiten der Roten Armee und einem Teil der slowakischen Armee unterstützt, sich gegen die Deutschen erhoben. Der Aufstand wurde schließlich durch starke deutsche Kräfte, die eiligst in die Slowakei gebracht wurden, niedergeschlagen. Nur einigen wenigen Partisanen gelang es, in die Berge zu flüchten. Zunächst wurde ein striktes Nachrichtenverbot über diese tragische Angelegenheit verhängt. Später beschuldigten dann die Russen sowohl die slowakische Armee wie auch die tschechoslowakische Regierung in London, welche der Erhebung nicht genügend Unterstützung gewährt habe, einer ‚dubiosen' und lauen Haltung während des Aufstandes. Der angeblich mit ‚bourgeoisen Nationalisten' durchsetzten slowakischen Kommunistischen Partei wurde später vorgeworfen, daß es ihr nicht gelungen sei, die Befehle des Zentralkomitees der tschechoslowakischen KP auszuführen. Sowohl die slowakischen Aufständischen als auch die sowjetischen Truppen, die in den Karpaten unter unglaublich schwierigen Bedingungen kämpften, erlitten äußerst schwere Verluste.

Aus Böhmen und Mähren waren den aufständischen Slowaken nur etwa tausend Mann zu Hilfe gekommen, wofür die tschechische Exilregierung in London sich ebenfalls Vorwürfe gefallen las-

---

1) Peter Gosztony: Endkampf an der Donau, Seite 73.
2) Werth, Seite 607.

sen mußte. Die in der Regel recht unromantischen Tschechen zogen es vor, den Kopf nicht aus dem Graben zu strecken."

Die Berichte über den slowakischen Aufstand sind in der Tat recht verwirrend. Jedenfalls beschuldigten die Russen wie immer in solchen Fällen alle nichtkommunistischen Teilnehmer; wie hätte es bei der slowakischen Erhebung denn anders sein sollen? Umgekehrt aber besteht noch heute unter diesen Nichtkommunisten Verärgerung über die damalige Haltung der Roten Armee, die stur jede Hilfe verweigert hatte.

Die Slowakei war im Frühjahr 1945 durch die Front zweigeteilt: Die deutsche 8. und ungarische 1. Armee zogen sich nach dem Fall von Kaschau auf das Waag-Quellgebiet zurück; die 2. und 4. Ukrainische Front erreichten die Linie Poprad – Kleine Tatra – Slowakisches Erzgebirge – Leva – Donau.

Die slowakische Hauptstadt Preßburg (Bratislava) wurde zur Festung erklärt; die Verteidiger konnten auf Regimentsstärke aufgefüllt werden. Die Rest-Slowakei, dem OKH unterstellt, war ebenfalls nur schwach gesichert: 153. Feldausbildungsdivision und einige aus dem Volkssturm rekrutierte Landesschützenbataillone. Die slowakische Armee (ehemals 5 Divisionen) existierte nur noch auf dem Papier: Eine unbewaffnete Division führte Arbeiten in Oberitalien aus, die anderen Einheiten wurden zusammen mit den Aufständischen entwaffnet und gefangengesetzt.

Auch die innenpolitische Situation war schwierig. „Volkspartei" und Hlinka-Garden regierten noch immer. Ministerpräsident Tuka hatte sich von der Politik zurückgezogen. Zu seinem Nachfolger ernannte Jozef Tiso im Herbst 1944 seinen Neffen Stefan Tiso, früher Richter in Trenčin.

In der Ostslowakei herrschten schon die Russen. Von dort, aus Kaschau, schickte der neugebildete Slowakische Nationalrat an Benesch ein Telegramm des Inhalts, daß „die neue Slowakei bereit sei, im Rahmen der neuen Tschechoslowakei am Aufbau der Republik mitzuwirken". Auch das Ausland reagierte entsprechend. Am 4.3.1945 teilte die Schweiz der Tiso-Regierung mit, daß „zwischen der Schweiz und der Slowakei nur noch konsularische Beziehungen" bestünden, und erkannte die neue Tschechoslowakei an. Die Stunden des Preßburger autoritären Regimes waren gezählt...

Ende März 1945 reisten Tiso und seine Regierungsmitglieder, von den Russen verfolgt, von Preßburg nach Wien ab. Dort harrten schon viele aus Osteuropa emigrierten Politiker der kommenden Dinge.

Am 1. April erreichte die 7. Garde-Armee (Schumilow) die Vororte von Preßburg. Obwohl die zur „Festung" erklärte slowakische Hauptstadt gut ausgebaut und mit 100 Kanonen auch ausreichend bestückt war, hielt sie nur wenige Tage stand. Dem Festungskommandanten, Oberst von Ohlen und Adlerskron, fehlten einfach die Truppen; er besaß sechs Infanterie-Bataillone, meist Volkssturmleute.

Am 3.4. eröffneten die Russen mit Artillerie und Bombern den Angriff. Das ganze Bergmassiv von Koliba lag unter einem Rauchgebirge begraben. Dann stürmten zwei Schützenkorps. Es gab turbulente Häuserkämpfe. Tags darauf setzten sich die deutschen Nachhuten zur March hin ab. Die sowjetische Sturmspitze, das 23. Schützenkorps, erhielt von Moskau den Ehrentitel „Bratislava" (Preßburg) zuerkannt. Die Russen zielten nun auf das nur 40 km entfernte Wien.

Monsignore Tiso und sein Anhang zogen Anfang April von Wien weiter nach Kremsmünster. Dort rückte inzwischen die 3. US-Armee (Patton) ein. Da es Tiso nicht gelungen war, das slowakische Staatsvermögen in die Schweiz zu transferieren, „suchte er auf deutschem Gebiet die Hilfe der amerikanischen Armee" zu erreichen. Doch die lieferte ihn und seine Mitarbeiter 1946 an die neugegründete Tschechoslowakei aus. Tiso wurde vom Nationalgericht verurteilt und am 8.4.1947 gehängt.

Der Widerstand in den übrigen Ländern der ehemaligen **Tschechoslowakei** – den seit 1939 im sogenannten „Protektorat" Böhmen und Mähren zusammengefaßten Territorien – wies zwei Höhepunkte auf: Lidice und Prager Aufstand.

Mit Ausbruch des Rußlandkrieges 1941 änderte sich die Haltung der Tschechen gegenüber der deutschen Ordnungsmacht im Protektorat; es kam zu gehäuften Sabotage- und Streikaktionen sowie Demonstrationen. Diese „Aufmüpfigkeit" wurde von der in London untergekommenen Exilregierung des ehemaligen Staatspräsidenten, Dr. Eduard Benesch, in Sendungen der britischen BBC und durch Kuriere angestachelt. Auch der kommunistische Untergrund wurde zunehmend aktiver und militant; er polemisierte nun nicht mehr über die „reaktionäre Benesch-Clique", sondern gegen die Besatzer. Im März 1941 allerdings, als das Bündnis Moskau-Berlin noch galt, klangen solche Anschuldigungen noch echt, doch sie schlugen sofort in Haßtiraden um, als die Wehrmacht Rußland angriff: am 22.6.1941.

Über die strategische und wirtschaftliche Bedeutung der Tschechei (sprich: Protektorat) schreibt Deschner[1]: „Denn das klassische ‚böhmische Viereck' war das Glacis der deutschen Strategie. Es war die Drehscheibe, die die beiden geopolitischen und militärstrategischen Großräume verband, aus denen sich die deutsche Kriegführung gegen Rußland nähren mußte. Das Dreieck Prag-Berlin-Warschau ist der eine dieses Raumes. Wer ihn besitzt, der kann die Ostsee kontrollieren. Der zweite ist das Dreieck Prag-Bukarest-Sofia, also das Donaubecken und Südosteuropa. Auch für den Binnenverkehr des Großdeutschen Reiches war Böhmen der

1) Günther Deschner: Reinhard Heydrich, Seite 190.

‚Verschiebebahnhof'. Bahnen und Straßen von Wien nach Berlin, von Nürnberg nach Breslau führten über Prag. Der zivile und militärische Verkehr, vor allem die Transporte von Rüstungsgütern gingen über das ‚Drehkreuz' Prag. Vor allem aber war Böhmen in diesem zweiten Kriegsjahr und zweieinhalb Jahre nach dem Anschluß ans Reich neben dem Ruhrgebiet zum wichtigsten Zentrum der deutschen Rüstungsindustrie geworden. Mit den Skoda-Werken in Pilsen und den Brünner Waffenfabriken hatte das Deutsche Reich zwei der größten und hochwertigsten Waffenschmieden der Welt zur Verfügung. Ein beträchtlicher Teil der deutschen Kriegsproduktion wurde darüber hinaus aus den luftkriegsgefährdeten Gebieten des Westens in zunehmendem Ausmaß nach Böhmen verlagert. Ein Drittel der Panzer, ein Viertel der LKWs der Wehrmacht, 40 Prozent an leichten Maschinenwaffen wurden in Böhmen gebaut ... Nach Prag allein zogen im August und September 1941 etwa 3000 deutsche Beamte und leitende Angestellte der Industrie mit ihren Familien zu. Sie stellten einerseits eine beachtliche Stärkung der deutschen Minderheit gegenüber der tschechischen Mehrheit dar, brachten aber zugleich eine Verschärfung des Sicherheitsproblems mit sich. Was zur Stärke der deutschen Macht wurde, das war zugleich ihre Schwäche: Jede Störung der stabilen Verhältnisse des Protektorats, jeder Rückgang der Rüstungsproduktion mußte die deutsche Front in Rußland empfindlich treffen ...

Wie sehr aber das Reich in seiner militärischen und kriegswirtschaftlichen Stärke im eigenen Hinterland, im Protektorat zu treffen war, das wußten auch die West-Alliierten und ihr neuer Bündnispartner Rußland. Im Sommer 1941 inspirierten und organisierten London und Moskau erstmals gemeinsam eine neue Welle des Widerstands gegen die deutschen Herren Böhmens ..."

Im Juni 1941 konnte die Geheime Staatspolizei (Gestapo) im Protektorat nur 377 illegale kommunistische Schriften erfassen; im Juli waren es 4000 und im Oktober schon 10 000. Der nach Moskau einberufene „Allslawische Kongreß" forderte denn auch „alle Slawen" auf, die Kampfkraft der Wehrmacht zu schwächen, Telefon-, Telegraphen- und Eisenbahnlinien zu unterbrechen und Vorratslager niederzubrennen. Den Arbeitern wurde geraten, viel Abfall zu produzieren und Sabotage zu verüben, und stündlich riefen die Sender der BBC: „Pomalu pracuj!" „Arbeite langsam!" – Schwarzhandel und Schiebertum florierten. Tatsächlich sank die Waffenproduktion im Protektorat von Juni bis September um 18 Prozent.

Die zunehmenden Sabotage-Akte lösten in Berlin Alarm aus. Der Widerstand in Böhmen wuchs. Höhepunkt bildete am 20.9.1941 ein Sprengstoffanschlag auf ein im Rahmen der Kinderlandverschickung mit 84 deutschen Kindern belegtes Heim in Lettowitz bei Brünn (Mähren).

Der Chef des Reichssicherheitshauptamtes, SS-Obergruppenführer Reinhard Heydrich, hatte schon im Juli die SD- und Gestapo-Dienststellen in Prag und Brünn verstärkt − er war auch der Chef der Gestapo und des SD −, die nun „das Bild von einem Sturm, der über dem Protektorat heraufzog", nach Berlin und damit auch Hitler und Martin Bormann, Chef der Parteileitung, meldeten.

17. September: Der deutsche Staatssekretär bei der Protektoratsregierung, der sudetendeutsche SS-Gruppenführer Karl-Hermann Frank, traf sich bereits mit den wichtigsten SS- und Polizeiführern. Man befand, daß die bisherige Haltung des Reichsprotektors von Neurath gegenüber dem tschechischen Widerstand viel zu lasch sei; Frank wollte deshalb im Führerhauptquartier „über die gefährliche Lage" einen Vortrag halten. Der Abwehroffizier und Spion in tschechischen Diensten, Paul Thümmel, konnte am 21.9. nach London funken lassen: „Die Gestapo hat drakonische Maßnahmen gefordert, aber von Neurath hat abgelehnt ..."

Heydrich hatte sich vom Befehlshaber des SD in Prag, Böhme, über den tschechischen Widerstand exakt informieren lassen; ihm war nun auch bekannt geworden, daß die Protektoratsregierung unter General Elias mit der Exilregierung in London konspirierte.

21.9.1941: Frank, von Neurath, Heydrich, Himmler trafen mit Hitler in dessen Hauptquartier „Wolfsschanze" in Rastenburg zusammen und besprachen die Lage in Böhmen. Heydrich wurde von Neurath (Hitler: „Ein gutmütiger alter Herr") als „Stellvertretender Reichsprotektor" (in Wahrheit als alleiniger Statthalter in Prag) zugeteilt.

27.9.1941: Heydrich traf in Prag ein, was die Tschechen mit gemischten Gefühlen hinnahmen. Auf dem Hradschin, der Prager Burg, wehte erstmals die schwarz-weiße SS-Flagge neben den roten Parteifahnen. „Großer Bahnhof" für Heydrich: Ehrenkompanien der Wehrmacht, SS, SD, Polizei.

Und der neue Mann in Prag begann noch am gleichen Tag damit, „Ordnung zu schaffen". Um 22.00 Uhr wurde über Radio, Presse und Plakatanschlag nun der Ausnahmezustand verhängt. Betroffen davon waren die politischen Zentren des Protektorats: die Oberlandratsbezirke Prag, Brünn, Mährisch-Ostrau, Olmütz, Kladno und Königgrätz. Alle Handlungen, die die „öffentliche Ordnung und Sicherheit, das Wirtschaftsleben und den Arbeitsfrieden stören oder gefährden" konnten, unterlagen dem Standrecht; ebenso der unerlaubte Besitz von Schußwaffen, Munition und Sprengstoff sowie jede Form der Sabotage. Ab 1.10. galt diese Verordnung auch für kleinere Bezirke. In kurzer Zeit wurden von den Standgerichten 404 Personen liquidiert, darunter Leute des Widerstands.

Heydrichs hartes Vorgehen zerschlug systematisch den nationalen Widerstand. Allein im Oktober und November wurden 5000

Personen verhaftet. Die Gestapo hatte Spitzel ins Guerillanetz eingeschleust, Greiferkommandos setzten die Anführer fest, langsam wurden die Organisationen zertrümmert. Ende 1941 gab es nur noch Splitter, selbst die Verbindung mit London riß ab. Die Formation UVOD z.B. verlor mit einem Schlag 41 Mitarbeiter einer Funkgruppe. Heydrich selbst führte in einer geheimen Rede aus[1]: „Wenn wir jetzt ... nur auf dem Gebiet der Bekämpfung des tschechischen Nachrichtendienstes, vom tschechischen Standpunkt aus, feststellen, daß wir in der vergangenen Zeit ungefähr 90 Kurzwellensender erfaßten ... daß die Zahl der standgerichtlichen Verurteilungen bei 400 – 500 liegt, während die Zahl der Verhafteten zwischen 4000 und 5000 lag und liegt, dann wird Ihnen klar sein, daß es sich hier um eine Organisation handelte, für die es noch charakteristisch war. .. daß die Leute, die verhaftet oder zum Tode verurteilt wurden, sämtlich Leute mit hohen geistigen Qualitäten waren, das waren keine ‚Mitläufer', das war der Führungsapparat! Daraus können Sie ersehen, was hier zu erwarten gewesen wäre!"

Was an Widerstandsgruppen jetzt noch existierte, das scharte sich um die Kommunistische Partei (KPČ); sie war ideologisch besser auf die subversive Tätigkeit vorbereitet und erst relativ spät in den Untergrund eingestiegen, also noch nicht von SD-Spitzeln infiltriert. Die übrigen „reichsunlustigen" Tschechen gaben auf; allein im Oktober fand man 500 weggeworfene Waffen.

Auch General Elias, Ministerpräsident der Protektoratsregierung, wurde lange observiert und nach Rücksprache mit Berlin verhaftet. Sein Kurier zur Exilregierung in London, Graf Borek-Dohalsky, wurde ebenfalls festgesetzt und belastete den General. Schon im Herbst 1939 war die Nachrichtenorganisation in Elias' Umgebung, die Zdeněk Schmoranz leitete, aufgedeckt worden. Als es dem SD-Agenten Schmalschlager gelang, in eine tschechische Spionagegruppe einzusteigen, konnte auch der Bürgermeister von Prag, Klapka, verhaftet werden. Staatspräsident Dr. Hácha bat Heydrich zweimal um Elias' Begnadigung. Der General wurde nicht hingerichtet, weil Hitler die Exekution verschob.

Dem letzten Widerstand nahm Heydrich nun auch noch den Wind aus den Segeln, indem er den Arbeitern zu wirtschaftlichen Vorteilen verschiedener Art verhalf, den Gewerkschaften ein „Scheindasein" zugestand (Heydrich: „Man kann sich doch vorstellen, wie begeistert die Tschechen nun ausgerechnet Panzer für die Deutschen bauen, wenn sie selber überhaupt nichts davon haben.") und soziale Fürsorge betrieb. Sogar der Propagandaminister der Protektoratsregierung, der Tscheche Moravec, verfiel in einer Rundfunkrede darüber in Euphorie: „Alle ehrlich Schaffenden sind Heydrichs Leute. Zum erstenmal wird auch der tschechi-

1) Deschner, Seite 204.

schen Arbeiterschaft hier in großem Maßstab der Zusammenhang von Leistung und Fürsorge vor Augen geführt ..." Auch für die Hinterbliebenen getöteter Gendarmen und für verletzte Polizisten setzte Heydrich Geldprämien aus; ebenso für Denunzianten jeder Couleur.

Hitler erklärte am 20.5.1942 bei Tisch: „Man könnte die Tschechen schon jetzt zu fanatischen Anhängern des Reiches machen, wenn man ihnen als Feinschmeckern doppelte Rationen gäbe und sie nicht in den Kampf im Osten schickte. Sie würden es dann als Verpflichtung ansehen, in der Rüstungsindustrie doppelt zu arbeiten."

Benesch, von den zerschlagenen Widerstandsgruppen im Protektorat ohnehin erschüttert, fand, Heydrichs Politik sei drauf und dran, „die Arbeiterklasse zu korrumpieren, mit Hilfe ostentativer sozialer Reformen, die sie mit demonstrativen Gesten gewährt". Und Jarosmir Smutny, Beneschs Kanzleichef, gestand: „Wir haben zu Hause viele Kollaborateure, und unsere Industrie ist heute der größte und eifrigste Waffenlieferant Deutschlands."

Das mußte sich grundlegend ändern! Irgend etwas mußte getan werden. Heydrich mußte weg!

Im Frühjahr 1942 war Reinhard Heydrich auf dem Höhepunkt seiner Macht: Chef des Sicherheitshauptamtes, der Sicherheitspolizei und des SD, der Gestapo, der Deutschen Kriminalpolizei und Reichsprotektor (Stellvertreter) von Böhmen und Mähren. Über ihm war nur noch Hitler. Und er, der „Macher" in Prag, hatte nun auch noch Aussicht, als künftiger Chef einer Zivilverwaltung in Belgien und Nordfrankreich und als „Protektor" Vichy-Frankreichs den Widerständlern das Handwerk legen zu dürfen. Am 27. Mai sollte er nach Berlin fliegen und dort die Einzelheiten erfahren.

Vorerst aber fuhr Heydrich jeden Tag vom schloßähnlichen Herrenhaus des früheren jüdischen Zucker-Millionärs Bloch-Bauer in Jungfern-Breschan (dort wohnte vorher auch von Neurath) zum Hradschin nach Prag und wieder zurück. Meist steuerte Oberscharführer (Feldwebel) Klein den grünen Mercedes mit dem offenen Verdeck. Trotz Warnung lehnte es Heydrich ab, eine geschlossene und gepanzerte Limousine zu benutzen...

Zwei Unteroffiziere der ehemaligen tschechoslowakischen Armee, Jan Kubis und Josef Gabcik, von Polen aus in die Französische Fremdenlegion übergewechselt, nach dem Debakel bei Dünkirchen nach England verschlagen, wurden dort in die Tschechoslowakische Legion, Beneschs Streitkräfte, übernommen. Von der S.O.E. (Special Operations Executive), der bewaffneten Einsatzgruppe des britischen Geheimdienstes, ausgebildet, sprangen die beiden Männer zum Jahreswechsel 1941/42 mit dem Fallschirm über dem Protektorat ab und suchten Kontakt zum Widerstand.

Sie gehörten zur Gruppe mit dem Decknamen „Anthropoid". Auftrag: Ermordung Heydrichs. Die ebenfalls abgesetzten Gruppen „Silver A und B" sollten den Funkkontakt mit London wieder herstellen. Bis Ende Mai konnten 16 weitere Agenten landen: Zwei stellten sich der Gestapo, zwei wurden verhaftet, andere wurden erschossen bzw. brachten sich selbst um oder verschwanden einfach.

27.5.1942: ein strahlender Frühlingstag. Kubis und Gabcik warteten an einer Haarnadelkurve im Prager Vorort Holeschowitz, wo Heydrichs Wagen (wie bereits erkundet) langsam fahren mußte. Oberhalb dieser Stelle wartete der tschechische SOE-Agent Valcik: Er sollte mit Trillerpfeife oder Taschenspiegel den Mercedes ankündigen. Es war zehn Uhr vorbei. Kam Heydrich heute nicht? Oder hatte das Gestapo-Hauptquartier im Petschek-Palais etwa Wind von der Sache gekriegt? ...

10.30 Uhr. Endlich! Valciks Taschenspiegel blinkte. „Anthropoid" konnte anlaufen. Der Dreieinhalb-Liter-Wagen bog um die Ecke. Oberscharführer Klein steuerte. Heydrich saß auf dem Beifahrersitz.

Als Klein herunterschaltete, warf Gabcik jäh den Regenmantel ab, riß die Sten-Maschinenpistole an die Schulter — zog ab ... Nichts! Ladehemmung? — Nein: Er hatte in der Aufregung nur vergessen, die Waffe zu entsichern!

Heydrich sprang auf und schoß mit der Pistole auf Gabcik. Klein stoppte den Wagen, zog ebenfalls seine Waffe hervor ... Doch ehe Heydrich und Klein aus dem Fahrzeug waren, schleuderte Kubis seine Bombe. Die Mills-Spezialgranate schlug am hinteren Rad ein und detonierte: Splitter trafen Heydrich schwer. Dennoch warf er sich heraus, schoß ein Magazin leer, brach dann aber über der Kühlerhaube zusammen. Klein rannte feuernd hinter dem fliehenden Kubis her, doch der verschwand hinter einer nahenden Straßenbahn, schoß zwei Polizisten nieder und entkam. Auch Gabcik floh. Heydrich wurde schwerverwundet in ein Krankenhaus eingeliefert ...

Alarm in Prag. Polizei und SS riegelten die Umgebung der Stadt ab. Überfallkommandos rasten durch die Straßen. Greiftrupps verhafteten viele Leute. Das Libovka-Spital, wo Heydrich lag, war inzwischen in eine Dienststelle des Reichsprotektorats umfunktioniert worden. Das Führerhauptquartier war schon verständigt.

12.50 Uhr. Hitler befahl Frank in einem Blitzgespräch, „bis zur Genesung Heydrichs die Dienstgeschäfte des Reichsprotektors fortzuführen und als Belohnung für die Ergreifung des Täters 1 Million Reichsmark auszuloben". Hitler war außer sich: „Wer den Tätern irgendwelche Hilfe gewährt oder ihren Aufenthaltsort kennt und dies nicht der Polizei meldet, wird mit seiner ganzen Familie erschossen. Als Sühnemaßnahme sind 10 000 verdächtige

Ein sowjetischer Partisanenführer erteilt Befehle

Aufgespürte jugoslawische Partisanen

Russische Partisanen in einer Sammelstelle

1945. Tschechische Partisanen beim Einmarsch in Prag

Deutsche Fallschirmjäger bei der Jagd nach Tito

Tschechen oder solche, die politisch etwas auf dem Kerbholz haben, zu ergreifen bzw. soweit sie bereits in Haft sind, in den Konzentrationslagern zu erschießen. Frank war damit nicht einverstanden und wollte vorerst zu Hitler kommen. Der stimmte zu.

Heydrich hatte eine Rippe zertrümmert, das Zwerchfell perforiert, und ein Splitter saß in der Milz. Eine Operation war nötig. Aber der Patient weigerte sich und verlangte einen Chirurgen aus Berlin. Doch der Chefarzt, Dr. Diek, bestand auf sofortigem Eingriff. Nachdem auch Professor Dr. Hohlbaum von der Deutschen Chirurgischen Klinik in Prag zugezogen worden war, war Heydrich einverstanden.

Die Operation war schwierig: In der Milz steckten winzige Leder- und Roßhaarpartikel aus der Wagenpolsterung.

4.6.1942: Heydrich starb. Auch der von Himmler geschickte Leibarzt Prof. Dr. Karl Gebhardt, Beratender Chirurg der Waffen-SS, der aus Berlin eintraf, konnte nicht mehr helfen.

Während die Weltpresse verschiedene Kommentare zu Heydrichs Tod abgab, wurden im Protektorat täglich Geiseln erschossen: in neun Tagen 157.

7.6.1942: Große Totenfeier der SS. Nachmittags rollte ein Sonderzug mit Heydrichs Sarg nach Berlin; er wurde im Reichssicherheitshauptamt aufgebahrt.

9.6.1942: Feierlicher Staatsakt, Himmler hielt die Rede.

Hitlers Rache aber blieb nicht aus. Er bereitete eine „thebanische Lösung" vor (Alexander der Große, so heißt es, habe ganz Theben, bis auf das Haus des Dichters Pindar, dem Erdboden gleichgemacht und die gesamte Bevölkerung in die Sklaverei verkauft –).

Hitlers Theben aber trug den Namen Lidice: eine kleine Bergarbeitersiedlung im Regierungsbezirk Kladno. Die Schutzpolizei umstellte den Ort, Frauen und Kinder wurden abtransportiert. Die Frauen kamen ins KZ Ravensbrück, die Kinder, soweit „rassisch geeignet", in deutsche Familien zur „Eindeutschung". Die Männer – 199 – wurden erschossen, das Dorf ging in Flammen auf. Außerdem wurden vom 28.5. bis 1.9. im Zuge der Rachemaßnahmen 3188 Tschechen verhaftet und 1357 getötet.

16.6.1942: Der Tscheche Karel Curda verriet einen Helfer der Attentäter: Moravec. Dessen Sohn nannte unter der Folter das Versteck, die orthodoxe Kyrill- und Method-Kirche in der Prager Resselgasse. Zwei Tage später wurde das Gotteshaus von 19 Offizieren und 740 Unteroffizieren und Mannschaften der SS umstellt. Nach zweistündigem Kampf, gegen 7 Uhr, wurden drei Mann (einer tot, zwei schwerverletzt) gestellt; später, als sich vier weitere Widerständler nicht ergaben, wurden Reizgas und Wasser in den Keller geleitet: Alle begingen Selbstmord – unter ihnen waren Gabcik und Kubis.

Im April 1945 standen Teile von fünf deutschen Armeen und einige zugeteilte ungarische Divisionen unter dem Befehl von Generalfeldmarschall Ferdinand Schörner südlich der Linie Chemnitz-Dresden-Görlitz und im Protektorat. (Man hatte es bis dahin die „Insel der Seligen" genannt, weil dort noch Frieden war.) Die 4. Ukrainische Front (Petrow) drängte die deutsche 1. Panzerarmee (Nehring) gegen Olmütz und Brünn ab, während die 1. Ukrainische Front (Konjew) einen Stoßkeil auf die Sudeten richtete und die Amerikaner zum Fichtelgebirge und Böhmerwald vorrückten. Unter den Alliierten herrschte nun peinliche Ungewißheit über das weitere Vorgehen.

Inzwischen blieben die tschechischen Politiker auch nicht müßig. Schon am 30.1.1945 hatte Benesch Stalin ein Geschenk mitgebracht: Er brach die Beziehungen zur polnischen Exilregierung in London ab (1942 war mit ihr eine tschechoslowakisch-polnische Nachkriegs-Föderation geplant worden) und erkannte auch die von den Russen in Lublin eingesetzte neue polnische „Regierung" an. Aber beides – Verrat an den Polen und Kniefall vor dem Lubliner Komitee – machte auf Stalin keinen Eindruck. In der späteren Prager Historie klingt das dann so: „Die Vertreter der Bougeoisie waren gezwungen, ihre ursprünglichen Pläne auf Erneuerung der kapitalistischen Vorkriegstschechoslowakei aufzugeben und sich mit der Tatsache abzufinden, daß die von der Kommunistischen Partei geführte Arbeiterklasse als führende Kraft des Volkes auftrat."

Am 18.1.1945 – das Tschechoslowakische I. Korps focht gerade verlustreich in der Mittelslowakei und rekrutierte dort frische Truppen – verlangte dessen Kommandeur, General Svoboda, vom Benesch-Vertrauten Fierlinger, daß das Korps in eine Armee umgewandelt werden sollte. Darüber schrieb er später: „Das Londoner Verteidigungsministerium und die tschechoslowakische Regierung waren jedoch dagegen, daß das in der Sowjetunion ins Leben gerufene Tschechoslowakische I. Armeekorps zur Armee ergänzt werde und auch diese Bezeichnung tragen solle. Die bourgeoise Regierung wollte nicht zulassen, daß wir, die neue tschechoslowakische Wehrmacht, nach nationalen(!) und demokratischen(!) Grundsätzen aufgebaut werden sollten. Das Verteidigungsministerium hatte die feste Absicht, im Februar 1945 ein sogenanntes Oberkommando in die Ostslowakei zu verlegen, das unter der Führung von General Ingr die neue, selbstverständlich bourgeoise Armee organisiert hätte. Diese Pläne der Londoner Emigranten kamen jedoch nicht zur Verwirklichung." Svoboda hatte sich schon im Winter 1944 (natürlich mit Stalins Unterstützung) dem Exil-Verteidigungsministerium widersetzt, als es darum ging, das Korps für den Einzug in die Slowakei neu einzukleiden. Der General wollte russische Uniformen mit tschechischem Zuschnitt, aber keine aus England angelieferten.

Ende März 1945 betrat Benesch nach sechseinhalb Jahren Emigration in Kaschau (Košice), in der Slowakei, erstmals wieder tschechoslowakischen Boden. Am 4. April konstituierte sich die „Regierung der Nationalen Front" in dieser Stadt; und „zum erstenmal in der Geschichte der Tschechoslowakei war die Bourgeoisie nicht mehr der entscheidende Faktor". Im Klartext: Auch die Tschechoslowakei wurde also − wie alle von der Roten Armee besetzten Länder − kommunistisch. Benesch übernahm das Amt des Staatspräsidenten; Regierungschef wurde der Sozialist Fierlinger, der sich dem Kommunismus unterordnete. Sein Stellvertreter wurde der Kommunistenführer Klement Gottwald, der 1948 dann durch einen Putsch an die Macht kam.

Die neue Regierung verkündete in Kaschau ihr Programm: Vertreibung der Deutschen und Ungarn sowie Beschlagnahme ihres Eigentums; Bildung revolutionärer Nationalaussschüsse (Národní vybor); Land- und Bodenreform; Aburteilung von Kollaborateuren.

Der englische Historiker Seton-Watson schreibt hierzu: „Die tschechische Kommunistische Partei hätte 1945 die ganze Macht an sich reißen können, wenn sie gewollt hätte. Sie beschloß aber aus guten Gründen, es nicht zu tun. Die Verantwortung für diesen Entschluß trug Gottwald, der Parteiführer ..., der dadurch in den Ruf kam, ein ‚gemäßigter und patriotischer' Kommunist zu sein, was sich aber durch die folgenden Ereignisse als Irrtum erwies. Die Tätigkeit der tschechischen Kommunisten entsprach der gewöhnlichen, von den Russen und Kommunisten in ganz Europa angewandten Volksfronttaktik, nur wurde sie in der Praxis den anderen Parteien gegenüber großzügiger angewandt als in den benachbarten Ländern."

Im Februar 1948 übernahmen die Kommunisten in der Tschechoslowakei die Macht. Benesch wurde abserviert.

Marschall Malinowski begann am 15.4. den Angriff gegen Brünn, das elf Tage später fiel. Die aus 16 Divisionen bestehende deutsche 8. Armee (Kreysing) zog sich kämpfend in Richtung Prag zurück. Anfang Mai − Hitler war tot, Berlin gefallen, die Wehrmacht in Auflösung begriffen − setzte die STAWKA nun drei Heeresgruppen gegen die tschechische Hauptstadt Prag an: 1. Ukrainische Front (Konjew) im Norden; 2. Ukrainische Front (Malinowski) im Südosten; 4. Ukrainische Front (Jeremenko) im Osten. Zielrichtung waren: die Linie Iglau(Jihlava)-Horn-Moldau-Fluß(Vltava) sowie Olmütz (Olomouc) und Nová Bystřice-Pilsen (Plzeň).

Obwohl in Prag bereits im April 1945 ein gemeinsamer „Tschechischer Nationalrat" gegründet worden war, erfolgte im scharf kontrollierten und bis Kriegsende besetzten Protektorat der Prager Aufstand erst am 5. Mai.

SS-Gruppenführer Karl-Hermann Frank, ein Tschechenhasser, hatte bereits Kontakt mit der tschechischen Widerstandsbewegung „Národni Odboj" aufgenommen. Deren Führungsspitze, die Nationalisten Albert Prazak und Otokar Machotka, und die antikommunistische Untergrundorganisation des Generals Vladimir Klecanda wollten, durch das Debakel des Warschauer Aufstandes gewarnt, keine militärische Erhebung. Sie waren deshalb geneigt, Franks Vorschlag zur Gründung eines Nationalrates und dem freien Abzug der Deutschen nach Westen zuzustimmen. Die tschechische Protektoratsregierung sollte auch mit General Eisenhower über eine Kapitulation bzw. Besetzung des Landes durch US-Truppen verhandeln. Doch die Ereignisse überstürzten sich.

Plötzlich ging das Gerücht um, amerikanische Truppen würden bereits auf Prag vorrücken. Tatsächlich traf von Pilsen eine US-Patrouille in Prag ein. Viele Einwohner, von der Angst vor den Russen befreit, drängten freudig auf die Straßen. Die Kommunisten aber benutzten diesen Anlaß zu Provokationen. Frank versagte; er ließ die Dinge einfach treiben. So nahm das Verhängnis seinen Lauf...

Die Kommunisten, von Moskau dirigiert, wurden am 5. Mai aktiv. Sie stürmten das Rundfunkgebäude, überfielen Unterkünfte der Wehrmacht und SS. Die nationalen Widerstandsgruppen schlossen sich aus Opportunismus der spontanen Erhebung an. Es kam zu blutigen Gefechten. Als die Amerikaner aber am 7. Mai an der mit den Russen vereinbarten Demarkationslinie anhielten, kam eine Division der Wlassow-Armee den Aufständischen zu Hilfe.

Am 11.7.1942 verriet ein russischer Bauer das Versteck eines hohen sowjetischen Offiziers in einer Scheune am Wolchow: Es war General Andrej Andrejewitsch Wlassow, einer der Verteidiger Moskaus 1941. Er kam mit seiner „Kriegsfrau" (die russische Generalität hatte Anspruch auf eine Frau an der Front) aus dem Versteck, und General Georg Lindemann, OB der 18. Armee, begrüßte ihn mit Handschlag.

Drei Monate später war Wlassow im Führerhauptquartier in Winniza (ohne Hitler anzutreffen). Der kriegsgefangene Generalleutnant Wlassow mit der Gefangenennummer 16901 war sehr aktiv; er ließ Flugblätter auf der russischen Seite der Front abwerfen. Sein am 27.12.1942 in Smolensk gegründetes Komitee zur Befreiung Rußlands vom Bolschewismus verschwand aber bald wieder. Er schaffte es aber, aus ehemaligen russischen Kriegsgefangenen Verbände aufzustellen, die in deutscher Uniform als „Ostbataillone" vorwiegend an der Westfront eingesetzt wurden. Ihr Kampfwert war allerdings nicht sehr hoch. Dazu ein deutscher General: „Es wäre auch zuviel verlangt, daß Russen für Deutsche in Frankreich gegen Amerikaner kämpfen sollten."

Jedenfalls traf die russische 1. Freiwilligendivision (Bunjatschenko) Anfang Mai in Prag ein. Das Nationalkomitee der Tschechen versprach den heimatlosen Wlassow-Soldaten die tschechische Staatsbürgerschaft, wenn sie mit gegen die deutschen Besatzer helfen würden. So schlugen sich die Wlassow-Gefolgsmänner 24 Stunden lang mit der deutschen Garnison herum. Aber als bekannt wurde, daß nicht die Amerikaner, sondern die Russen anrückten, zogen sie schleunigst ab. Wlassow- und Wehrmachtssoldaten marschierten bald darauf einträchtig gen Westen.

Nun aber war in Prag der Mob am Zuge. Seine an deutschen Soldaten, Zivilisten — auch Frauen, Kindern und Alten — begangenen Greuel übertrafen bei weitem die Übergriffe russischer Soldateska und erinnern an finsteres Mittelalter; die Missetaten füllen ganze „Weißbücher".

Schukow schreibt über Wlassow: „Auch die aus Vaterlandsverrätern bestehende Wlassow-Division zog sich eilig zu den USA-Truppen zurück, was aber vom 25. Panzerkorps unter Generalmajor Je. I. Fominych entschieden unterbunden wurde. Wlassow war selbst bei der Division, und man beschloß, ihn gefangenzunehmen, um ihn gebührend für seinen Verrat zu bestrafen. Mit dieser Aufgabe wurde Oberst I.P. Mischtschenko, der Kommandeur der 162. Panzerbrigade, beauftragt, während ein Trupp unter Hauptmann M.I. Jakuschew die unmittelbare Gefangennahme vornehmen sollte.

In einem PKW der zurückweichenden Kolonnen wurde er aufgegriffen. Unter Sachen versteckt, mit einer Decke zugedeckt, gab er sich für einen kranken Soldaten aus, wurde aber sofort von seinen eigenen Leuten erkannt. Wlassow und seine Gefährten wurden vom Militärtribunal verurteilt und hingerichtet."

Dieser Version stehen andere Fakten gegenüber, die — weit glaubhafter — andere Historiker wiedergeben.

Am 6. Mai begann Schörner seine Absetzbewegung durch die Tschechei westwärts zu den Amerikanern. Die Russen waren im Anmarsch. In Prag setzten SS-Truppen auch nach der Kapitulation (8.5.1945) den Kampf fort, bis am 9. Mai die Rote Armee einrückte. Sie griff seit dem 7. Mai an: 4 Schützen-, 1 Panzerarmee, 1 Kavallerie-mechanisierte Gruppe, 1100 Flugzeuge der 5. Luftarmee. Den Hauptstoß führte Malinowski von Brünn aus gegen die 1. Panzerarmee der HG Mitte.

Inzwischen wurde beim Stab der 8. Armee bekannt, daß der HG-Chef Rendulic den unterstellten AOK ab 7.5., 8.00 Uhr, die Feuereinstellung gegenüber der US-Armee befohlen hatte. Die Truppe sollte sich von der Ostfront lösen und westwärts absetzen. Also bereitete auch General Kreysing sich auf das Rückzugsmanöver zu den Amerikanern vor.

Der Gefechtsbericht der 96. Infanteriedivision (XXXXIII. Armeekorps) soll hier stellvertretend für das Schicksal aller Einheiten stehen. Er lautet: „Am 7. Mai hatte General Harrendorf noch einmal seine Kommandeure auf dem Gefechtsstand Mariathal bei Hollabrunn versammelt. Es herrschte eine sehr ernste und gedrückte Stimmung. Der General teilte mit, daß Österreich unter dem Druck des Gegners vom Deutschen Reich abgetrennt und seit dem 4. Mai von den Alliierten in seinen Grenzen von 1937 als ein selbständiger Staat anerkannt worden sei. In den frühen Morgenstunden sei in Reims die Gesamtkapitulation der Deutschen Wehrmacht unterzeichnet worden. Der Kampf sei damit zu Ende, die Kapitulation, die weitere Absetzbewegungen verbiete, werde in Kürze in Kraft treten. Es komme nun darauf an, in raschen Märschen möglichst viel Raum nach Westen zu gewinnen, um zu den Amerikanern hinüberzuwechseln, deren 3. Armee bis etwa Linz und Budweis vorgedrungen sei. Er selbst sähe jetzt seine Aufgabe darin, seinen tapferen Männern der 96. Division nach Möglichkeit die russische Gefangenschaft zu ersparen ...“

Die 96. I.D. verließ am Abend des 7. Mai ihre Verteidigungsabschnitte und rückte vor ihrer motorisierten Nachhut in Richtung Westen. Die Entfernung zwischen der russischen und amerikanischen Linie betrug 90 Kilometer. Dabei blieb völlig ungewiß, ob die Amerikaner die Kapitulation annehmen würden. General Harrendorf mußte, wie die anderen Kommandeure der HG Ostmark (ausgenommen die 6. Armee), die Kapitulationsverhandlungen selbst führen. Erst nach vier Stunden war der Kommandeur der 26. US-Division (er konnte partout nicht begreifen, warum die Division nicht vor den Russen kapitulierte, da sie ja die Gefangenen nach 14 Tagen ohnehin entlassen würden) bereit, die 96. I.D., zu übernehmen.

Nur im hinhaltenden Widerstand, mit taktischem Geschick und disziplinierter Rückzugsordnung war es möglich geworden, die Masse der Heeresgruppe Ostmark, die im Mai 1945 noch an die 600 000 Mann zählte, dem russischen Zugriff zu entziehen. Einzelne Soldaten oder kleinere Trupps, zumal unbewaffnete, wurden von tschechischen Marodeuren bestialisch umgebracht.

Teile der 8. Armee nördlich der Donau, die noch in harten Kämpfen mit den auf Prag vorstoßenden Sowjetverbänden standen, konnten sich nur schlecht vom Feind lösen. Doch Russen und Amerikaner trafen vor dem Waffenstillstand an keiner einzigen Stelle der vereinbarten Demarkationslinie, Unterlauf der Enns-Linz-Budweis, zusammen. Tolbuchins Truppen stießen erst am 15. Mai nördlich der Donau auf die Amerikaner, und er protestierte gegen die „unbefugte“ Gefangennahme deutscher Verbände. Dabei zeigten sich die Westmächte gar nicht so kleinlich und lieferten viele deutsche Soldaten, die bei ihnen in Gefangenschaft gehen wollten (darunter auch Schörner) an die Sowjets aus, ganz gleich, welches Schicksal (z.B. den Kosaken) ihnen dort bevorstand ...

Ein besonderes Schicksal erlitt die **Karpaten-Ukraine**, das 12 600 Quadratkilometer große Gebiet zwischen der Slowakei und Rumänien – früher ungarisch, 1920 durch den Friedensvertrag von Trianon an die Tschechoslowakei gefallen, 1939 wieder ungarisch – erlebte im Winter 1944 den Einmarsch der Roten Armee. Die 4. Ukrainische Front (Petrow) – obwohl eigentlich Verbündete der Benesch-Regierung – wollte nicht nur Deutsche und Ungarn vertreiben, sondern auch das Land okkupieren. Am 26.10. fiel Mukatschewo (Munkács), tags darauf die Hauptstadt Ushgorod (Ungvár), und am 28.10. war ganz Ruthenien besetzt.

Trotz Vereinbarung zwischen der Sowjet- und Beneschregierung vom 8.5.1944: „Sobald irgendein Teil des befreiten Gebietes aufhört, Schauplatz von kriegerischen Operationen zu sein, übernimmt die tschechoslowakische Regierung dort den Vollzug der öffentlichen Gewalt in vollem Umfang und wird dem sowjetischen (verbündeten) Oberbefehlshaber durch ihre zivilen und militärischen Organe allseitige Unterstützung und Hilfe leisten" – dachte Stalin überhaupt nicht daran, Ruthenien den Tschechen zurückzugeben.

Delegierter der tschechischen Exilregierung für die befreiten Gebiete war der Sozialdemokrat František Němec. Im Juli 1944 flog er mit einem Stab nach Ostgalizien und wartete dort auf seinen Einsatz. Als der slowakische Aufstand losbrach, fuhr er ins Zentrum nach Neusohl (Banská Bystrica) und übernahm in den von den Aufständischen kontrollierten Gebieten die Regierungsgewalt. Nach dem Zusammenbruch der Erhebung begab er sich nach Lemberg (Lwow), dann nach Chust in Ruthenien, wo schon die Russen waren. Doch die ließen Němec dort nicht regieren, weil es „noch Kampfgebiet" war. So hielt er zusammen mit dem Kommunistenchef der Karpaten-Ukraine, Turjanica, Versammlungen ab. Schließlich begannen die Kommunisten, unterstützt vom Sender Kiew, eine Kampagne zur Abtrennung der Karpaten-Ukraine und Eingliederung in die UdSSR. Der Benesch-Botschafter in Moskau, Zdeněk Fierlinger, hatte mit seinen Protesten keinen Erfolg.

Am 26.11. gründeten die Kommunisten in Mukatschewo den 1. Kongreß der Volkskomitees der Karpaten-Ukraine; angeblich sei es (im Namen des ganzen Volkes) „ihr heiliger Wille (!), sich nach jahrhundertelanger Fremdunterdrückung mit dem großen Bruder, dem Volk der Sowjetukraine, zu vereinigen". Das verabschiedete Manifest liest sich dann so: „Gestützt auf den unbeugsamen Willen des ganzen Volkes, der seinen Ausdruck in Petitionen und Resolutionen der Arbeiter und Bauern, der Intelligenz und der Geistlichkeit aller Städte und Dörfer der Karpaten-Ukraine mit der Sowjetukraine findet, beschließt der 1. Kongreß der Volkskomitees der gesamten Karpaten-Ukraine: 1. die Karpaten-Ukraine mit ihrer großen Mutter, der Sowjetukraine, wiederzuvereinigen und aus dem Verband der Tschechoslowakei auszutreten; 2. den Obersten Sowjet der Ukrainischen Sozialistischen Sowjetrepublik zu bitten, die Karpaten-Ukraine in die Ukrainische Sozialistische Sowjetrepublik einzugliedern."

So einfach war das also: ohne Konsultation mit der Exilregierung in London, ohne historischen Anspruch. Denn Ruthenien (Karpaten-Ukraine) gehörte niemals zum ukrainischen bzw. sowjetischen Herrschaftsbereich! Und Benesch mußte schweigen, sonst lief er Gefahr, daß auch noch die Slowakei auf die gleiche Art sowjetisch wurde. Deshalb war er eigentlich schon froh, daß Außenminister Molotow im Dezember 1944 diesbezügliche Befürchtungen ausräumte, doch er wollte über das Schicksal einer künftigen Tschechoslowakischen Republik besser selbst vor Ort recherchieren. So flog Benesch im Frühjahr 1945 nach Moskau. Und das war gut so, denn das von General Ludvik Svoboda geführte und unter russischem Kommando kämpfende Tschechoslowakische I. Korps wollte sich nämlich gerade von der Benesch-Regierung lossagen.

In **Ungarn** gab es eine kleine Partisaneneinheit, ein etwa 100 Mann starkes Bataillon „Sándor Petöfi", das aber kaum in Erscheinung trat. Auch die Kommunistische Partei, seit 25 Jahren in der Illegalität und noch immer im Schatten des Terrorregimes von 1919 unter Béla Kuns, war kein entscheidender Widerstandsfaktor; zählte sie im Januar 1943 doch nur 80 (!) Mitglieder, und ihr Führer kam 1944 erst aus der Moskauer Emigration zurück.

Die Kriegsmoral der „Honvéd"-(Landwehr-)Soldaten war 1944 sehr schlecht („ein Krieg zwischen Deutschland und Rußland auf ungarischem Boden"), Defätismus erfaßte in zunehmendem Maße auch die Bevölkerung. Deshalb suchte auch die ungarische Regierung unter Generaloberst Géza von Lakatos, einem Anhänger des Reichsverwesers Horthy, aus dem Bündnis mit Deutschland auszusteigen. Aber in Ungarn standen noch deutsche Truppen, und die rechtsradikale Partei der „Pfeilkreuzler" unter dem ehemaligen Generalstabsmajor Ferenc Szálasi war deutschfreundlich eingestellt. (Die ungarischen „Nyilas"-Leute, die „Pfeilkreuzler": Mitglieder einer faschistischen Partei von 1936 – 1945, benannt nach ihrem Emblem, einem Pfeilkreuz, ungarisch „Nyilaskereszt" – hatten auch Serben getötet; sie schoben sie einfach unter die dicke Eisdecke der Donau bei Novi Sad.)

Als die Deutschen die Absicht der ungarischen Regierung zum „Seitenwechsel" merkten, trafen sie Vorsorge, ihn zu verhindern. Dr. Edmund Veesenmayer, de jure als „Gesandter Erster Klasse und Bevollmächtigter des Großdeutschen Reiches" in Ungarn, bereitete zusammen mit SS, SD und dem Sonderbeauftragten des Reichssicherheitshauptamtes, Wilhelm Höttl, die Aktion „Panzerfaust" vor: Horthys Verhaftung. Mitte September trafen noch SS-Sturmbannführer Otto Skorzeny (Mussolini-Befreier) und General der Waffen-SS von dem Bach-Zelewski (Aufstandsbezwinger in Warschau) in Budapest ein.

Inzwischen liefen schon ungarisch-sowjetische Waffenstillstandsverhandlungen; die Honvéds sollten auf seiten der Russen gegen die Deutschen kämpfen. Durch Vermittlung der Generale Lásár (Kommandeur der königlichen Leibwache) und Ujszászys (Chef des Armee-Nachrichtendienstes) stellte die Regierung Lakatos Kontakt zu den bürgerlichen Parteien her, die seit der deutschen Besetzung (März 1944) im Untergrund waren. Die KP Ungarns lief unter dem Decknamen „Friedenspartei". Leiter der Bauernpartei in der Widerstandsbewegung war Imre Kovács; er schrieb, daß die Kommunistische Partei aus „kaum einigen hundert Leuten bestand und daß sie unfähig war, eine bewaffnete Aktion auszulösen, ja nicht einmal einen Streik zu organisieren, mit welchem sie die Regierung und das Volk auf ihr Dasein hätte aufmerksam machen können". Dennoch wußte die KP für sich Reklame zu machen, z.B. wenn ein deutscher Panzer in die Luft flog oder ein Zug entgleiste.

Es kam auch öfters zu Partisanenaktionen gegen deutsche Truppen bzw. Pfeilkreuzler-Dienststellen. So am 3.12.1944: Attentat während der ersten (und letzten) Massenversammlung der Budapester Pfeilkreuzler im Theater „Magyar Müvelödés Háza"; am 9.1.1945 gegen das Pfeilkreuzler-Parteihaus in Ujpest; am 10.1.1945 die Beschießung der deutschen Dienststelle im Budapester Hotel Metropol.

Am 12. Oktober 1944 traf sich Admiral Horthy heimlich mit Vertretern der „Ungarischen Front", der auch Kommunisten angehörten. Es wurde beschlossen, die Arbeiter zu bewaffnen. Drei Tage später wollte Horthy den Waffenstillstand bekanntgeben. Die Deutschen entführten daraufhin seinen Sohn, und die deutsch-ungarischen Putschisten schlugen zu; sie besetzten das Rundfunkhaus, Kasernen und strategische Punkte in Budapest. Wer sich wehrte, der wurde erschossen oder verhaftet. Die Gendarmerie ging geschlossen zu den Pfeilkreuzlern über.

Am 16.10. startete Skorzeny sein Unternehmen gegen die königliche Burg. Sie wurde besetzt, Horthy verhaftet. Szálasi übernahm die Regierung.

Mitte Dezember 1944, als Russen die Bahnlinie Budapest-Preßburg-Wien abschnitten, verließ die gesamte Regierung die ungarische Hauptstadt. Auch Szálasi, gerade von einem Besuch bei Hitler zurück, begab sich nach Güns (Köszeg). Professoren, Studenten und Wehrpflichtige (sie ignorierten die Mobilmachung) verließen Budapest.

Nach der Machtübernahme der Pfeilkreuzler in Budapest bildete sich eine Widerstandsbewegung. An der Spitze stand der Demokrat und Nazigegner Endre Bajcsy-Zsilinszky. Die militärische Abteilung führte Generalleutnant János Kiss. Zusammen mit Vertretern der illegal arbeitenden bürgerlichen Parteien entstand dann die „Ungarische Front", die auch eine kommunistische Gruppe unter László Rajk einschloß. Unter dem Druck, zwischen deutschen oder russischen Besatzern wählen zu müssen, wollten diese Männer wenigstens Budapest vor der Zerstörung retten. Deshalb verübten sie Sabotageakte, erließen Aufrufe (hauptsächlich an die Pfeilkreuzler) und bereiteten den Aufstand vor. Aber diese Aktivitäten wurden verraten und am 23. November die Anführer (darunter auch Kiss) verhaftet. Es war das Ende der Budapester Widerstandsbewegung*).

Am 19.11.1944 sprach József Révai von einer künftigen „Volksdemokratie" und „der Befreiung Ungarns von den deutschen Faschisten". Tatsächlich wurde Ende des Monats im russisch besetzten Landesteil die „Ungarische Nationale Unabhängigkeitsfront" gegründet. Am 6.12.1944 reisten auch schon die künftigen Regierungsmitglieder aus Moskau an. Regierungschef sollte der zum Russen übergelaufene Generaloberst Miklós werden, Regierungssitz vorerst Szeged, da um Budapest noch gekämpft wurde. Molotow: „Wenn ich mich gut erinnere, ließ Lajos Kossuth am 14. April 1849 in Debrecen durch die damalige Nationalversammlung die Habsburger-Dynastie entthronen und rief in dieser Stadt die Republik aus. Ohne daß ich von mir aus die Herren beeinflussen möchte, glaube ich, daß Debrecen als Sitz der Provisorischen Nationalversammlung und Regierung besser geeignet wäre als Szeged!" Also wurde Debrecen die neue Residenzstadt. Am 20.1.1945 unterzeichnete Generaloberst Béla von Miklós in Moskau den Waffenstillstandsvertrag mit den Alliierten.

Im Frühjahr 1945 wurde auch in Ungarn die Lage bedrohlich: Szálasis Reich war auf wenige Komitate in Transnubien zusammengeschrumpft. Er selbst hockte in einem ungarisch-österreichischen Grenzort und unternahm Fahrten über Land („Országjárás"). Derweilen verübten seine Pfeilkreuzler ständig Terror. Um die Politik kümmerte sich inzwischen der Apotheker und Ministerpräsident Jenö Szöllösy. Aber Ungarn stand ja immer noch unter dem deutschen Supremat, dessen Vertreter der Botschafter Veesenmayer und der Bevollmächtigte General der Deutschen Wehrmacht in Ungarn, General der Infanterie von Greiffenberg, waren. Außerdem hatte Generaloberst Heinz Guderian am 3.12.1944 vorsorglich schon einen „Verbrannte Erde"-Befehl für Ungarn erlassen. An Deutschlands Seite kämpften im März 1945 nur noch elf

---

*) Die Hauptstadt wurde 51 Tage lang von den Russen belagert und zusammengeschossen: 19 718 tote Zivilisten, 32 753 Gebäude zerstört.

schwache ungarische Divisionen und Brigaden, die ihre Uniformen von den Gefallenen erhielten. Der Kampfgeist der Honvéds war, wie schon erwähnt, miserabel; Desertion war alltäglich. Ferenc Szálasi fing nun an, aus den Divisionsresten der „Kossuth"-, „Görgey"-, „Petöfi"- und „Klapka"-Verbände (sie trugen Namen ungarischer Freiheitshelden) selbst eine „Partisanenarmee" gegen die Bolschewisten aufzustellen. Doch daraus wurde dann nichts. Szálasi, der sich im April und Mai 1945 schon im Gasthof „See-wirt" in Mattsee bei Salzburg aufhielt (dort wurde auch die heilige Stephanskrone aufbewahrt), hatte auch weit angenehmere Sorgen: Er heiratete am 28.4. Auch die ungarische Regierung war emigriert und kam im Salzburger Hotel „Österreichischer Hof" unter. Minister Kassai nahm mit Veesenmayer Kontakt auf. Der riet, sich der Besatzungsmacht zu stellen, was dann auch geschah. Doch die Amerikaner lieferten Szálasi samt Anhang an die neue Budapester Regierung aus. Nach der Verurteilung wurden – außer zwei Ministern – alle hingerichtet; Szálasi im März 1946.

West- und Südeuropa

Die stärkste und aktivste Widerstandsbewegung im Westen gab es in **Frankreich,** obwohl sie nach Mitgliederzahl und Wirksamkeit weit hinter den Partisanenorganisationen in Rußland und Jugoslawien rangierte.

Über die französische Résistance schreibt Cartier[1]: „Selbst heute ist es noch nicht möglich, ein wahrheitsgetreues Bild dieser weit gespannten Bewegung zu zeichnen. Ein künstliches Dunkel ist über Quellen und Dokumente gebreitet. Um nur ein Beispiel zu geben: Ich habe versucht, Einblick in ein Dokument zu nehmen, das eine objektive Darstellung der militärischen Unternehmungen der Résistance zu sein scheint, nämlich in den 1500 Seiten starken Bericht über die französischen Streitkräfte des Widerstandes, den der amerikanische Major R. A. Bourne-Paterson mit Hilfe einiger französischer Offiziere verfaßt hat. Doch ich stieß bei meinen Bemühungen auf eine Mauer. In Washington gilt dieser Bericht als ‚classified', also als geheim, und zwar auf Veranlassung der französischen Regierung. Selbst die offizielle Kommission für die Geschichte des Zweiten Weltkriegs in Paris erklärte, sie habe in dieses Dokument noch keinen Blick tun können. Angesichts solcher Verhältnisse muß man es der Zukunft überlassen, dieses dramatische und vielschichtige Kapitel der französischen Geschichte darzustellen."

1) Raymond Cartier: Der Zweite Weltkrieg, Seite 693.

Das stärkste Element in der Résistance waren die Kommunisten, die gegen Deutsche und Miliz fochten und den Pétain-Anhängern zusätzlich noch einen „Klassenkampf" lieferten. Die Auseinandersetzungen wurden immer brutaler und führten zur Grausamkeit auf allen Seiten. Anschläge gegen Wehrmachtsangehörige lösten Repressalien aus. Schon 1942 hatten die Geiselerschießungen in Châteaubriant 50 Opfer gekostet. Anfangs ging die Vichy-Regierung gegen die Kollektivschuldthese an, doch die Résistance wurde noch aktiver, ebenso aber auch die Vergeltung. Deutsche Geheimdienste und Polizei forschten pausenlos nach den Schlüsselfiguren, und es gab genug Verräter in allen Kreisen der Résistance. So blieb es auch nicht aus, daß viele Widerstandskämpfer vor den Erschießungspelotons starben.

Schon 1940 hatten die Engländer die Organisation „Special Operations Executive" (S.O.E.) gebildet, um auf dem Festland einen Nachrichtendienst zu installieren. Die gaullistischen Behörden wiederum errichteten ihr „Bureau central de renseignement et d'action" mit dem Ziel, die französische Résistance einzuspannen. Zwischen beiden Institutionen gab es schwere Reibereien.

In der Silvesternacht 1942 sprang der frühere Präfekt von Chartres, Jean Moulin, mit dem Fallschirm über der Provence ab. Im Doppelboden einer Streichholzschachtel trug er die auf Mikrofilm aufgenommene Legitimation General de Gaulles mit sich. Es gelang ihm, am 27.5.1943 in einem Restaurant in der Rue du Four in Paris die wichtigsten Vertreter der Widerstandsgruppen in Nord- und Südfrankreich zu versammeln: das „Conseil national de la Résistance" (CNR) war geschaffen. Jean Moulin übernahm den Vorsitz. Doch er mußte Gruppenkonflikte schlichten und kollidierte bald mit dem ersten Résistance-Führer, Henry Frénay, und den beiden Abgesandten aus London, Dewavrin und Brossolette. Sechs Wochen später wurde Moulin denunziert, verhaftet, gefoltert und starb auf dem Transport nach Deutschland. Sein Nachfolger an der CNR-Spitze wurde der katholische Professor und Journalist Georges Bidault. Der Zusammenhalt im Widerstand blieb nur lose, Gruppenegoismen dominierten. Nur die Gestalt de Gaulles wandelte sich stetig zum übergeordneten Führer des Widerstandes und der Nation, wenn auch die Kommunisten das im Juni 1943 gegründete „Komitee für die Nationale Verteidigung" des Generals und dessen Autorität nicht anerkannten. Auch die offizielle Umbenennung des Komitees in „Provisorische Regierung der Französischen Republik" am 15.5.1944 half de Gaulle — trotz Unterstützung der Briten — und den Kommunisten nicht weiter, um zusammenzufinden*).

---

*) Erst am 26.8.1944, einen Tag vor dem Einmarsch der Alliierten in Paris, erkannten KP und Amerikaner de Gaulles Komitee als De-facto-Vertretung des französischen Volkes an.

Erst 1943 trat in Südfrankreich eine neue Widerstandsgruppe auf, die sich „Maquisards" nannte und gegen die Ordnungsorgane opponierte. Anfang 1943 wurde in der Gebirgsregion von Vercors – Gebiet zwischen den Tälern des Drac, der Isère, Drôme und Rhône – unter General Delestraint alias Vidal eine große Partisanenbasis angelegt. Das Vercors (bei Grenoble) galt als uneinnehmbar. Dort bildeten französische Offiziere der Restarmee Freiwillige aus Lyon und Grenoble aus, denn Zentralmassiv, Jura, Pyrenäen, Alpengebiet und auch die Bretagne steckten voller junger Leute, die sich dem Zwangsarbeitsdienst (STO) entzogen hatten. Und den Deutschen fehlten die Kräfte, dieses wegearme Terrain in Vercors zu säubern. Gemäß den alliierten Plänen sollte dieser Landstrich drei Aufgaben erfüllen: Sammelplatz für die aktiven Widerstandsgruppen; Landestelle für Fallschirmagenten und Nachschub; Binnen-Brückenkopf nach der Landung in Südfrankreich.

Im März 1944 gab es im Vercors 300 – 400 Maquis: frühere Soldaten, Freiwillige, entlaufene Gefangene. Die Führung oblag alten Offizieren und Unteroffizieren des 6. Jägerregiments zu Fuß, des 11. Kürassier- und 159. Gebirgsregiments. Den Befehl über die von der Provence bis zum Jura reichenden Militärregionen R-1 und R-2 hatte Oberst Zellers (Joseph). Chef der R-1 (dort lag auch das Vercors) war Oberst Descours (Bayard). Den eigentlichen „Maquis" (auch Sammelbegriff für die Bewegung) befehligte erst Hauptmann Geyer (Thivollet), dann Major Huet (Hervieux). Der zivilen Résistance stand Eugene Chavant (Clement) vor.

Schon im Winter 1942/43 waren im Berggebiet Lager und Unterkünfte für die Widerständler angelegt worden. Als die Deutschen einige Depots aushoben und Leute verhafteten, wurde bis zur Landung in der Normandie (Juni 1944) eine lockere Organisation, die „Trentaines", eingeführt: Die geheimen Verbände formierten sich nach Bedarf, Freiwillige wurden verständigt, so daß im Vercors stets genügend Kämpfer vorhanden waren. Anfang Juni 1944 gingen dort an die 4000 Partisanen in Stellung. Die Alliierten warfen 1500 Waffenbehälter ab, alliierte Verbindungsoffiziere sprangen mit dem Schirm auf die in der Mitte des Bergstocks angelegte Landepiste. Auch Spezialtrupps, darunter das Kommando des Hauptmanns Tuppers, gingen dort nieder. In der Folgezeit gehörte der Kampf der Untergrundgruppen des Vercors zum ruhmreichsten Kapitel der französischen Résistance.

Chef der Region R-2 (in diesem Bereich sollte die Landung in Südfrankreich erfolgen) war der 44jährige Louis Burdet, unter dem Decknamen „Circonférence„ (Umkreis) bekannt; er führte militante Maquis. (Die militanten Gruppen waren im Februar 1944 zur „Forces Françaises de l'Intérieur" (F.F.I.) zusammengefaßt worden und unterstanden befehlsmäßig General Pierre Koenig.)

Im Februar 1944 war Burdet im Jura abgesprungen und wohnte bis zur Invasion in der Provence (August 1944) in einem Haus in der Rue de la Darse in Marseille. Vor dem Abflug hatte er eine Liste mit fünf Sätzen sibyllinischen Inhalts bekommen, die verschlüsselte Sabotagepläne enthielten; sie sollten ausgeführt werden, sobald Radio BBC diese Sätze sendete.

Schon 1943 hatte die Résistance im Zentralmassiv, im Limousin und in den Alpen losgeschlagen. So sammelte z.B. Oberst Garcie in der Stellung Mouchet im Departement Puy-de-Dôme an die 3000 Mann und begann am 2.6.1943 eine Reihe von Gefechten. In den Departements Limousin, Quercy und Périgord unterlagen die Deutschen. Und im Departement Haute-Savoie waren die Italiener im gleichen Monat bei Dents de Lanfon und in Cluses schweren Angriffen ausgesetzt. Die dort ablösenden Deutschen wurden im Winter attackiert.

Am 10.9.1943 wurde in Dourch, im Departement Aveyron, eine deutsche Kompanie überfallen: Der Kompaniechef und 10 Soldaten fielen. In La Borie wurde die Partisanengruppe aufgesplittert und Leutnant Roquemaurel, der Anführer, getötet. An anderer Stelle der Departements Aveyron und Cantal kam es ebenfalls zu Kämpfen. In La Corrèze, Saint-Ferréol und Terrason wimmelte es von Partisanen, und in einigen Gefechten büßten die Deutschen dort einige hundert Soldaten ein.

14.11.1943. Im Departement Isère sprengten Partisanen in Grenoble ein deutsches Depot. Die Besatzer nahmen 300 Geiseln fest. Als Vergeltung jagten die Maquisards eine Kaserne von Bonne in die Luft: 220 Tote, 550 Verwundete. Gleichzeitig führte Major Le Ray Partisanenverbände auf den Gebirgsstock von Vercors, und im Februar 1944 verschanzten sich weitere 500 Franzosen und 60 Spanier auf dem Plateau von Glières. Leutnant Morel führte sie. Als er fiel, übernahm Hauptmann Anjot das Kommando — auch er kam um.

Anfang 1944 unternahmen die Deutschen Großeinsätze gegen die Partisanen, doch es waren nur Nadelstiche; um sie wirklich auszuschalten, hätte es ganzer Divisionen bedurft — und die fehlten eben.

So gingen die Anschläge weiter. Im Departement Drôme führten die Insurgenten unter Oberst Drouot vor allem Angriffe gegen die Eisenbahnstrecke Lyon-Marseille, in Richtung Grenoble und Briançon durch. Bei einem entgleisten Urlauberzug in Portes-les-Valende wurden 200 Soldaten getötet oder verwundet. In der Nähe von Vercheny stürzte ein Truppentransporter in die Drôme. Im März 1944 hielten Partisanen einen deutschen Militärzug bei Donzère an und töteten bzw. verwundeten 300 Mann.

Nun holten die Deutschen zu einem Schlag aus. Unterstützt von französischer Miliz, der Garde mobile, mit 3 Bataillonen, 2 Gebirgsbatterien und Granatwerfern – zusammen 7000 Soldaten – stürmten sie, nachdem Stukas das Plateau bombardiert hatten. Dennoch konnte die Partisanenstellung erst nach dreizehn Tagen genommen werden. Etwa 600 Angreifer fielen dabei, die meisten Partisanen aber entkamen...

Auch bei der Invasion in der Normandie („Overlord") am 6.6.1944 sollte der Résistance eine Rolle zufallen. Da sie aber aus einer Unzahl divergierender Einzelgruppen bestand, die trotz CNR-Vereinigung nur ganz lose oder auch gar nicht kooperierten, war es für die alliierten Invasions-Planer schwierig, einer so vielschichtigen Bewegung überhaupt Aufgaben zuzubilligen. Luftmarschall Sir Arthur W. Tedder, General Eisenhowers Stellvertreter, war jedenfalls verärgert, als 25 seiner insgesamt 15 000 Flugzeuge für den Maquis Waffen abwerfen sollten. Übrigens glaubte niemand so recht, daß die Widerständler von Januar bis März 1944 exakt 808 Sabotageakte an Lokomotiven durchgeführt hätten und deshalb die im „Plan Vert" vorgesehenen 571 Anschläge auf Bahnstrecken während der Landungsphase auch klappen würden. Man setzte ebenfalls keine großen Hoffnungen auf die Forces Françaises (F.F.I.) im Landesinnern, deren Oberbefehl eben General Koenig übernommen hatte. Ergo: Das SHAEF (Superior Headquarters Allied Expeditional Forces = Alliiertes Oberkommando) nahm zwar die angebotene Hilfe der Résistance dankend zur Kenntnis – rechnete aber nicht damit. Während der Invasion in der Normandie war der französische General Koenig Sonderberater beim Oberbefehlshaber, General Dwight D. Eisenhower, und zugleich Chef der französischen Widerstandsgruppen.

Jedenfalls unterschätzten die Alliierten die Kampfkraft und den Kampfgeist der Résistance-Angehörigen. Noch am Vorabend der Normandie-Invasion gingen Telefonleitungen zu Bruch, flogen Brücken und Gleise in die Luft, fielen deutsche Posten im Geschoßhagel, brannten Lager aus.

Auch in der Bretagne z.B. wurden die zahlreichen Partisanen aktiv. Besonders an der Nordküste und im Departement Morbihan gab es viele Maquisards. Fast 30 000 Widerständler, teils in regionalen Einheiten zusammengefaßt und aus der Luft versorgt, begannen bei der Invasion den Kampf. Am 18.6. griffen die Deutschen den Stützpunkt in Saint-Marcel bei Malestroit an, der von zwei Morbihan-Bataillonen unter den Majoren Le Garrec und Caro sowie von mehreren Fallschirmjägertrupps unter Oberst Bourgoins verteidigt wurde. Der pensionierte General La Morlaye führte seine in Giungamp aufgestellte Kompanie. Nach mehrstündigem Kampf nahmen die Deutschen die Stellung. Die meisten Widerständler flüchteten.

Das Gefecht um Saint-Marcel löste einen Aufstand in der Bretagne aus. Als Pattons Panzer bei Avranches durchgestoßen waren, hatten die Maquis das Land schon befreit. Die deutschen Verluste betrugen 1800 Tote und 300 Gefangene. Nach den Kämpfen mit den US-Kräften um Saint-Malo, Brest und Lorient gab es auf deutscher Seite Tausende an Gefallenen und 50 000 an Gefangenen – vier Divisionen waren zerschlagen.

Mitte Juli gab es in 40 Departements Aufstände kleineren und größeren Ausmaßes. Die Résistance-Aktivitäten machten den Deutschen viel zu schaffen, denn acht Divisionen wurden am Marsch an die Invasionsfront gehindert: 1. I.D. und 5. Fallschirmjäger-Division in der Bretagne; 116. P.D. bei Paris; 175. I.D. im Anjou und in der Touraine; „Ostlegion" im Zentralmassiv; 181. I.D. in Toulouse; 172. I.D. in Bordeaux; eine Division im Rhône-Tal. Drei weitere Panzerdivisionen erlitten große Marschverzögerungen: 17. P.D. zwischen Bordeaux und Poitiers; 2. SS-P.D. „Das Reich" im Raum Montauban-Tarn-Lot-Corrèz; 11. P.D. bei Caen.

Die Résistance brachte in den Gebieten um Lyon, Dijon, Doubs, Ost-, Mittel- und Südfrankreich im Juni und Juli 1944 an die 600 Züge zum Entgleisen, 1800 Lokomotiven und über 6000 Waggons wurden beschädigt. Und hier der Widerspruch: Während General Eisenhower die französischen Patrioten zur Zurückhaltung mahnte, bombardierte sie de Gaulle mit Aufrufen zur Erhebung[*]).

Über ein Nachrichtennetz alarmierte Burdet die örtlichen Résistance-Führer und gab Londons Befehle weiter. Während nun im Norden die Alliierten am 6.6.1944 landeten, begann auch im Süden der Guerillasturm. Er dauerte fünf Tage. Die Deutschen, obwohl in der Normandie engagiert, schlugen ihn dennoch zurück. Bei den Repressalien kamen Hunderte Menschen um.

Burdet meldete die Niederlage nach London. Doch erst am 15.6. befahl General Koenig zynisch, „die Kampfhandlungen einzustellen und an den häuslichen Herd zurückzukehren". Doch der Befehl kam zu spät. Die verfrühte Mobilisierung der Résistance und Aufstandsauslösung hatte überall in Frankreich zu Tragödien geführt. Der französische Schriftsteller Robert Aron machte Eisenhowers Stab dafür verantwortlich. Denn: Am 4. Juni nämlich fragten der britische General Gubbins und der US-Oberst Bruce bei General Koenig an, ob ihm die BBC-Durchgabe der Losungsworte für die Erhebung in Frankreich „nicht nachteilig erscheine". Doch der Befehl war schon längst ergangen!

Der R-2-Chef Burdet wurde am 28. Juni in Baumettes verhaftet, aber wieder freigelassen. Das war sein Pech, denn sowohl der Geheimdienst in Algier als auch seine Untergebenen hielten ihn nun für unzuverlässig, „heiß", vielleicht sogar „umgedreht". Und

---

[*]) Wie aber wäre es den Invasionstruppen ergangen, hätten die Résistance-Leute nicht „vorgearbeitet", „mitgeholfen" und die Deutschen „beschäftigt"?

prompt traf auch aus London schon die Nachricht an Burdet ein: „Halten Luftveränderung für unbedingt nötig. Senden mit diesem Neumond von Algier neuen D.M.R. (Délégué Militaire Regional = örtlicher Militärbeauftragter) Cloître, um Sie abzulösen. Wenn Kontakt aufgenommen, Rückkehr zu uns."

Zwei Wochen später traf per Fallschirm bei Apt, östlich Avignon, der neue R-2-Chef Widemer (Deckname Cloître = Kloster) aus Algerien ein. Bis Invasionsbeginn in der Provence wurden etliche neue Résistance-Führer auf die vier Departements des vorgesehenen Landungsgebiets und des Hinterlandes eingesetzt.

Schon am 13.6.1944 gab es im Süden erste Kämpfe in Saint-Nizier. Es folgten tagelange Gefechte zwischen Wehrmacht und Partisanen, die zweimal Waffen und Verpflegung aus der Luft erhielten. Doch dann stürmte die deutsche 157. Reservedivision (Pflaum), 20 Lastensegler landeten Verstärkungen auf dem Plateau von Vassieux. Die Partisanen zogen sich zurück. Am 23. Juni hatte Major Huet den Partisanen befohlen, sich zu zerstreuen; ihre Aufgabe im Vercors war erfüllt. Zwar konnte der Binnenbrückenkopf nicht gebildet werden, dafür aber wurden deutsche Truppen gebunden. Doch die Deutschen übten Vergeltung. Maquis und auch Nichtkombattanten kamen dabei um.

14.7.1944. Deutsche Verbände stürmten sechs Tage lang mit Flugzeugunterstützung. Die Partisanen fochten verzweifelt, doch die Hälfte des Verbandes fiel, Überlebende verkrochen sich im Gebirge. Und am 27.7. wurden in der Lazarett-Höhle von Luire Verwundete, Ärzte und Pfleger erschossen, ein Rest nach Deutschland deportiert.

In der Tat halfen die Maquis den Invasionskräften durch vielerlei Einsätze und Störaktionen. Auch gelang es ihnen gelegentlich, vor dem Einmarsch der Alliierten Dörfer und Kleinstädte zu befreien, was jedoch weitgehend von der jeweiligen örtlichen Stärke bzw. Bewaffnung der Partisanengrupen abhing. Grausamkeiten an gefangenen deutschen Soldaten entsprangen zumeist Rachegelüsten über begangene Untaten des SD und der SS, z.B. gegen die Partisanen in Glières (Obersavoyen). Dort, wie im Vercors, waren die Partisanen durch Offiziere und Soldaten der aktiven Armee (zumeist vom 27. Bataillon der Alpenjäger) schon in Kampfverbänden organisiert und hatten sich bereits Ende Januar 1944 auf einer 1500 m hohen Alm festgesetzt. Dort begannen die Kämpfe am 5. Februar, als die Miliz in Thônes Massenverhaftungen vornahm. Bis März hielten die Gefechte mit der Miliz und Vichys Mobilgarden an. Dann griffen deutsche Truppen mit Artillerie- und Fliegerunterstützung ein. Die Generale Niehoff und Pflaum (Dr. Knabe, Leiter des SD in Lyon stand ihnen zur Seite) führten die Operation. Die Maquis mußten weichen. Gefangene wurden deportiert bzw. erschossen. Von den 500 Verhafteten überlebten nur 200. Wer entkam, der schloß sich anderen Résistance-Gruppen an.

Das wohl schrecklichste Beispiel, das weltweit Aufsehen erregte, war die Repression der Deutschen gegen Oradour. Die Tragödie begann damit, daß Maquisards am Freitag, dem 9.6.1944, auf der Route Nationale 741 bei Saint-Léonard den Obersturmbannführer Kämpfe gefangennahmen. Angeblich sollte er in Oradour-sur-Glane öffentlich hingerichtet werden. Aber das stimmte gar nicht. Doch aufgrund dieses falschen Gerüchts rollte tags darauf die 3. Kompanie des SS-Regiments „Der Führer" (SS-Panzerdivision „Das Reich") unter Obersturmbannführer Diekmann in den Ort. Er befahl, alle Männer zu erschießen und die Häuser zu zerstören. Die in der Kirche eingeschlossenen Frauen und Kinder wurden verbrannt bzw. niedergemacht. Das Massaker kostete 642 Menschenleben; nur 5 Männer, 1 Frau und 1 Kind des Ortes überlebten.

Verständlicherweise erregte dieser Exzeß Abscheu und Entsetzen. Diekmanns Vorgesetzter, Standartenführer Stadler, ließ gegen ihn gerichtliche Ermittlungen anlaufen. Die Vichy-Regierung, der Präfekt von Haute-Vienne (Freund-Valade), Generalfeldmarschall Erwin Rommel (Oberbefehlshaber West) und der deutsche Kommandant in Limoges (General Gleiniger) protestierten scharf. Doch Diekmann fiel wenige Tage später an der Normandiefront, ebenso kamen die meisten Angehörigen der 3. Kompanie im Gefecht um. Dieser Umstand sowie der Zusammenbruch der Wehrmacht in Frankreich und Hitlers Veto verhinderten eine weitere gerichtliche Verfolgung des Falles...

Vor der Invasion der Alliierten in Südfrankreich („Anvil") wurde wieder die Résistance aktiv. Am 14.8.1944 landeten drei Widerständler (Paul Cabanon, dessen Frau und Armand Pat) von der Gruppe Jean Régnier einen spektakulären Coup. Sie zerstörten das aus 450 Leitungen bestehende unterirdische Koaxial-Kabel Lille-Marseille, das beim Dorf Puligny, südlich Dijon, 7 m lang über eine schwach bewachte Brücke führte. Nachdem die Bleihülle entfernt war, gossen sie mittels einer Tecalemit-Schmierpumpe 50 Liter stark verdünnte Schwefelsäure hinein, die in den Drähten eine 50 m lange Kurzschlußstelle verursachten; zusätzlich wurde eine Plastik-Sprengladung mit Zeitzünder angebracht. Ergebnis: Der deutsche Oberbefehlshaber West hatte 48 Stunden lang keine Verbindung mit seinen Truppen in der Provence. Als sie wieder zustande kam, war der alliierte Landekopf längst gesichert.

Die Résistance in Südfrankreich war keine einheitliche Organisation, sondern eine Zusammenfasung kleinerer Gruppen, die sich politisch und religiös voneinander unterschieden. Da gab es z.B.: Alliance, Jean-Marie, Gallia, Jade-Fitzeroy, Kasanga, F 2, Franctireur, Libération, Duquesne, Combat, Marine, Ritz-Crocus, Etoile, Mithridate (eine der ältesten, von Colonel Herbinger gegründete Gruppe), O.R.A. (Organisation de l'armée d'armistice: frühere Armeeangehörige) u.v.a. Und 1943 kam die Gruppe der

„Forstsapeure" hinzu: junge, dem deutschen Arbeitsdienst entflohene Leute, die im Bereich der Maures-Berge Bäume fällten, Brände bekämpften und am 15. August, bei der Provence-Invasion, die Stoßtrupps der F.F. I. stellten. Alle Gruppen aber verfolgten das gemeinsame Ziel, die Deutschen zu vertreiben. Dafür war jedes Mittel recht: Attentate, Sabotage, Überfälle, Spionage, Nachrichtendienst. Viele Geheimsender schickten ihre Meldungen nach London, wechselten täglich ihren Standort und entgingen so den Peilwagen der deutschen Wehrmacht. Den Panzern der 11. Panzerdivision wiederum wurde eine Funkstelle in Aix-en-Provence zum Verhängnis, da der Funker Leveque von der Gruppe „Alliance" vom Peiltrupp des Marinekommandos Admiral Wever einfach nicht früh genug entdeckt werden konnte. So gingen in den Dörfern, Städten und sogar in den Wäldern der Maures- und Sterelberge Männer und Frauen des Maquis ihrer subversiven Tätigkeit nach.

Robichon[1] schreibt: „Es war wirklich eine ‚namenlose' Armee, eine Armee im Schatten, deren nichtuniformierte Soldaten sich hinter geschlossenen Läden oder in den Wäldern versammelten, um unter Einsatz ihres Lebens oder — noch schlimmer — des Lebens ihrer Familie Nachrichten durchzugeben, Waffen zu transportieren, Einsatzstärken, Batteriestellungen, Minenfelder und Truppenbewegungen des Gegners auszukundschaften, ja sogar Arrestanten aus den Gefängnissen der Gestapo zu befreien und Transporte bereits zur Deportation bestimmter Häftlinge anzugreifen. Die meisten von ihnen kannten einander nicht einmal; selbst die Chefs wußten nur von ihren direkten Untergebenen, nicht aber von anderen Chefs, allerdings wiederum wegen ihrer internen Feindschaft aus Gründen der Weltanschauung und der sozialen Stellung ihrer Mitglieder. Nur ganz wenige hatten den Überblick über die gesamte Organisation der Résistance und mußten ihn haben, damit wenigstens sie bei einem Gegenschlag der Besatzungsmacht in diesem oder jenem Bezirk von oben her helfen und ausgleichen konnten. Wenn nun auch eine solche Geheimhaltung nötig erschien, um die totale Vernichtung aller Widerstandsgruppen zu verhindern, kamen andererseits wieder sonderbare Mißverständnisse vor; so wurde ein unter dem Decknamen ‚Großherzog' oder ‚Mörder' arbeitender Widerstandskämpfer der Gruppe ‚Alliance' lange Zeit mit dem im Nachbarbezirk unter dem Decknamen ‚Erzherzog' tätigen Reyon verwechselt."

Der alliierte Stab rechnete vor der Invasion in der Provence mit 24 000 Maquisards, doch es waren nur 15 000, davon kaum ein Drittel bewaffnet. Die Bewaffnung stellte ein besonderes Problem dar. Im Departement Var (dort wurde gelandet) hatte man Sten-

---

1) Jacques Robichon: Invasion Provence, Seite 56 ff.

MPs, französische Dienstpistolen und italienische Badoglio-Gewehre abgeworfen. Später wurden von der 2. Taktischen Luftflotte Container mit Waffen und Munition abgesetzt – noch zu wenig.

Chef der F.F.I.-Widerstandsgruppe in Draguignan war Théotime Marchesi, Inhaber einer kleineren Färberei am Nartuby-Ufer. Er versorgte in der Nacht zum 15.9. die Résistance-Leute in Lorgues mit Maschinenpistolen. In Draguignan befand sich der Stab des deutschen 62. Korps. Er wurde überfallen.

Der Steinbruchbesitzer Louis Marchand wiederum diente seiner Sache dadurch, daß er die Rivalität zwischen General Baeßlers Pionier-Bataillon von der 242. I.D. und der örtlichen OT-(Organisation Todt = Baueinheiten) Führung so geschickt ausnützte, daß der schwierigste Landungsabschnitt an der Küste von Dramont nicht vermint wurde.

In den Maures-Bergen leitete seit 1943 der Ingenieur René Girard eine Widerstandsgruppe. Als BBC am 14.8.1944 um 19.15 Uhr durchgab: „Nancy hat einen steifen Hals ... Der Jäger ist hungrig ...“, wußte er, daß die Alliierten am nächsten Morgen um sieben landen würden, und er verständigte seine Leute und bewaffnete sie. Die Sabotageaktionen begannen. In La Motte stürmten ebenfalls zwei Männer der „Mithridate“-Gruppe zu ihrem Kameraden Maurice Leycuras, holten Jagdgewehre und Revolver aus ihren Verstecken und brachen auf. In Lavandou bereitete sich der Pfarrer Hélin, ebenfalls Résistancemitglied, auf seinen Sabotage-Einsatz vor.

Auch Jean Blanc, Widerstandschef im Bezirk Les Arcs, wo die US-Luftlandung erfolgte, ließ seine Störunternehmen pünktlich anlaufen.

Grenoble widerfuhr Unbill. Als Marschall Badoglio am 8.9.1943 für Italien die Waffenstillstandsurkunde abgezeichnet hatte, besetzte deutsche Wehrmacht Grenoble. Die Gestapo zog sofort nach und startete, vom Verräter Carbonne gelotst, eine Verhaftungswelle. Am 25.11. wurden die wichtigsten Résistance-Führer verhaftet; einige exekutierte man sofort, andere später. Zwei Tage danach wurde auch Dr. Gaston Valois, Chef der vereinigten Bewegung M.U.R. verhaftet. Zusammen mit einem Zahn-, einem Tierarzt, der Leiterin des Postamtes und einem gewissen Gustave Estade war er eingesperrt; alle wurden dann im Gestapo-Hauptquartier – Boulevard Gambeta 75 – gefoltert.

Der Anführer der französischen Volkspartei, Francis André, genannt „Schiefmaul“, hatte bei einem der festgenommenen Widerständler ein Notizbuch mit Namen und Decknamen etlicher Résistance-Mitglieder im Rayon Grenoble gefunden. Damit erpreßte er nun die Gefangenen. Valois schnitt sich mit einer versteckten Rasierklinge die Pulsadern auf.

Klaus Barbie, genannt „Altmann": 1,67 m groß, geboren am 10.10.1915 in Bad Godesberg, Parteimitglied Nr. 4583085, Untersturmführer der Waffen-SS (dort unter der Nr. 272284 eingetragen), war im November 1942, kurz nach der Besetzung der Südzone, nach Lyon, der „Hauptstadt der Résistance", gekommen.

Dort hatten die Deutschen eine besonders tüchtige Polizeiorganisation aufgebaut: eine regionale Kommandostelle der Staatssicherheitspolizei (SIPO) und des Staatssicherheitsdienstes (SD). Die regionale Kommandostelle führte Obersturmbannführer (= Oberst der Waffen-SS) Werner Knabe; sie zählte sechs Abteilungen: I und II (Material und Verwaltung), III und IV (Informationsdienst), V (Kripo und Wirtschaftsdelikte), VI (Spezialeinsätze). Und dieses „Einsatzkommando" („Jagdkommando") leitete Barbie. Er verfügte über 120 deutsche und französische Polizisten. Einsatzraum: die Region Rhône-Alpes.

So gelang den Deutschen z.B. schon am 4.5.1943 ein Coup. Ein Verbindungsmann der Résistance gab unter dem Druck der Folter die Deckadressen der Organisation „Sabotage fer" (Eisenbahnsabotage) und der Gruppe „Combat" in Lyon preis. Alle Personen wurden verhaftet. Später konnte auch die Deckanschrift des Büros der „Armée sécrète" (Geheimarmee) und des Luftoperationsdienstes ausgehoben werden. Die Untersuchungen leitete Jean Multon, genannt „Lunel", ehemaliger Résistance-Angehöriger von Marseille, der nach der Verhaftung am 28.4.1943 vom deutschen Gestapo-Chef Dunker „umgedreht" wurde. Ihm assistierte Robert Moog: früherer Widerstandskämpfer, Werkmeister in der Toulouser Pulverfabrik, bei der Gestapo unter dem Pseudonym „Pierre" bzw. „Boby" (Code-Name: K 30) tätig. Die beiden Verräter hatten im Gebiet um Marseille 122 Leute dingfest gemacht, die Dunker am 24.5. nach Lyon zum SD abschob ...

Im Kampf um Paris spielte die Résistance – und hier besonders wieder das kommunistische Element – eine herausragende Rolle. Besonders den Kommunisten lag natürlich daran, durch Blutvergießen eine revolutionäre Stimmung zu schaffen, denn sie trachteten nach der Macht. Schließlich hatte ja ein Mann aus ihren Reihen, Bastien, als erster einen deutschen Offizier niedergeschlagen; ein anderer, Breton Tanguy, genannt „Colonel Rol", leitete die F.F.I. im Departement Seine; und Kommunisten beherrschten auch das Pariser Befreiungs- und Militärkomitee (COMAC). Gründe genug also, die Macht zu beanspruchen. Ein Hindernis auf dem Wege dorthin war de Gaulle; ein anderes: Es fehlten Leute und Waffen.

Die nichtkommunistischen Führer der Résistance durchschauten den Plan. Es war ihnen daher recht zu erfahren, daß die Alliierten über Paris keine Waffen abwerfen würden und General Koenig den Widerstand und Repressalien der Besatzer verhindern wollte.

Der Generalbevollmächtigte der Provisorischen Regierung, Alexander Parodi, erließ die Aufforderung: „Halten Sie die Bevölkerung über BBC davon ab, und zwar auf klare und eindeutige Weise, damit ein neues Warschau vermieden wird..."

Doch es schien zu spät. Am 17.8.1944 versammelte der Nationalrat der Résistance seine Spitzenleute in einem Haus im Stadtteil Vanves. Parodi stellte fest, daß die Extremisten in der Überzahl waren: Aufstand drohte.

Cartier schreibt dazu: „Am Neunzehnten begannen die Angriffe gegen Fahrzeuge und einzelne Soldaten der Wehrmacht in den Straßen von Paris. Das für die Erhebung richtungweisende Ereignis war die Besetzung der Polizeipräfektur durch Angehörige des Widerstands. Diese verschanzten sich dort mit einer Handvoll Waffen und einigen Kanistern Benzin zur Herstellung von Molotowcocktails. Mit Begeisterung erteilten sie hier dem Präfekten Luizet ihre Anerkennung, der von Algier aus ernannt worden war. Damit war ein Präzedenzfall geschaffen worden, den die Kommunisten anerkannten, ohne seine ganze Tragweite zu ermessen. In Wahrheit verfolgten sie ihre Ziele ohne Autorität und Entschlossenheit. Ihre Führer waren Männer des Handstreichs, Partisanen, aber keine echten Revolutionäre. Es gab in den Augusttagen des Jahres 1944 keinen Lenin in Paris, sonst hätten sich Frankreichs Geschicke und die zukünftige Entwicklung Europas gänzlich anders gestaltet."

Hitler verlangte als Vergeltung für die Übergriffe die Zerstörung militärischer Objekte in Paris, General Speidel aber gab den Befehl nicht weiter, und auch General Dietrich von Choltitz, der Stadtkommandant, ignorierte ihn. In Paris lagen ohnehin nur deutsche Dienststellen und schwache Sicherungskräfte. Gelegentlich schossen Franzosen und Deutsche aufeinander. Dennoch vermittelte der schwedische Generalkonsul Raoul Nordling zwischen Choltitz und dem Résistance-Vertreter Alexander Parodi. Man handelte ein Stillhalteabkommen aus, das am 20.8. in Kraft treten sollte. Die Deutschen ließen 4213 politische Gefangene frei, dafür verzichtete die gaullistische Widerstandsbewegung auf eine Erhebung. Trotzdem wurde geschossen, Feuer gelegt; die Spannung wuchs. Ein Teil der über Frankreich abgesetzten 62 Fallschirmagenten war für den Aufstand der Pariser Résistance. Die Kommunisten, an ihrer Spitze der Spanienkämpfer und Komintern-Agent Tanguy, nahmen sich des meisten Materials an, das doch abgeworfen worden war: In Frankreich wurden 7580 Waffensendungen abgesetzt.

Tanguy („Colonel Rol") gehorchte blind der auch für andere Städte geltenden Kreml-Weisung zum Aufruhr – und ließ losschlagen. An vielen Mauern stand am 22. August: „A chacun son Boche!" („Jeder seinen Deutschen!") – „Der Waffenstillstand ist eine List des Boches! Das Volk von Paris will sich schlagen. Los auf die Boches! Kein Erbarmen!"

Barrikaden wurden errichtet, Gefechte flammten auf... Deutsche Soldaten wurden erschlagen. Konsul Nordling bewog die Résistance-Vertreter, für eine geregelte Kapitulation zu sorgen. Am 23.8. rollte eine Panzerkolonne heran, schoß das Grand-Palais in Brand und vernebelte die Champs-Elysées. Die Résistance war noch zu schwach zum offenen Aufstand, es mangelte an Leuten und Waffen. Die Deutschen blieben in ihren Stützpunkten. Choltitz im Hôtel Meurice wollte Zeit gewinnen. Hitler aber drängte: „Paris ist in ein Trümmerfeld zu verwandeln." Und Choltitz meldete dem OB West: „Ich habe 3 Tonnen Sprengstoff in die Nôtre-Dame bringen lassen, 2 Tonnen in den Invalidendom, 1 Tonne in die Deputiertenkammer. Und den Eifelturm sprenge ich so, daß er als Drahthindernis vor den zerstörten Brücken liegt." In Wahrheit rührte er keinen Finger.

Inzwischen setzten die Gaullisten bei den Amerikanern durch, daß General Bradley die französische 2. Panzerdivision (Leclerc) und dichtauf die 4. US-Division (Gerow) in die Hauptstadt schickte. Die 2. P.D. rückte in der Nacht zum 25.8.1944 in die Stadt ein. Die deutschen Stützpunkte ergaben sich, und Choltitz unterschrieb die Kapitulation. Dennoch ließ sich der Mob zu Gewalttaten gegen Gefangene und Kollaborateure hinreißen.

Nun aber kam auch General de Gaulle, der 1940 nach England ins Exil gegangen war. Sein Einzug am 28. August über die Champs-Elysées war nicht nur eine feierliche Handlung, sondern zugleich auch ein Meisterstück in der psychologischen Führung der Massen. Die Kugeln, die um ihn pfiffen, machten ihn zu einer nahezu mythischen Gestalt. Und er stahl den Kommunisten die Schau. Der Nationalrat der Résistance wollte ihn zum Rathaus führen, wo er die Sozialistische Republik ausrufen sollte. Doch der General schritt *vor* dem Nationalrat her und drängte ihn einfach in den Schatten ab.

Am 28.8. löste de Gaulle alle bewaffneten Verbände der Pariser Résistance auf, und zwei Tage später rollten zwei US-Divisionen über die Champs-Elysées, um dem Kommunisten „Rol" und seinen Anhängern ihre überlegene Stärke zu demonstrieren. Paris hatte bald eine neue Regierung. Der Krieg zog weiter.

Für die meisten Franzosen bedeutete die Befreiung Frankreichs dann auch das Ende des Krieges. General de Lattre de Tassigny wollte den Maquis mit seiner 1. Armee verschmelzen. Aber Koenig und Larminat bildeten aus den F.F.I. ein Armeekorps, das sie gegen abgeschnittene deutsche Truppen einsetzten. Solche Umwandlungen des Maquis gab es auch in den Alpen, wo neue Bataillone von Alpenjägern und die 27. Division der Chasseurs Alpins gebildet werden konnten...

Im Zusammenhang mit den Vorgängen in Frankreich soll auch die Partisanentätigkeit auf der Insel **Korsika** kurz wiedergegeben werden.

Schon 1941 hatte das Freie Frankreich den Hauptmann Scamaroni nach Korsika geschickt. Es gelang ihm in zwei Jahren, alle dort existenten Résistance-Gruppen mit der kommunistischen zusammenzuführen. Als Anfang 1943 die Italiener die Insel besetzten, wurde Scamaroni verhaftet und gefoltert. Er nahm sich das Leben.

Die Algier-Organisation aber schickte sofort Ersatz: Major Colonna d'Istra, der mit den Kommunistenführern Giovoni und Vittori zusammenarbeitete. Der französische General Giraud sandte der korsischen Résistance Waffen, und auch die Briten übergaben 10 000 Maschinenpistolen. Die Kommunisten aber behielten die Oberhand.

Am Abend des 9.9.1943 besetzte die Résistance die Hauptstadt Ajaccio (dort wurde Napoleon geboren). Die Italiener ergaben sich kampflos, zumal auch Italien selbst kapitulierte. Hitler befahl am 12.9., die Insel zu räumen. Die SS-Brigade „Reichsführer" und die von Sardinien herangeschaffte 90. Panzergrenadierdivision zogen nun über die Straße Bonifacio-Bastia ab. Im dortigen Hafen standen schon etliche Motorschaluppen zur Evakuierung nach Elba und Livorno bereit.

Die Maquis griffen nun die Deutschen auf dem Rückmarsch an und wollten von den Amerikanern dazu Unterstützung haben; doch die hatten mit ihrer Landung in Salerno vollauf zu tun. Da sprang General Giraud ein. Mit dem U-Boot „Casablanca" ließ er am 13. 9. ein 100 Mann starkes Stoßbataillon in Ajaccio landen; 15 000 weitere Soldaten folgten mit Schiffen. Das Kommando hatte General Henry Martin. Mit Hilfe der Résistance, die bei Bonifacio, Quenza, Levie und Inzecca Überfälle ausführte, gelang es den französischen Truppen, die Deutschen über das Gebirge in Richtung Saint-Florent und Cap Corse abzudrängen. Der italienische General Magli stellte den Franzosen sogar Lastwagen, Maultiere und Artillerie zur Verfügung. Die Deutschen entkamen dennoch. General von Senger und Etterlin konnte 30 000 Soldaten und deren Waffen aus Korsika evakuieren. Erst am 4. Oktober rückte ein Marokkaner-Verband in Bastia ein.

Die Partisanen-Operationen in den **Niederlanden** vermochten den Kriegsverlauf überhaupt nicht zu beeinflussen.

Im September 1944 ordnete die Exilregierung einen Eisenbahnerstreik an, der bis zur Befreiung des Landes dauerte und den Deutschen die Errichtung einer Abwehrfront gegen die alliierte Luftlandung bei Arnheim und Nimwegen etwas hemmte, jedoch nicht verhinderte.

16.9.1944: Zur Unterstützung der 21. Armeegruppe (Montgomery) sollte bei Arnheim die 1. Alliierte Luftarmee (Breton) niedergehen. Bevor die drei Divisionen über Südholland sprangen bzw. mit Lastenseglern niedergingen, schickte das SHAEF (Alliiertes Oberkommando) mehrere V-(Verbindungs-)Leute zur holländischen Widerstandsbewegung, die in Arnheim, Nimwegen und Eindhoven losschlagen sollte. Aber zumindest einer der Agenten, vermutlich Christian Lindemanns („King-Kong"), der für die Deutschen in der gut funktionierenden Funküberwachung arbeitete, verriet ihnen, was bevorstand.

Der Oberbefehlshaber West (Rundstedt) handelte sofort. Die in der Aufstellung befindliche 1. Fallschirmjäger-Armee (Student) war zu schwach, um einer Offensive zu begegnen, und so verlegte Rundstedt Teile der bei Breskens über die Westerschelde absetzenden 15. Armee (Zangen) nach Nimwegen. Zusätzlich holte er das II. SS-Panzerkorps (Bittrich), Flak-Batterien aus dem Ruhrgebiet heran, steckte Urlauber, Lazarettinsassen in Alarmeinheiten und verstärkte sie durch holländische Polizeikräfte.

An der Brücke von Nimwegen hatte angeblich der junge holländische Widerstandskämpfer Jan van Hoof im Kugelhagel Zündschnüre herausgerissen, um die Sprengung zu verhindern. (Tags darauf starb er auf tragische Weise: Er geriet unter einen englischen Panzer.) Nach amerikanischen Unterlagen jedoch ist diese Tat nicht „hinreichend bewiesen", denn Generalfeldmarschall Walter Model hatte verboten, die so wichtige Brücke zu zerstören.

Auch die anderen Aktionen des Widerstandes mißlangen. Leute wurden verhaftet. Darunter befand sich auch Hendrik van Bakken aus der Führungsspitze; er verschwand in einem KZ.

Die britische 1. Luftlandedivision (Gale) mit der unterstellten polnischen 1. Fallschirm-Brigade (Slansky) wurde bei Arnheim aufgesplittert und erlitt schwerste Verluste. Die 101. US-Luftlandedivision (MacAuliffe) und ein belgisches Fallschirmregiment waren erfolgreicher; sie eroberten bei Veghel und Son alle Brücken des Wilhelmina- und Zuid-Willems-Kanals. Auch die bei Nimwegen abgesetzte 82. US-Luftlandedivision (Taylor) und ein belgisches Fallschirmregiment erreichten ihre Ziele und trafen mit den Truppen des XXX. englischen Panzerkorps (Harrocks), zwei Infanteriedivisionen und der holländischen Freiwilligenbrigade „Princes Irene" (Arends) zusammen.

Dennoch blieb die Luftoperation ein Fehlschlag, der den Vormarsch der Alliierten verzögerte. Die Deutschen erließen wegen des Eisenbahnerstreiks ein Lebensmittelembargo gegen die größeren Städte Westhollands. Von den östlichen Agrar- und den Limburger Kohlengebieten nunmehr abgeschnitten, kamen im „Hungerwinter" 1944/45 an die 10 000 Menschen um.

1944 wuchs sich der Partisanenkrieg in *Italien* zu einer ernsten Bedrohung für die Wehrmacht aus.

Feldmarschall Albert Kesselring, der Heeresgruppenchef, befahl am 17.6.1944: „Der Kampf gegen die Banden muß daher mit allen zur Verfügung stehenden Mitteln und mit größter Schärfe durchgeführt werden. Ich werde jeden Führer decken, der in der Wahl und Schärfe des Mittels über das bei uns übliche zurückhaltende Maß hinausgeht." Und am 1.7.1944 verfügte er:

„a) In meinem Aufruf an die Italiener habe ich den Bandenkampf mit den schärfsten Mitteln angekündigt. Diese Ankündigung darf keine leere Drohung sein. Ich mache es allen Soldaten und Polizei-Soldaten zur Pflicht, im Tatfall die schärfsten Mittel zur Anwendung zu bringen. Jeder Gewaltakt der Banden ist sofort zu ahnden.

b) Wenn Banden in größerer Zahl auftreten, ist der in diesem Bezirk wohnende, jeweils zu bestimmende Prozentsatz der männlichen Bevölkerung festzunehmen und bei vorkommenden Gewalttaten zu erschießen.

c) Werden Soldaten usw. aus Ortschaften beschossen, so ist die Ortschaft niederzubrennen. Täter und Rädelsführer sind öffentlich zu hängen …"

Über die Arbeitsweise der italienischen Partisanen soll der Bericht über die Gefangennahme und Hinrichtung Benito Mussolinis hier Aufschluß geben:

Am 19.4.1945 fuhr Mussolini („der Duce") mit seiner Mätresse Clara Petacci und Begleitung in die Festung Veltlin: 30 Wagen, darunter zwei LKW der SS mit Obersturmführer Birzer. Beim Ort Musso hatten Partisanen eine Straßensperre errichtet. Ihr Chef hieß Barbieri, und er wollte nur Deutsche durchlassen. Getarnt mit deutscher Uniform und Stahlhelm stiegen nun Mussolini und Petacci in einen deutschen Lastwagen um. Die Fahrt ging weiter.

Die nächste Partisanensperre lag in der Kleinstadt Dongo. Dort aber wurden Mussolini und Petacci erkannt und festgenommen. Der örtliche Partisanenchef war Graf Pierluigi Bellini delle Stelle. Sein Vorgesetzter in Como war Oberst Baron Giovanni Sardagna, und der meldete die Festnahme nach Mailand.

Zusammen mit Clara Petacci wurde Mussolini in ein Bauernhaus am Comer See gebracht. Am Nachmittag, um 16 Uhr, kam der Mörder: der Buchhalter Walter Audisio, in der Widerstandsbewegung als „Oberst Valerio" bekannt. Es stimmte gar nicht, daß er den Auftrag des „Nationalen Befreiungskomitees" zur Exekution besaß; vielmehr hatte ihn der Vorsitzende der KPI, Palmiro Togliatti, im Namen der Kommunistischen Partei geschickt. Graf Bellini und Baron Sardagna wollten nämlich Togliatti das Versteck nicht verraten. Der aber ordnete an, Audisio hätte Mussolini nach Mailand zu schaffen — vergaß aber zu erwähnen, daß er ihn „lebend" bringen müßte!

Über Audisios Auftreten schreibt Cartier: „Er trat ins Zimmer und sagte: ‚Beeilen Sie sich. Ich bin hier, um Sie zu retten.' Clara suchte etwas im Bett. ‚Was suchen Sie?' fragte Valerio grob. Sie antwortete einfach: ‚Mein Höschen.' Prüde Autoren zogen es vor zu sagen: ‚Meine Handtasche', als ob nicht eben die trivialsten Einzelheiten in solchen Momenten am erschütterndsten wären.

Valerio ließ Benito Mussolini und Clara Petacci in seinen Wagen steigen. Er selbst und die zwei oder drei Statisten, die ihn begleiteten, schwangen sich auf die Kotflügel. Der Chauffeur Geminazza beobachtete das Paar im Rückspiegel, er war sehr bleich, sie ganz ruhig und anscheinend ohne jede Furcht. Der Wagen fuhr ins Dorf. Valerio ließ vor einer Villa mit Gittertor halten und befahl den beiden Insassen auszusteigen. Die Berichte einiger Zeugen über die genauen Umstände, unter denen er seinen Mord ausführte, weichen ein wenig voneinander ab. Clara Petacci soll Mussolini mit ihrem Körper gedeckt und gerufen haben: ‚Nein! Ihr könnt ihn nicht umbringen!'

Die Kommunistische Partei hat dieses Verbrechen immer im dunkeln gelassen. Mit Ausnahme von Audisio-Valerio, dem Mitglied der Kommunistischen Fraktion im italienischen Parlament, der darüber schweigt, sind alle, die damit in Zusammenhang stehen, eines gewaltsamen, geheimnisvollen Todes gestorben..." – Churchill: „Wenigstens hat uns Valerio ein italienisches Nürnberg erspart."

In Dongo waren fünfzehn der verhafteten Faschisten erschossen worden, darunter Pavolini, Marcello Petacci und der Verräter Bombacci. Valerio ließ sie zusammen mit Claras und Benitos Leiche auf einem Lastwagen nach Mailand bringen, wo sie zusammen mit anderen Toten auf die Piazzale Loreto (beim Zentralbahnhof) geworfen wurden. Der frühere Generalsekretär der Faschistischen Partei, Starace, wurde in der Stadt gefangengenommen, verprügelt und vor dem Leichenhaufen erschossen. Der Mob war entfesselt. Mussolinis Leiche wurde geschlagen, verstümmelt, zerschossen und dann – zusammen mit Clara Petaccis Körper – am Gestänge einer Tankstelle, mit dem Kopf nach unten, aufgehängt.

Schlußbetrachtungen

Ausgewählte Statistiken

Nicht zuletzt aus tendenziösen Gründen werden die meisten Zahlenangaben im Kriege – zumal Verlustmeldungen – vom berichtenden Kontrahenten in der Regel zu tief, vom Gegner dagegen zu hoch angesetzt. Daher ist auch hier anzuraten, das den verschiedensten Unterlagen entnommene, in den vorangegangenen Kapiteln und auch nachfolgend aufgeführte Zahlenmaterial tunlichst mit Vorbehalt aufzunehmen. Dennoch sollen aus Vergleichs- und Informationsbelangen dem Leser diese Daten nicht vorenthalten werden.

General Ponomarenko, Chef des Zentralstabs der sowjetischen Partisanen, legte dem Partisanenkongreß schon 1942 diesen Bericht vor: 300 000 deutsche Soldaten getötet, darunter 6336 Offiziere (hiervon wieder 30 Generale) und 1520 Flieger.

Am 22.6.1943 meldete das russische Sowinform-Büro[1], daß „die Deutschen und ihre Verbündeten in den zwei zurückliegenden Jahren 6,4 Millionen Mann an Toten und Gefangenen, 56 000 Geschütze, 42 000 Panzer und 43 000 Flugzeuge verloren. Die sowjetischen Verluste beliefen sich auf 4,2 Millionen Tote und Vermißte (hierzu gehören auch Kriegsgefangene), 30 000 Geschütze, 30 000 Panzer und 23 000 Flugzeuge. Die Partisanenbewegung habe die Deutschen 300 000 Tote gekostet; außerdem hätten die Partisanen 3000 Züge und mehr als 3000 Brücken sowie Hunderte von Panzern zerstört. – Das über die Partisanen Gesagte klang sehr unwahrscheinlich, denn die Partisanenbewegung nahm erst in der zweiten Hälfte des Jahres 1943 größeren Umfang an."

Dagegen nehmen sich die Verluste im Warschauer Aufstand vom 1.8. bis 2.10.1944 (nicht zu verwechseln mit der Erhebung im Warschauer Getto 1943) geradezu unbedeutend aus, obwohl, wie hinter jeder einzelnen Zahl überhaupt, bittere Einzelschicksale stehen. Unter General Tadeusz Graf Bór-Komorowski sollen dort von den 20 000 Kämpfern rund 10 000 umgekommen sein.

Sehr beeindruckend bleiben auch die Angaben über den Partisanenkrieg in Jugoslawien. Die Zahl von (geschätzt) 1 Million jugoslawischer Partisanen ist aber nicht richtig. Das behauptet jedenfalls Churchills Verbindungsmann zu Tito, MacLean. Tito soll

---

1) Werth, Seite 455.

150 000 erwähnt haben, andere Quellen nur 80 000. Sein Heer bekam aber erst großen Zulauf in „letzter Stunde", so daß die Gesamtzahl bei 600 000 gelegen haben dürfte. Von ihnen seien 305 000 (darunter 7000 Tschetniks) umgekommen; einschließlich der getöteten Volksdeutschen soll sich diese Zahl auf 1,8 Millionen erhöhen. Andere Quellen vermelden, daß 500 000 Jugoslawiendeutsche vertrieben und 100 000 weitere ermordet wurden bzw. in Lagern starben.

Serbische Historiker behaupten, daß 750 000 bis 1 Million ihrer Landsleute von Kroaten umgebracht bzw. im KZ Jasennovac dem Tod ausgeliefert wurden. Die Kroaten wiederum geben an, 750 000 kroatische Bürger seien durch Serben oder Titos Partisanen liquidiert worden. Der sowjetische Publizist Ilja Ehrenburg nennt 450 000 Opfer durch jugoslawische Kommunisten, wovon die wenigsten „wirkliche Faschisten" gewesen wären.

Auch die Deutsche Wehrmacht und SS bezahlte im jugoslawischen Partisanenkrieg einen hohen Preis. Generaloberst Alexander Löhr, Oberbefehlshaber der Heeresgruppe E, hatte zwar mit den Amerikanern über eine Kapitulation verhandelt, doch sie wollten nur ihn und seinen Stab gefangennehmen. So kehrte er zurück, um die Waffenruhe auf kroatisch-slowenischem Territorium zu regeln. Vom Stabschef gefragt, was er persönlich von den Jugoslawen erwarte, sagte Löhr: „Mit Sicherheit den Tod!" Er wurde tatsächlich wegen Partisanen-Erschießungen abgeurteilt und im Juni 1946 hingerichtet.

Auch seinen Soldaten konnte er ein bitteres Los nicht ersparen. Von der HG E gelang es immerhin 250 000 Mann, die westlichen Linien zu erreichen; 150 000 wurden von den Westalliierten nach der Kapitulation an die Jugoslawen ausgeliefert – 50 000 (darunter 14 Generale) kehrten nicht mehr heim, die meisten waren durch Gewalt umgekommen.

Von den 150 000 Kroaten, die von den Engländern an Tito übergeben wurden, ermordeten die Partisanen schon nach der Auslieferung 5000 im Drau-Tal, 100 000 weitere bei Tezna, Prečko und Veršec.

Statistisches Material über die Partisaneneinsätze in Nord-, West- und Südeuropa wurde, soweit überhaupt verfügbar, bereits in den entsprechenden Abschnitten aufgeführt.

Lehren und Erfahrungen

Obwohl die Welt vor dem Zweiten Weltkrieg „noch keinen solchen Aufschwung eines Partisanenkampfes" (so der Sowjet-Historiker Telpuchowskij) erlebt hatte, fiel es der westlichen Generalität nicht ein, die deutschen Erfahrungen zu studieren. Sie unterstellte einfach, daß die Hitler-Troupiers mitsamt ihrer Aggressionsarmee gegenüber den Partisanen eben besonders anfällig gewesen wären. Zumal die angelsächsischen Militärs schienen in dieser Meinung durch die nach dem Zweiten Weltkrieg erfolgte Niederschlagung von Partisanenerhebungen tatsächlich bestätigt zu werden:

▷ Die von US-Offizieren geschulte Griechen-Armee besiegte im Bürgerkrieg 1946 – 49 die griechischen Rebellen.

▷ US-Guerilla-Experten zerschlugen, unterstützt durch den späteren Präsidenten Magsaysay zwischen 1946 und 1954 den Aufstand der roten Huk-Bewegung (Philippinen).

▷ Britisches Militär erstickte die kommunistische Guerilla-Rebellion 1948 und 1955 in Malaya.

Dennoch gab es keinen Grund für Genugtuung und Überheblichkeit. Denn: Die (erfolgversprechende) Partisanentaktik hatte der rotchinesische Parteiführer Mao Tse-tung zwar schon 1937 in seiner Schrift „Guerillakrieg" exakt formuliert, doch erst 10 Jahre später auch mit Gewinn praktizieren können. Er ist also der Stammvater aller Partisanenbewegungen der Nachkriegszeit geworden. Gemäß seinen Thesen handelten der Algerier Ben Bella, der Zyprer-Partisan Grivas, die Rebellen von Angola und bärtigen Kubaner. Sicher: Aufgrund der Partisanendoktrin des Strategen Mao mußten die Erhebungen in Griechenland, Malaya und auf den Philippinen einfach deshalb scheitern, weil sie gegen elementare Regeln verstießen. Nach Maos „Partisanen-Bibel" müssen die Rebellen nämlich:

▷ über ein geeignetes Gelände verfügen

▷ zur Hilfeleistung breite Bevölkerungskreise einbeziehen

▷ in einer politisch günstigen Lage operieren.

So wurde z.B. die Lage für die Partisanen in Griechenland prekär, als Tito die Hilfslieferungen einstellte. Malaya und die Philippinen wurden deshalb keine roten Erfolge, weil die Aufständler die Unterstützung des Volkes einbüßten.

Zwar bedrängten schon zwei Jahre, bevor der nordvietnamesische Guerilla-Feldherr Giap die Truppen der französischen Grande Nation in der Falle von Dien-bien-Phu verschliß, junge US-Stabsoffiziere ihre Chefs im Pentagon, sich mit der Bildung einer speziellen Einheit sowohl auf einen möglichen Partisanenkampf vorzubereiten als auch Aktionen hinter den feindlichen Linien führen zu können − doch diese Forderung traf bei den konservativen Militärs auf taube Ohren. Warum? Weil dieser Vorschlag einfach nicht von Angehörigen der „klassisch fechtenden Truppe", sondern von Geheimdienstleuten vorgetragen worden war: Brigadegeneral Edward Lansdale (er kämpfte gegen die Huk-Partisanen auf den Philippinen) und Oberst Francis Mills (Chef einer Guerilla-Abteilung im Zweiten Weltkrieg). Sie pochten natürlich auf Geheimdiensterfahrungen, die von ihren Leuten − einer Mischung aus Kommandotruppen und Partisanen – gesammelt worden waren. Ihre Vorstellungen: Die „Special Forces" (Spezialtruppe) sind ein „vorfabrizierter Generalstab", der hinter der feindlichen Front abspringt und die Führung bereits vorhandener Partisanenverbände übernimmt.

Und tatsächlich blieb das Klopfen der Geheimdienstler nicht ungehört: Präsident Eisenhower befahl (entgegen dem Murren der Armeeführer) schon 1952 die Aufstellung einer Sondertruppe für den Partisanenkrieg, eben die Special Forces.

Auf dem Übungsgelände der kriegserfahrenen 82. Luftlandedivision in Fort Bragg, North Carolina, wurde ein 500 Quadratkilometer großes Gebiet mit Kiefernwäldern und rotem Sand für Trainingszwecke hergerichtet. Dort, in ein paar alten, doppelstöckigen Holzbaracken im „Smoke Bomb Hill", entstand die erste amerikanische Guerilla-Schule, das Special Warfare Center.

Mit zugkräftigen Werbe-Slogans („Keine sturen Kommißköpfe, sondern phantasievolle Männer") wurden die GIs (US-Infanteristen) angelockt. Aber die meisten fielen durch den Rost des Prüfungsnetzes. Denn: Jeder Bewerber mußte (für Fallschirmjäger- und Guerilla-Einsätze) eine militärische Grundausbildung nachweisen, charakterlich „mature" („gereift") sein u.a.m. Allein wegen dieses Mangels wurden nach der 38wöchigen Ausbildung 20 Prozent der Anwärter wieder heimgeschickt. Dennoch melden sich jährlich an die 40 Prozent der Wehrpflichtigen. Dazu die New York Times: „Jeder Guerilla-Soldat besitzt mehr Bildung und Intelligenz, auch mehr charakterliche Reife als der normale Soldat."

Die Special Forces vermitteln in der Tat sehr viel für den Kriegseinsatz: einen Feind mit der bloßen Hand erwürgen oder mit einem vergifteten Pfeil abschießen; Überlebenstraining in Urwald und Wüste; Lehrgänge als Fallschirmjäger, Froschmann und Bergsteiger. Die 12-Mann-Teams bestehen aus: 2 Offiziere, 1 Stoßtrupp-, 1 Abwehr-Sergeant, je 1 Experte für leichte und schwere Waffen, 2 Sanitäter, 2 Funker, 2 Pioniere. Aber jedes Mitglied ist aufgrund der „Überkreuz"-Lehrgänge (cross-training) in der Lage, die Aufgaben des Nebenmannes zu übernehmen. Grundsätzlich ist auch jeder US-Guerilla darauf trainiert, hinter der feindlichen Front eine Partisanengruppe bis zu 1500 Mann zu führen. Ihre grünen Baretts (Ärgernis der Armee-Generalität) ersetzen die Generalstabsbiesen.

In der Tat bekamen die Ausbilder in Fort Bragg nahezu 1800 gut trainierte Männer zusammen, die nach Übersee abgingen:

▷ 1.Gruppe auf die Fernost-Insel Okinawa (Pazifik).

▷ 10. Gruppe in die Flint-Kaserne von Bad Tölz (Deutschland).

▷ (77. Gruppe blieb auf Abruf vorerst in Fort Bragg).

Durch das neue Gesetz (Lodge Act) kamen auch Ausländer in die Special Forces. Jetzt sind rund 25 Prozent des US-Guerillas Ostemigranten.

Kommandomäßig unterstellte Eisenhower die Special Forces dem Stabschef der Armee. Und der „brachte sie auf Vordermann". „Schleifer" der US-Army nahmen sich der Guerillas so mitleidlos an, daß viele Sondertruppler das Handtuch warfen. So ergaben sich z.B. tschechoslowakische und ungarische Anwärter verzweifelt in den Bars von Fayetteville dem Trunk.

Wen wundert es dann, wenn die Führungsoffiziere der Special Forces konterten? Sie heckten ein Unternehmen aus; mit dem Erfolg, daß die „Kommißköpfe" noch härter reagierten.

Ort des Geschehens: Sommermanöver 1955 in Louisiana, Deckname „Übung Sagebrush". Eine Handvoll Guerillas schlich nachts durch die Feindlinien und legte das gegnerische Hauptquartier lahm – einfach so.

Als Generalleutnant Adams erwachte, blieb ihm die Spucke weg: Jemand hatte ihm mit Lippenstift auf seine Schlafdecke geschrieben: „Sie sind tot!" Und seinen Jeep schmückte die Notiz: „Diese Stellung wurde von der 77. Gruppe der Special Forces zerstört!"

Auch ein Oberst der Nationalgarde wischte sich Lippenstiftspuren vom Hals, die ihm andeuteten, daß „man ihm die Kehle durchgeschnitten hatte". Es passierte noch mehr: Zwei Armee-Bataillone meldeten, das Verpflegung requiriert worden war; Munitionstransporte wurden umgeleitet; Kompanien räumten plötzlich ihre Stellungen; Frontabschnitte verwaisten einfach.

Darüber waren die militärischen Profis hell aufgebracht. Sie verlangten von der Manöverleitung die Zurückhaltung der Special Forces, und sie waren wirklich sauer; sie verboten den Guerillas, weiterhin das grüne Barett zu tragen.

Aber als Kennedy ins Weiße Haus einzog, gab er den Sondersoldaten ihre grüne Kopfbedeckung wieder zurück. Man wußte es ihm zu danken: Fort Bragg wurde in „John F. Kennedy Special Warfare Center" umbenannt. Der Präsident gab Befehl, die Spezialtruppe bis 1961 auf 5000, Ende 1963 auf 10 000 Mann aufzustocken. Doch die Sache dauerte. Neuer Boß wurde William B. Rosson. Er führte die Spezialeinheit ins Feld: nach Südvietnam.

Ende 1960 hatten die Kommunistischen Parteien auf dem Moskauer Weltkongreß die verstärkte Hilfe für „Nationale Befreiungskriege" proklamiert. Daraufhin waren rote Partisanen, „Vietkong" genannt, nach Südvietnam eingedrungen, das seit Ende des Indochinakrieges (1954) unter amerikanischer Schutzherrschaft stand. Der von Nordvietnam nicht erklärte Angriff der roten Partisanen richtete sich gegen den militanten Katholiken Ngo Dinh Diem und zeigte bald Fortschritte. Schon Anfang 1955 beherrschten die Vietkong große Teile der Provinzen; sie saßen im Camau-Delta und im Waldgebiet bei Saigon.

Die Meldungen der Guerilla-Fachleute ließen wenig Hoffnung:

Rote hatten die ersten Stufen von Maos Partisanen-Aufbau bewältigt und gingen zum konventionellen Krieg über.

Kennedy gab den Special Forces grünes Licht. General Rosson arbeitete einen Vernichtungsplan für die Partisanen aus, und während Einheiten der US-Pazifikflotte Südvietnams Küste gegen rote Landeunternehmen abriegelten, 2 Hubschrauber- und 2 Nachschubkompanien nach Südvietnam flogen, Kennedy ein militärisches Sonderkommando Vietnam (4500 Mann) befahl, vollendete Rosson seinen Einsatz-Entwurf: „Operation Sonnenaufgang":

▷ Umrüstung der südvietnamesischen Armee durch Männer der Special Forces

▷ Entlastungsangriff vietnamesisch-amerikanischer Guerillas hinter dem Bambusvorhang des roten Nachschubzentrums in Nordvietnam.

▷ Systematisches Freikämmen der partisanenverseuchten Gebiete Südvietnams; Umsiedlung der dort lebenden Bevölkerung und Errichtung befestigter Wehrdörfer.

Rossons Operationsschwerpunkt waren die 50 km von Saigon entfernten Partisanen-Wälder ...

Wie bekannt, vermochten weder die Special Forces noch die regulären US-Truppen den Vietnam-Krieg für sich positiv zu entscheiden. Der gewiefte rote Stratege, General Vo Nguyen Giap, damals 55, ehemaliger Rechtsanwalt, trickste die Amerikaner mit Maos Konzepten total aus: im Grunde mit den sublimierten Mitteln der „Nadelstich"- und „Motti"-Taktik, die dort neue Urstände feierten.

Wie kam damals eigentlich Mao Tse-tung selbst zurecht mit seinem Dogma der doppelten Rolle des Partisanenkrieges? Im Bürgerkrieg 1946 bis 1949 befehligte Marschall Tschiang Kai-schek an die 4 Millionen Soldaten; er war damit den Kommunisten vierfach überlegen. Dennoch kontrollierten Maos 900 000 Streiter bald 16 Distrikte mit über 100 Millionen Einwohnern.

Im siebenjährigen Algerienkrieg erprobten Frankreichs Kolonial-Obristen die bei General Giap in Dien-bien-Phu gelernten Lektionen, von der psychologischen Beeinflussung der Bevölkerung über die Methodik des Partisanenkampfes bis hin zur systematischen Anwendung der Folter. Von 1957 – 58 säuberte General Massus' berühmt-berüchtigte 10. Fallschirmjägerdivision die Stadt Algier Straße für Straße von Bombenlegern und Moslems. Doch der Erfolg dauerte nicht lange.

Auf Zypern scheiterten die Briten ebenfalls an den Partisanen. Die EOKA-Kämpfer des pensionierten griechischen Obersten Georgios Grivas (genannt „Dighenis") brachten ihnen eine militärische und „empfindliche moralische Niederlage" bei.

Nicht zu vergessen Fidel Castro. Mit nur zwölf Verschworenen startete er seinen Partisanenkrieg im Dezember 1956 in der unwegsamen Sierra Maestra auf Kuba gegen den Diktator Batista, der am Neujahrstag 1959 ins Exil floh. Aus einer Handvoll bärtiger Fidelisten war ohne viel Blutvergießen eine Armee geworden, die in Havanna einmarschierte. Einer der Ideologen des Partisanenkrieges war der Arzt Dr. Ernesto Guevara. Sein Buch „La Guerra de Guerillas" erschien 1962 sogar in der DDR unter dem Titel „Der Partisanenkrieg".

Auch in Griechenland waren die Partisanen lange am Werk. Sechs Monate brauchte die griechische Armee, um die „Griechische Volksbefreiungsarmee" (ELAS) zu besiegen, die von der Sowjetunion, Albanien, Bulgarien und Jugoslawien unterstützt worden war...

Eine Darstellung der Partisanentätigkeit in den von den Deutschen besetzten Ländern verlangt zumindest, auch die konspirativen Bezüge zu den Widerstandselementen in Deutschland selbst zu erwähnen, wenn auch die volle Wiedergabe deutscher subversiver Aktivitäten in diesem Rahmen nicht erwartet werden kann. Zudem gibt es genügend Literatur über den Widerstand in Deutschland bis hin zum Attentat auf Hitler am 20. Juli 1944 und dem Freislerschen Volksgerichtshof.

Hier soll nur soviel angeführt werden: In Deutschland existierten während des Krieges drei Widerstandsbewegungen: Kommunisten, Agitationszirkel und Patrioten. Ein Zusammenwirken dieser divergierenden Gruppen verbot sich sowohl aus substantiellen Motivationen als auch aus praktischen Erwägungen heraus (eine größere Organisation erfordert einen aufwendigeren Führungsapparat und ist zudem leichter zu entdecken). Die Praxis zeigte die Unterschiede. Die Kommunisten erhielten ihre Weisungen und Spionageaufträge aus Moskau; die „Kreise" betrieben den Widerstand mehr agitativ und „vom Geiste her"; die Nationalisten wiederum waren nur auf Hitlers Sturz und die Konservierung des Reichsgedankens aus. Doch alle lauteren Absichten, die Diktatur beseitigen zu können, mußten nach dem mißglückten Hitler-Attentat begraben werden — genauso wie die „Werwolf"-Idee und die Aktionen des „Komitees freies Deutschland" ehemaliger Wehrmachtsgefangener bei den Russen: Beide blieben nur unbedeutende Flügelschläge im Sturm des Krieges.

Anhang

Erklärung der Abkürzungen

alban. = albanisch
a.D. = außer Dienst
alg. = algerisch
am. = amerikanisch
Antifa = Antifaschistische Bewegung
AOK = Armee-Oberkommando
BBC = Britischer Rundfunk
belg. = belgisch
bosn. = bosnisch
brit. = britisch
bulg. = bulgarisch
chines. = chinesisch
dän. = dänisch
DDR = Deutsche Demokratische Republik
Div.Gef.St. = Divisionsgefechtsstand
dt. = deutsch
engl. = englisch
evtl. = eventuell
F.F.I. = Forces francaises de l'Interieur
finn. = finnisch
Flak = Flugzeug-Abwehrkanone
Frhr. = Freiherr
frz. = französisch
Gen.Feldm. = Generalfeldmarschall
Gen.-Gouv. = Generalgouverneur
Gestapo = Geheime Staatspolizei
GI = amerikanischer Infanterist

GPU = russische Geheimpolizei
griech. = griechisch
herz. = herzegowinisch
HG = Heeresgruppe
Hiwi = Hilfswilliger
HLKO = Haager Landkriegsordnung
Hptm. = Hauptmann
ID = Infanteriedivision
IR = Infanterieregiment
it. = italienisch
jug. = jugoslawisch
km = Kilometer
Komm. = Kommunist
kors. = korsisch
Korück = Kommandeur im rückwärtigen Gebiet
KP = Kommunistische Partei der Sowjetunion
KPdSU = Kommunistische Partei
Kpt. = Kapitän
kroat. = kroatisch
k.u.k. = kaiserlich und königlich
KZ = Konzentrationslager
lett. = lettisch
lit. = litauisch
LKW = Lastkraftwagen
Marsch. = Marschall
MG = Maschinengewehr
Min. = Minister
mm = Millimeter
MP = Maschinenpistole
Nazi = Nationalsozialist
ndl. = niederländisch

NKWD = GPU
norw. = norwegisch
NS = Nationalsozialismus
o.a. = oben angeführt
OB = Oberbefehlshaber
OBL = Oberbefehlshaber der
Luftwaffe
Obstltn. = Oberstleutnant
öst. = österreichisch
OKH = Oberkommando des
Heeres
OKW = Oberkommando der
Wehrmacht
O.S.S. = Office of Strategic
Service
Pak = Panzer-Abwehrkanone
Part. = Partisan
PD = Panzerdivision
PGD = Panzergrenadier-
division
phil. = philippinisch
PKW = Personenkraftwagen
poln. = polnisch
RAF = britische Luftwaffe
rum. = rumänisch
schwed. = schwedisch
SD = Staatssicherheits-
dienst
SHAEF = alliiertes Oberkom-
mando
SIPO = Sicherheitspolizei

slowak. = slowakisch
slowen. = slowenisch
S.O.E. = Special Operations
Executive
sowj. = sowjetisch
SS = Schutzstaffel
STAWKA = sowjetisches
Oberkommando
Stuka = Sturzkampfflugzeug
SU = Sowjetunion
tschech. = tschechisch
tschechoslow. = tschecho-
slowakisch
tschetschen. = tschetschenisch
u.a. = unter anderem
u.a.m. = und andere mehr
u.ä. = und ähnliches
UdSSR = Union der Sozia-
listischen Sowjetrepubliken
ukr. = ukrainisch
UN = Vereinte Nationen
ung. = ungarisch
UNRRA = Hilfsorganisation
der UN
USA = Vereinigte Staaten von
Amerika
vietn. = vietnamesisch
V-Mann = Verbindungsmann
WOSO = sowjetischer Spe-
zialdienst
ZK = Zentralkomitee

Quellennachweis

Carell: Unternehmen Barba-
rossa
Carell: Verbrannte Erde
Cartier: Der 2. Weltkrieg
Churchill: 2. Weltkrieg
Collins/Lepierre: Brennt
Paris?
Craig: Schlacht um Stalingrad
Dahms: Der 2. Weltkrieg
Deschner: Reinhard Heydrich
Djilas: Der Krieg der Partisanen

Dreyfus: Résistance
DTV: Hitlers Weisungen für
die Kriegsführung
DTV: Lagebesprechungen
DTV: Die Niederlage
Erfurth: Der finnische Krieg
Forster: Die Welt im Krieg
de Gaulle: Memoiren
Gosztony: Endkampf an der
Donau
Gruchmann: Der 2. Weltkrieg

Hart: Geschichte des
   2. Weltkriegs
Horne: Frankreichfeldzug
   1940
Jacobsen: Der 2. Weltkrieg ·
Jones: 2. Weltkrieg
Kesselring: Soldat bis zum
   letzten Tag
Knobelsdorff: Geschichte der
   19. Panzerdivision
Mäkelä: Im Rücken des
   Feindes
Morozow: Leonid Breschnew
Paul: Die Schlacht um
   Moskau
Pawlow: Blockade von Lenin-
   grad
Payne: Stalin

Ròbichon: Invasion Provence
Ruef: Gebirgsjäger zwischen·
   Kreta und Murmansk
Rullmann: Tito
Schramm: Kriegstagebuch
   OKW 1940 – 1945
Schroers: Der Partisan
Schukow: Erinnerungen und
   Gedanken
Schwarz: Kosaken
Seaton: Der deutsch-russische
   Krieg
Shirer: Zusammenbruch
   Frankreichs, 2 Bände
Snyder: The War
Ströhm: Tito
Werth: Rußland im Kriege

Aus dem Tagebuch Halders vom 30.3.1941

„Unsere Aufgaben gegenüber Rußland: Wehrmacht zerschlagen, Staat auflösen ... *Kampf zweier Weltanschauungen gegeneinander.* Vernichtendes Urteil über Bolschewismus, ist gleich asoziales Verbrechertum. Kommunismus ungeheure Gefahr für die Zukunft. Wir müssen vom Standpunkt des soldatischen Kameradentums abrücken. Der Kommunist ist vorher kein Kamerad und nachher kein Kamerad. Es handelt sich um einen Vernichtungskampf. Wenn wir es nicht so auffassen, dann werden wir zwar den Feind schlagen, aber in 30 Jahren wird uns wieder der kommunistische Feind gegenüberstehen. Wir führen nicht Krieg, um den Feind zu konservieren.

Kampf gegen Rußland: Vernichtung der bolschewistischen Kommissare und der kommunistischen Intelligenz. Die neuen Staaten müssen sozialistische Staaten sein, aber ohne eigene Intelligenz. Es muß verhindert werden, daß eine neue Intelligenz sich bildet. Hier genügt eine primitive sozialistische Intelligenz.

Der Kampf muß geführt werden gegen das Gift der Zersetzung. Das ist keine Frage der Kriegsgerichte. Die Führer der Truppe wissen, worum es geht. Sie müssen in dem Kampf führen. Die Truppe muß sich mit den Mitteln verteidigen, mit denen sie angegriffen wird. Kommissare und GPU-Leute sind Verbrecher und müssen als solche behandelt werden.

Deshalb braucht die Truppe nicht aus der Hand der Führer zu kommen. Der Führer muß seine Anordnungen im Einklang mit dem Empfinden der Truppe treffen.

Der Kampf wird sich sehr unterscheiden vom Kampf im Westen. Im Osten ist Härte mild für die Zukunft. Die Führer müssen von sich das Opfer verlangen, ihre Bedenken zu überwinden ...“

„Kommissar-Befehl“

Aus den *„Richtlinien für die Behandlung politischer Kommissare“* der Roten Armee vom 6.6.1941 (Auszug):

„Im Kampf gegen den Bolschewismus ist mit einem Verhalten des Feindes nach den Grundsätzen der Menschlichkeit oder des Völkerrechts nicht zu rechnen. Insbesondere ist von den politischen Kommissaren aller Art als den eigentlichen Trägern des Widerstandes eine haßerfüllte, grausame und unmenschliche Behandlung unserer Gefangenen zu erwarten.

Die Truppe muß sich bewußt sein:

1. In diesem Kampf ist Schonung und völkerrechtliche Rücksichtnahme diesen Elementen gegenüber falsch. Sie sind eine Ge-

fahr für die eigene Sicherheit und die schnelle Befriedung der eroberten Gebiete.

2. Die Urheber barbarisch asiatischer Kampfmethoden sind die politischen Kommissare. Gegen diese muß daher sofort und ohne Weiteres mit aller Schärfe vorgegangen werden. Sie sind daher, wenn im Kampf oder Widerstand ergriffen, aus den Gefangenen sofort, das heißt noch auf dem Gefechtsfeld, abzusondern. Diese Kommissare werden nicht als Soldaten anerkannt. Sie sind nach durchgeführter Absonderung grundsätzlich sofort mit der Waffe zu erledigen..."

Weisung des OKN

Der Chef   FHQu, 16. September 1941
des Oberkommandos der Wehrmacht 40 Ausfertigungen
WFSt/Abt. L (IV/Qu)   25. Ausfertigung
Nr. 002060/41 g.Kdos.
Geheime Kommandosache

Betr.: Kommunistische Aufstandsbewegung in den besetzten Gebieten

1. Seit Beginn des Feldzuges gegen Sowjetrußland sind in den von Deutschen besetzten Gebieten allenthalben kommunistische Aufstandsbewegungen ausgebrochen. Die Formen des Vorgehens steigern sich von propagandistischen Maßnahmen und Anschlägen gegen einzelne Wehrmachtsangehörige bis zu offenem Aufruhr und verbreitetem Bandenkrieg.

Es ist festzustellen, daß es sich hierbei um eine von Moskau einheitlich geleitete Massenbewegung handelt, der auch die geringfügig erscheinenden Einzelvorfälle in bisher sonst ruhigen Gebieten zur Last zu legen sind.

Angesichts der vielfachen politischen und wirtschaftlichen Spannungen in den besetzten Gebieten muß außerdem damit gerechnet werden, daß *nationalistische und andere Kreise* diese Gelegenheit ausnutzen, um durch Anschluß an den kommunistischen Aufruhr Schwierigkeiten für die deutsche Besatzungsmacht hervorzurufen.

Auf diese Weise entsteht in zunehmendem Maße eine *Gefahr für die deutsche Kriegführung,* die sich zunächst in einer allgemeinen Unsicherheit für die Besatzungstruppe zeigt und auch bereits zum Abzug von Kräften nach den hauptsächlichen Unruheherden geführt hat.

2. Die *bisherigen Maßnahmen,* um dieser allgemeinen kommunistischen Aufstandsbewegung zu begegnen, haben sich *als unzureichend erwiesen.*

Der Führer hat nunmehr angeordnet, daß *überall mit den schärfsten Mitteln* einzugreifen ist, um die Bewegung in kürzester Zeit niederzuschlagen.

Nur auf diese Weise, die in der Geschichte der Machterweiterung großer Völker immer mit Erfolg angewandt worden ist, kann die Ruhe wiederhergestellt werden.

3. Hierbei ist nach folgenden *Richtlinien* zu verfahren:

a) Bei *jedem Vorfall* der Auflehnung gegen die deutsche Besatzungsmacht, gleichgültig wie die Umstände im einzelnen liegen mögen, muß auf kommunistische Ursprünge geschlossen werden.

b) Um die Umtriebe im Keime zu ersticken, sind *beim ersten Anlaß* unverzüglich die schärfsten Mittel anzuwenden, um die Autorität der Besatzungsmacht durchzusetzen und einem weiteren Umsichgreifen vorzubeugen. Dabei ist zu bedenken, daß ein Menschenleben in den betroffenen Ländern vielfach nichts gilt und eine abschreckende Wirkung nur durch ungewöhnliche Härte erreicht werden kann. Als Sühne für ein deutsches Soldatenleben muß in diesen Fällen im allgemeinen die Todesstrafe für 50 – 100 Kommunisten als angemessen gelten. Die Art der Vollstreckung muß die abschreckende Wirkung noch erhöhen.

Das umgekehrte Verfahren, zunächst mit verhältnismäßig milden Strafen vorzugehen und zur Abschreckung sich mit Androhung verschärfter Maßnahmen zu begnügen, entspricht diesen Grundsätzen nicht und ist daher nicht anzuwenden.

c) Die *politischen Beziehungen* zwischen Deutschland und dem betroffenen Lande sind für das Verhalten der militärischen Besatzungsbehörde nicht maßgebend.

Es ist vielmehr zu bedenken und auch propagandistisch herauszustellen, daß scharfes Zugreifen auch die einheimische Bevölkerung von den kommunistischen Verbrechern befreit und ihr damit selbst zugute kommt.

Eine geschickte Propaganda dieser Art wird infolgedessen auch nicht dazu führen, daß sich aus den scharfen Maßnahmen gegen die Kommunisten unerwünschte Rückwirkungen in den gutgesinnten Teilen der Bevölkerung ergeben.

d) *Landeseigene Kräfte* werden im allgemeinen zur Durchsetzung solcher Gewaltmaßnahmen versagen. Ihre Verstärkung bringt erhöhte Gefahren für die eigene Truppe mit sich und muß daher unterbleiben.

Dagegen kann von Prämien und Belohnungen für die Bevölkerung in reichem Maße Gebrauch gemacht werden, um ihre Mithilfe in geeigneter Form zu sichern.

e) Soweit ausnahmsweise *kriegsgerichtliche Verfahren* in Verbindung mit kommunistischem Aufruhr oder mit sonstigen Verstößen gegen die deutsche Besatzungsmacht anhängig gemacht werden sollten, sind die schärfsten Strafen geboten.

Ein wirkliches Mittel der Abschreckung kann hierbei nur die Todesstrafe sein. Insbesondere müssen Spionagehandlungen, Sabotageakte und Versuche, in eine fremde Wehrmacht einzutreten, grundsätzlich mit dem Tode bestraft werden. Auch bei Fällen des unerlaubten Waffenbesitzes ist im allgemeinen die Todesstrafe zu verhängen.

Die *Befehlshaber in den besetzten Gebieten* sorgen dafür, daß diese Grundsätze allen militärischen Dienststellen, die mit der Behandlung kommunistischer Aufruhrmaßnahmen befaßt werden, unverzüglich bekanntgegeben werden.

(...gt. Verteiler)

Keitel

Richtlinien zur Weisung Nr. 21a

[21a]
Oberkommando der Wehrmacht

F.H.Qu., den 13. März 1941

WFSt/Abt. L (IV/Qu)
44125/41 g.K.Chefs.
Geheime Kommandosache
Chefsache   5 Ausfertigungen
Nur durch Offizier   4. Ausfertigung
Bezug: WFSt/Abt. L (I) Nr. 33408/40 g.K. Chefs. v. 18.12.40
Richtlinien auf Sondergebieten zur Weisung Nr. 21 (Fall Barbarossa)

I. *Operationsgebiet und vollziehende Gewalt*

1.) In *Ostpreußen* und im *Generalgouvernement* werden spätestens 4 Wochen vor Operationsbeginn durch OKW die *innerhalb der Wehrmacht* für ein Operationsgebiet gültigen Befehlsbefugnisse und Bestimmungen für die Versorgung in Kraft gesetzt werden.

Vorschlag legt OKH zeitgerecht nach Einvernehmen mit Ob.d.L. vor.

Eine *Erklärung* Ostpreußens und des Generalgouvernements zum *Operationsgebiet des Heeres ist nicht beabsichtigt*. Dagegen ist der Ob.d.H. aufgrund der nichtveröffentlichten Führererlasse vom 19. und 21.10.1939 berechtigt, diejenigen Maßnahmen anzuordnen, die zur Durchführung seines militärischen Auftrages und zur Sicherung der Truppe notwendig sind. Diese Ermächtigung kann er auf die Oberbefehlshaber der Heeresgruppen und Armeen weiter übertragen. Derartige Anordnungen gehen allen anderen Obliegenheiten und den Weisungen ziviler Stellen vor.

2.) Das im Zuge der Operationen zu besetzende *russische Gebiet* soll, sobald der Ablauf der Kampfhandlungen es erlaubt, nach besonderen Richtlinien in Staaten mit eigenen Regierungen aufgelöst werden.

Hieraus folgert:

a) Das mit dem Vorgehen des Heeres über die Grenzen des Reiches und der Nachbarstaaten gebildete *Operationsgebiet* des Heeres ist der Tiefe nach soweit als möglich zu beschränken. Der Ob.d.H. hat die Befugnis, in diesem Gebiet die vollziehende Gewalt auszuüben mit der Ermächtigung, sie auf die Oberbefehlshaber der Heeresgruppen und Armeen zu übertragen.

b) Im Operationsgebiet des Heeres erhält der *Reichsführer SS* zur Vorbereitung der *politischen Verwaltung Sonderaufgaben* im Auftrage des Führers, die sich aus dem endgültig auszutragenden Kampf zweier entgegengesetzter politischer Systeme ergeben. Im Rahmen dieser Aufgaben handelt der Reichsführer SS selbständig und in eigener Verantwortung. Im übrigen wird die dem Ob.d.H. und den von ihm beauftragten Dienststellen übertragene vollziehende Gewalt hierdurch nicht berührt. Der Reichsführer SS sorgt dafür, daß bei Durchführung seiner Aufgaben die Operationen nicht gestört werden. Näheres regelt das OKH mit dem Reichsführer SS unmittelbar.

c) Sobald das Operationsgebiet eine ausreichende Tiefe erreicht hat, wird es *rückwärts begrenzt*. Das neubesetzte Gebiet rückwärts des Operationsgebietes erhält eine eigene *politische* Verwaltung. Es wird entsprechend den volkstumsmäßigen Grundlagen und in Anlehnung an die Grenzen der Heeresgruppen zunächst in *Nord (Baltikum), Mitte (Weißrußland), und Süd (Ukraine) unterteilt*. In diesen Gebieten geht die *politische Verwaltung auf Reichskommissare über,* die ihre Richtlinien vom Führer empfangen.

3.) Zur Durchführung aller *militärischen Aufgaben* in den politischen Verwaltungsgebieten rückwärts des Operationsgebietes werden *Wehrmachtsbefehlshaber* eingesetzt, die dem Chef des Oberkommandos der Wehrmacht unterstehen.

Der Wehrmachtsbefehlshaber ist der *oberste Vertreter der Wehrmacht* in dem betreffenden Gebiet und übt die *militärischen Hoheitsrechte* aus. Er hat die *Aufgaben eines Territorialbefehlshabers* und die Befugnisse eines Armee-Oberbefehlshabers bzw. Kommandierenden Generals.

In dieser Eigenschaft obliegen ihm vor allem folgende Aufgaben:

a) Enge Zusammenarbeit mit dem Reichskommissar, um ihn in seiner politischen Aufgabe zu unterstützen.

b) Ausnutzung des Landes und Sicherung seiner wirtschaftlichen Werte für die Zwecke der deutschen Wirtschaft (s. Ziff. 4).

c) Ausnutzung des Landes für die Versorgung der Truppe nach den Anforderungen des O.K.H.

d) Militärische Sicherung des gesamten Gebietes, vor allem der Flughäfen, Nachschubstraßen und Nachschubeinrichtungen gegen Aufruhr, Sabotage und feindliche Fallschirmtruppen.

e) Straßenverkehrsregelung.

f) Regelung der Unterkunft für Wehrmacht, Polizei und Organisationen, für Kriegsgefangene, sofern sie in den Verwaltungsgebieten bleiben.

Gegenüber den *zivilen* Dienststellen hat der Wehrmachtsbefehlshaber das Recht, die Maßnahmen anzuordnen, die zur Durchführung der militärischen Aufgaben erforderlich sind. Seine Anordnungen auf diesem Gebiet gehen allen anderen, auch denen der Reichskommissare, vor. Dienstanweisung, Aufstellungsbefehl und Anweisungen über die Zuteilung der Kräfte folgen gesondert.

Der Zeitpunkt der *Befehlsübernahme* durch die Wehrmachtsbefehlshaber wird befohlen werden, sobald die militärische Lage einen Wechsel in den Befehlsverhältnissen ohne Störung der Operationen zuläßt. Bis dahin bleiben die vom O.K.H. eingesetzten Dienststellen nach denselben Grundsätzen, wie sie für die Wehrmachtsbefehlshaber festgelegt sind, in Tätigkeit.

4.) Mit der einheitlichen Leitung der *Wirtschaftsverwaltung* im Operationsgebiet und in den politischen Verwaltungsgebieten hat der Führer den Reichsmarschall beauftragt, der diese Aufgabe dem *Chef des Wi Rü Amtes* übertragen hat. Besondere Richtlinien hierzu ergehen vom OKW/Wi Rü Amt.

5.) Die Masse der *Polizeikräfte* wird den Reichskommissaren unterstellt. Forderungen auf Unterstellung von Polizeikräften im Operationsgebiet werden vom O.K.H. frühzeitig an OKW/ WFSt/Abt. Landesverteidigung erbeten.

6.) Das Verhalten der Truppe gegenüber der Bevölkerung und die Aufgaben der *Wehrmachtsgerichte* werden gesondert geregelt und befohlen werden.

II. Personen-, Waren- und Nachrichtenverkehr.

7.) Für die *vor Beginn der Operationen* erforderlichen Maßnahmen zur Beschränkung des Personen-, Waren- und Nachrichtenverkehrs nach Rußland ergehen durch OKW/WFSt besondere Richtlinien.

8.) *Mit Beginn der Operationen* ist die deutsch-sowjetrussische Grenze, später die rückwärtige Grenze des Operationsgebietes durch den Ob.d.H. für jeden nichtmilitärischen Personen-, Waren- und Nachrichtenverkehr mit Ausnahme der vom Reichsführer SS nach Weisung des Führers einzusetzenden Polizeiorgane, zu sperren. Unterkunft und Versorgung dieser Organe regelt OKH-Gen. Qu., der hierzu beim Reichsführer SS die Abstellung von Verbindungsoffizieren anfordern kann.

Die Grenzsperre erstreckt sich auch auf leitende Persönlichkeiten und Beauftragte der Obersten Reichsbehörden und Dienststellen der Partei. OKW/WFSt wird die Obersten Reichsbehörden und Parteidienststellen dementsprechend benachrichtigen. Über Ausnahmen von dieser Grenzsperre entscheiden der Ob.d.H. und die von ihm beauftragten Dienststellen.

Von den für die Polizeiorgane des Reichsführers SS nötigen Sonderregelungen abgesehen, sind Anträge auf Einreisegenehmigungen ausschließlich an den Ob.d.H. zu leiten.

III. Richtlinien für Rumänien, Slowakei, Ungarn und Finnland.

9.) Die erforderlichen Vereinbarungen mit diesen Staaten werden entsprechend den Anträgen der Oberkommandos vom OKW in Verbindung mit dem Auswärtigen Amt getroffen. Soweit darüber hinaus im weiteren Verlauf der Operationen besondere Rechte sich als notwendig erweisen sollten, sind sie beim OKW zu beantragen.

10.) *Polizeiliche Maßnahmen* zum unmittelbaren Schutz der Truppe sind, unabhängig von der Übertragung besonderer Rechte, zulässig.

Weitere Anordnungen hierüber ergehen später.

11.) *Besondere Anordnungen* für den Bereich dieser Staaten über:

Beschaffung von Verpflegung und Futtermitteln,

Unterkunft und Gerät,

Ankauf und Warenversand,

Geldversorgung und Zahlungsregelung,

Besoldung,

Schadenersatzansprüche,

Post- und Telegrafenwesen,

Verkehrswesen,

Gerichtsbarkeit,

folgen später.

Wünsche der Wehrmachtteile und Dienststellen des OKW auf diesen Gebieten an die Regierungen dieser Länder sind dem OKW/WFSt/Abt. Landesverteidigung bis zum 27. März 1941 *anzumelden.*

IV. Richtlinien für Schweden.

12.) Da Schweden lediglich Durchmarschgebiet werden *kann,* sind für den Befehlshaber der deutschen Truppen keine besonderen Befugnisse vorgesehen. Er ist jedoch berechtigt und verpflichtet, den unmittelbaren Schutz der Eisenbahntransporte gegen Sabotageakte und Angriffe sicherzustellen.

Der Chef des Oberkommandos der Wehrmacht
gez. Keitel

Verteiler:

Ob.d.H.	1. Ausfertigung
Ob.d.M.	2. Ausfertigung
R.d.L. u. Ob.d.L.	3. Ausfertigung
W.F.St.	4. Ausfertigung
Abt. L	5. Ausfertigung

[Druck: IMT XXVI S. 47 – 52.]

Weisung Nr. 31a

[31 a]

Der Führer und Oberste Befehlshaber   F.H.Qu., den 16.9.41
der Wehrmacht
OKW/WFSt/Abt. L (I Op.)
Nr. 441538/41 g.K. Chefs.
Chefsache   22 Ausfertigungen
Nur durch Offizier   11. Ausfertigung

1.) Ich beauftrage den *Wehrmachtsbefehlshaber im Südosten,* Generalfeldmarschall List, mit der Niederschlagung der Aufstandsbewegung im Südostraum.

Es kommt zunächst darauf an, im serbischen Gebiet die Verkehrswege und die für die deutsche Kriegswirtschaft wichtigen Objekte zu sichern und dann auf weite Sicht im Gesamtraum mit den schärfsten Mitteln die Ordnung wiederherzustellen.

In Kroatien (bis zur Demarkationslinie) sind die gegen Banden gebotenen Maßnahmen im Benehmen mit der kroatischen Regierung durch Vermittlung des Deutschen Generals in Agram zu treffen.

2.) *Für die Dauer der Durchführung* dieser Aufgaben sind alle im Aufstandsgebiet befindlichen, beziehungsweise dorthin zuzuführenden Kräfte des Heeres unter dem Befehl des Kommandierenden Generals des XVIII. A.K., General der Infanterie Böhme, zusammenzufassen. Dieser übt im Aufstandsgebiet selbst nach Anweisung des W.Bfh. Südost die vollziehende Gewalt aus. Alle militärischen und zivilen Dienststellen sind insoweit an seine Anweisungen gebunden.

Die nähere Abgrenzung seiner Befugnisse regelt der W.BfH. Südost. Die Belange des Vorjahresplanes sind grundsätzlich zu berücksichtigen.

3.) Ob.d.H. führt in das serbische Gebiet außer weiteren Sicherungskräften (diese auch für Kroatien) zunächst eine Infanterie-Division, Panzerzüge und Beutepanzer zu und bereitet für den Bedarfsfall die Zuführung einer weiteren Division vor, sobald eine solche im Osten frei wird.

Die Maßnahmen bitte ich im einzelnen dem Oberkommando der Wehrmacht zu melden.

4.) Ob.d.L. unterstützt wie bisher die Unternehmungen im Aufstandsgebiet mit den hierfür verfügbaren Kräften und benennt dem W.Bfh. Südost einen Führer für die taktische Zusammenarbeit mit dem Gen.d.Inf. Böhme.

5.) *Ungarische, rumänische* und *bulgarische* Heeres- und Fliegerkräfte können ohne Genehmigung des Oberkommandos der Wehrmacht zu den Operationen nicht herangezogen, dagegen zum Schutz des Donauverkehrs angebotene ungarische und rumänische Boote neben der Donau-Flottille eingesetzt werden. Ihre Aufgaben sind unter entsprechendem Einsatz der deutschen Flottille so zu regeln, daß gegenseitige Berührung vermieden wird.

Die Verwendung *kroatischer* Truppen in den Kroatien benachbarten serbischen Grenzräumen ist von der kroatischen Regierung zugestanden und kann daher stattfinden.

Das *italienische Oberkommando* wird von den beabsichtigten Maßnahmen verständigt und gebeten werden, in Verbindung mit dem Wehrmachtsbefehlshaber Südost entsprechend in dem von den Italienern besetzten Raum durchzugreifen.

6.) Das *Auswärtige Amt* wird eine gemeinsame *politische Aktion* der Balkanstaaten gegen die kommunistischen Leitstellen in diesen Ländern durchführen.

W.Bfh. Südost wird durch den Vertreter des Reiches hierüber näher unterrichtet.

Verteiler:

W.Bfh. Südost	*1. Ausf.*
Mil. Bfh. Serbien	*2. Ausf.*
Dt. Gen. in Agram	*3. Ausf.*
Dt.Wehrm. Miss. in Rumänien	*4. Ausf.*
Dt. Gen. b. H. Qu. d. ital. Wehrm.	*5. Ausf.*

Ob.d.H. (O. Qu I)	6. Ausf.
(Op.Abt.)	7. Ausf.
Ob.d.M. (Skl.)	8. Ausf.
Ob.d.L. (LwFüSt.)	9. Ausf.
Wehrm.Trsp. Chef	10. Ausf.
OKW:	
WFSt.	11. Ausf.
Abt. L	12. – 17. Ausf.
WNV	18. Ausf.
WPr	19. Ausf.
Ausl./Abw.	20. Ausf.
Abt. Ausl.	21. Ausf.
Wi Rü Amt	22. Ausf.

[Nach einer Photokopie des Entwurfs-Exemplars im Staatl. Archivlager Göttingen, Abt. Zeitgeschichte.]

Weisung Nr. 46

[46]
Der Führer   F.H. Qu., den 18.8.42
OWK/WFSt/Op. Nr. 002821/42 g.K.   30 Ausfertigungen
Geheime Kommandosache

24. Ausfertigung

Weisung Nr. 46: Richtlinien für die verstärkte Bekämpfung des Bandenunwesens im Osten

A) Allgemeines

I.) *Das Bandenunwesen im Osten* hat in den letzten Monaten einen nicht mehr erträglichen Umfang angenommen und droht zu einer ernsten Gefahr für die Versorgung der Front und die wirtschaftliche Ausnützung des Landes zu werden.

Bis zum Beginn des Winters müssen diese Banden im wesentlichen ausgerottet und damit der Osten hinter der Front befriedet werden, um entscheidende Nachteile für die Kampfführung der Wehrmacht im Winter zu vermeiden.

Hierzu ist erforderlich:

1.) Schnelle durchgreifende aktive Bekämpfung der Banden unter Zusammenfassung aller hierzu freizumachenden und geeigneten Kräfte der Wehrmachtteile, der SS und der Polizei.

2.) Zusammenfassung aller propagandistischen, wirtschaftlichen und politischen Maßnahmen auf die Notwendigkeiten der Bandenbekämpfung.

II.) Folgende *allgemeine Richtlinien* sind von allen beteiligten Stellen bei ihren militärischen, polizeilichen und wirtschaftlichen Maßnahmen zu berücksichtigen:

1.) Die Bandenbekämpfung ist, wie die Führung gegen den Feind an der Front, eine *Führungsangelegenheit*. Sie ist durch die hierfür vorgesehenen Führungsstäbe zu organisieren und zu führen.

2.) Die Vernichtung des Bandentums erfordert *aktive Bekämpfung* und *härteste Maßnahmen* gegen alle, die sich an der Bandenbildung beteiligen oder sich der Unterstützung der Banden schuldig machen. Kampfanweisung für die Durchführung der Bandenbekämpfung folgt.

3.) Das notwendige Vertrauen in die deutsche Führung muß durch strenge, aber *gerechte Behandlung der Bevölkerung* errungen werden.

4.) Voraussetzung für die Vernichtung der Banden ist die *Sicherstellung des Existenzminimums der Bevölkerung*. Gelingt dies nicht und ist insbesondere die gerechte Verteilung des Vorhandenen nicht gewährleistet, wird ein vermehrter Zuzug zu den Banden die Folge sein.

5.) Die *Mitarbeit der Bevölkerung* bei der Bandenbekämpfung ist unentbehrlich. Die Belohnung verdienter Leute darf nicht kleinlich gehandhabt werden. Sie soll wirklich einen Anreiz bieten. Um so härter müssen demgegenüber Sühnemaßnahmen für jede Begünstigung der Banden sein.

6.) *Der unangebrachten Vertrauensseligkeit gegenüber den Landeseinwohnern,* besonders gegenüber solchen Landeseinwohnern, die bei deutschen Dienststellen angestellt sind, ist schärfstens entgegenzutreten. Wenn auch die Masse der Bevölkerung bandenfeindlich eingestellt ist, so muß doch überall mit Spitzeln gerechnet werden, deren Aufgabe es ist, die Banden rechtzeitig über alle gegen sie beabsichtigten Maßnahmen zu unterrichten.

B) Befehlsführung und Verantwortlichkeit

1.) Reichsführer SS und Chef der deutschen Polizei

Der Reichsführer SS und Chef der deutschen Polizei ist die zentrale Stelle für die Sammlung und Auswertung aller Erfahrungen auf dem Gebiete der Bandenbekämpfung.

Darüber hinaus ist der Reichsführer SS allein verantwortlich für die Bandenbekämpfung in den *Reichskommissariaten*. Die Wehrmachtbefehlshaber haben ihn bei der Durchführung der sich hieraus ergebenden Aufgaben durch Abstimmung ihrer Maßnahmen sowie gegebenenfalls durch Abstellung von Führungsorganen, Führungsmitteln und Versorgungseinrichtungen zu unterstützen. Soweit es die militärischen Sicherungsaufgaben, die örtlich mög-

1944. Französische Résistance-Angehörige im Kampf

Italienische Partisanenfrauen in Mailand (1945)

Gefangene Partisanen auf der Insel Kreta

Russischer Partisanenposten in der Ukraine

Öffentliche Hinrichtung sowjetischer Partisanen

lichst aktiv zu lösen sind, irgend zulassen, sind den Höheren SS-und Polizeiführern für deren Unternehmungen im Bedarfsfall auch Kräfte der Wehrmacht vorübergehend zu unterstellen.

Enge Verbindung zwischen den Höheren SS- und Polizeiführern und den Wehrmachtbefehlshabern ist die Vorbedingung des Erfolges.

2.) *Heer:*

Der Chef des Generalstabes des Heeres ist im *Operationsgebiet* allein für die Bandenbekämpfung verantwortlich. Zur Durchführung der hieraus entstehenden Aufgaben sind neben den vom Heer hierfür eingesetzten Kräften die im Operationsgebiet liegenden Polizeikräfte den entsprechenden Befehlshabern unterstellt. Diese haben die Führung der einzelnen Unternehmungen je nach Lage, Kräfteeinsatz und verfügbaren Dienstgraden den Kommandeuren des Heeres oder den Höheren SS- und Polizeiführern zu übertragen.

C) *Kräfte*

1.) *Kräfte des Reichsführers SS*

Die verfügbaren und für die Bandenbekämpfung vorgesehenen Polizei- und SS-Verbände sind in erster Linie zur *aktiven* Bekämpfung bestimmt. Ihr Einsatz zu sonstigen Sicherungsaufgaben ist zu vermeiden. Eine Verstärkung der Polizei- und SS-Kräfte im Osten und weitgehende Verlegung sonstiger Einrichtungen des Reichsführers SS in die gefährdeten Gebiete ist anzustreben. Die noch an der Front eingesetzten, aber für die Bandenbekämpfung im Hinterland unentbehrlichen Verbände sind baldmöglichst durch das Heer herauszulösen und dem Reichsführer SS für ihr eigentliches Aufgabengebiet zur Verfügung zu stellen.

2.) *Kräfte des Heeres:*

Um eine verstärkte Belegung des großen, hinter den kämpfenden Fronten liegenden Ostraumes zu ermöglichen, befehle ich:

a) Mit dem Zeitpunkt des Übergangs des Generalgouvernements in das Heimatkriegsgebiet sind in das Generalgouvernement zwei Ersatzdivisionen zu verlegen.

b) In den Bereich des W.Bfh. Ostland und W.Bfh. Ukraine sind bis 15.10.1942 insgesamt fünf Ersatzdivisionen zu verlegen.

c) Aus dem Generalgouvernement sind bis 1.10.1942 alle Truppenteile, Einheiten, Dienststellen, Einrichtungen und Schulen des Feldheeres, soweit sie nicht unter Befehl des BdE treten, in die Reichskommissariate bzw. das Operationsgebiet zu verlegen. Erforderliche Ausnahmen unterliegen der Genehmigung durch den Chef des O.K.W.

d) In das Operationsgebiet im Osten ist bis Ende Oktober eine aus dem Ersatzheer zu bildende Feldersatz-Organisation in einer Stärke von 50 000 Mann im Endziel zu verlegen.

e) Erforderliche Durchführungsbestimmungen zu a) – d) erläßt der Chef des O.K.W.

3.) *Kräfte der Luftwaffe*

Oberbefehlshaber der Luftwaffe veranlaßt zur Verstärkung der Besatzungskräfte im Osten die Verlegung von Einrichtungen der Luftwaffe in die bandengefährdeten Gebiete.

4.) *Landeseigene Verbände*

Die in der Bandenbekämpfung besonders bewährten landeseigenen Verbände können, soweit unbedingt zuverlässige und einsatzfreudige Mannschaften auf freiwilliger Grundlage zur Verfügung stehen, weiter aufrechterhalten und ausgebaut werden. Ihre Heranziehung zum Kampf an der Front und die Verwendung von Emigranten oder Führern der ehemaligen Intelligenz bleiben verboten.

Für diese Verbände sind vom Generalstab des Heeres, soweit bisher noch nicht geschehen, einheitliche Bestimmungen für innerdienstliche Verhältnisse, Dienstgrade, Uniformierung und Ausbildung in Anlehnung an die für die Turk-Verbände aufgestellten Richtlinien zu erlassen und durch Chef OKW zu genehmigen. Deutsche Rang- und Hoheitsabzeichen sowie Schulterstücke der Wehrmacht sind verboten. Die Versorgung der Angehörigen ist zu regeln. Die Höhe der Abfindung und Versorgung soll dem bewiesenen Einsatz entsprechen. Bevorzugte Landzuteilung ist im Rahmen der gegebenen Anweisungen und Möglichkeiten großzügig zu handhaben.

5.) *Sonstige Kräfte*

Die Bewaffnung des RAD, der Eisenbahner, Forstbeamten, Landwirtschaftsführer usw. ist, soweit noch erforderlich, zu verbessern. Sie sind in die Lage zu versetzen, sich mit möglichst *wirkungsvollen Waffen selber zu schützen.*

Es darf im bandengefährdeten Gebiet keinen Deutschen geben, der nicht aktiv oder passiv in die Bandenbekämpfung eingespannt ist.

(gez.) Adolf Hitler
F. d.R.
Jordan
Hauptmann

Gen.St. d. H./Op. Abt.	1. Ausf.
Gen. Qu.	2. Ausf.
Org.Abt.	3. Ausf.
Ausb. Abt.	4. Ausf.
General z.b. V.	5. Ausf.
Chef H Rüst und BdE	6. Ausf.
R. d. L. und Ob. d. L./Lw. Fü. Stab	7. Ausf.
Ob. d. L./Gen. Qu.	8. Ausf.
W.Bfh. Ukraine	9. Ausf.
W.Bfh. Ostland	10. Ausf.
MiG	11. Ausf.
Reichsführer SS und Chef der dt. Polizei, Kommandostab	12. Ausf.
Der Reichsmarschall des Großdeutschen Reiches und Beauftragte für den Vierjahresplan z. Hd. Ministerialrat Bergbohm, Berlin W 8, Leipziger Str. 3	13. Ausf.
Reichsminister für die bes. Ostgebiete, z. Hd. Herrn Gauleiter Meyer, Berlin W, Rauchstr. 17/18	14. Ausf.
OKW	
Heeresstab	15. Ausf.
W H	16. Ausf.
W R	17. Ausf.
A W A	18. Ausf.
A.Ausl/Abw	19. Ausf.
Wi Amt	20. Ausf.
Wehrmacht-Transportchef	21. Ausf.
W Pr	22. Ausf.
Chef WNV	23. Ausf.
W F St.	24. – 30. Ausf.

[Or. m. eigh. Unterschrift Jordans in OKM Weisungen OKW IV, 1 Bd. 3. 6 Seiten Masch.Schr.]

Oberkommando der Wehrmacht   F.H. Qu., den 23.6.1943
WFSt/Op Nr. 002739/43 gK.   32 Ausfertigungen
                                          25. Ausfertigung

Betr. Weisung Nr. 46

  Der Führer hat befohlen, daß ein weiterer Ausbau der landeseigenen Verbände unterbleibt. In der Weisung Nr. 46, Abschnitt C, Ziffer 4, Abs. 1, sind die Worte „und ausgebaut" zu streichen.

                     Der Chef des Oberkommandos der Wehrmacht
                     I. A.
                     (gez.) Warlimont

[Or. in OKM Weisungen OKW IV, 1. Bd. 3. 1 Seite.]

Der Führer   F.H. Qu., den 18.10.1942
Nr. 003830/42 g.Kdos. OKW/WFSt.

                                              12 Ausfertigungen
Geheime Kommandosache   12. Ausfertigung

1.) Schon seit längerer Zeit bedienen sich unsere Gegner in ihrer
Kriegführung Methoden, die außerhalb der internationalen Abmachungen von Genf stehen. Besonders brutal und hinterhältig benehmen sich die Angehörigen der sogenannten Kommandos, die
sich selbst, wie feststeht, teilweise sogar aus Kreisen von den
Feindländern freigelassenen kriminellen Verbrechern rekrutieren.
Aus erbeuteten Befehlen geht hervor, daß sie beauftragt sind, nicht
nur Gefangene zu fesseln, sondern auch wehrlose Gefangene kurzerhand zu töten im Moment, in dem sie glauben, daß diese bei der
weiteren Verfolgung ihrer Zwecke als Gefangene einen Ballast dar-
stellen oder sonst ein Hindernis sein könnten. Es sind endlich Befehle gefunden worden, in denen grundsätzlich die Tötung der Gefangenen verlangt worden ist.

2.) Aus diesem Anlaß wurde in einem Zusatz zum Wehrmachtbericht vom 7.10.1942 bereits angekündigt, daß in Zukunft
Deutschland gegenüber diesen Sabotagetrupps der Briten und ihren Helfershelfern zum gleichen Verfahren greifen wird, das heißt:
daß sie durch die deutschen Truppen, wo immer sie auch auftreten, rücksichtslos im Kampf niedergemacht werden.

3.) Ich befehle daher:

Von jetzt ab sind alle bei sogenannten Kommandounternehmun-
gen in Europa oder in Afrika von deutschen Truppen gestellten
Gegner, auch wenn es sich äußerlich um Soldaten in Uniform oder
Zerstörertrupps mit und ohne Waffen handelt, im Kampf oder auf
der Flucht bis auf den letzten Mann niederzumachen. Es ist dabei
ganz gleich, ob sie zu ihren Aktionen durch Schiffe und Flugzeuge
angelandet werden oder mittels Fallschirmen abspringen. Selbst
wenn diese Subjekte bei ihrer Auffindung scheinbar Anstalten
machen sollten, sich gefangen zu geben, ist ihnen grundsätzlich jeder Pardon zu verweigern. Hierüber ist in jedem Einzelfall zur Be-
kanntgabe im Wehrmachtbericht eine eingehende Meldung an das
O.K.W. zu erstatten.

4.) Gelangen einzelne Angehörige derartiger Kommandos als
Agenten, Saboteure usw. auf einem anderen Weg – z.B. durch die
Polizei in den von uns besetzten Ländern – der Wehrmacht in die
Hände, so sind sie unverzüglich dem SD zu übergehen.

Jede Verwahrung unter militärischer Obhut, z.B. in Kriegsge-
fangenenlagern usw. ist, wenn auch nur für vorübergehend gedacht, strengstens verboten.

5.) Diese Anordnung gilt nicht für die Behandlung derjenigen feindlichen Soldaten, die im Rahmen normaler Kampfhandlungen (Großangriffe, Großlandungsoperationen und Großluftlandeunternehmen) im offenen Kampf gefangengenommen werden oder sich ergeben. Ebensowenig gilt diese Anordnung gegenüber den nach Kämpfen auf See in unsere Hand gefallenen oder nach Kämpfen in der Luft durch Fallschirmabsprung ihr Leben zu retten versuchenden feindlichen Soldaten.

6.) Ich werde für die Nichtdurchführung dieses Befehls alle Kommandeure und Offiziere kriegsgerichtlich verantwortlich machen, die entweder ihre Pflicht der Belehrung der Truppe über diesen Befehl versäumt haben oder die in der Durchführung entgegen diesem Befehl handeln.

gez. Unterschrift

Verteiler:

O.K.H./Genst. d. H.	1. Ausf.
O.K.M./Skl.	2. Ausf.
Ob.d.L./Lw.Fü.St.	3. Ausf.
W.B. Norwegen	4. Ausf.
W.B.Südost	5. Ausf.
Ob.West	6. Ausf.
Geb. A.O.K. 20	7. Ausf.
Ob.Süd	8. Ausf.
Pz.Armee Afrika	9. Ausf.
Rf. SS u. Chef d. Dtsch. Polizei	10. Ausf.
OKW/WFSt	11. – 12. Ausf.

[For. Doc. Section London PPG 31755 p. 50.]

[46 b]

Der Führer und Oberste Befehlshaber 18.10.1942
der Wehrmacht
Geheime Kommandosache
Chefsache!
Nur durch Ofizier!

Ich habe mich gezwungen gesehen, einen scharfen Befehl zur Vernichtung feindlicher Sabotagetrupps zu erlassen und seine Nichtbefolgung unter schwere Strafe zu stellen. Ich halte es für nötig, den zuständigen Befehlshabern und Kommandeuren die Gründe für die Anordnung bekanntzugeben.

Wie noch in keinem Kriege vorher entwickelte sich in diesem eine Methode der Störung rückwärtiger Verbindungen, der Einschüchterung der für Deutschland arbeitenden Bevölkerungskreise sowie der Vernichtung kriegswichtiger Industrie-Anlagen in den von uns besetzten Gebieten.

Im Osten hat diese Kampfesart als Partisanenkrieg schon vom letzten Winter an zu sehr schweren Beeinträchtigungen unserer Kampfkraft geführt, zahlreichen deutschen Soldaten, Eisenbahnern, Arbeitern der O.T., des Arbeitsdienstes usw. das Leben gekostet, die Transportleistungen für die Erhaltung der Kampfkraft der Truppe auf das äußerste beeinträchtigt, ja sogar oft tagelang unterbrochen. Bei einer erfolgreichen Fortsetzung oder gar Intensivierung dieser Kriegführung kann unter Umständen an der einen oder anderen Stelle der Front eine sehr schwere Krise eintreten. Viele Maßnahmen gegen diese ebenso grausame wie hinterhältige Sabotage-Arbeit scheitern einfach daran, daß der deutsche Offizier und seine Soldaten ahnungslos der Größe der Gefahr gegenüberstehen und im einzelnen deshalb nicht so gegen diese feindlichen Gruppen eingreifen, wie es nötig wäre, um der vordersten Front und damit der gesamten Kriegführung zu helfen.

Es war deshalb im Osten zum Teil notwendig, eigene Verbände aufzustellen, die dieser Gefahr Herr wurden oder besonderen SS-Formationen diese Aufgabe zu überweisen. Nur da, wo der Kampf gegen das Partisanen-Unwesen mit rücksichtsloser Brutalität begonnen und durchgeführt wurde, sind die Erfolge nicht ausgeblieben, die dann der kämpfenden Front vorne ihre Lage erleichterten.

Im gesamten Ostgebiet ist daher der Krieg gegen die Partisanen ein Kampf der restlosen Ausrottung des einen oder anderen Teiles.

Sowie diese Erkenntnis Gemeingut einer Truppe geworden ist, wird sie regelmäßig mit diesen Erscheinungen in kurzer Zeit fertig, im anderen Falle ist ihrem Einsatz kein durchschlagender Erfolg beschieden. Er wird damit zwecklos.

Wenn auch unter anderen Bezeichnungen, haben England und Amerika sich zu einer gleichen Kriegführung entschlossen. Wenn der Russe auf dem Landwege versucht, Partisanentrupps hinter unsere Front zu bringen und nur ausnahmsweise den Lufttransport zum Absetzen von Mannschaften und für den Abwurf von Verpflegung verwendet, dann wird in England und Amerika diese Kriegführung in erster Linie durch das Anlandsetzen von Sabotagetrupps von U-Booten aus, oder mittels Schlauchbooten oder durch Fallschirm-Agenten geführt. Im Wesen aber unterscheidet sich diese Kriegführung in nichts von der russischen Partisanen-Tätigkeit.

Denn die Aufgabe dieser Truppe ist es:

1. einen allgemeinen Spionagedienst unter Zuhilfenahme williger Einwohner aufzuziehen,

2. Terroristen-Gruppen aufzubauen und sie mit den nötigen Waffen und Sprengstoffen zu versehen,

3. solche Sabotage-Aktionen zu unternehmen, die geeignet sind, entweder durch Zerstörung von Verkehrseinrichtungen nicht nur laufend unsere Verbindungen zu stören, sondern im Ernstfall Truppenbewegungen überhaupt unmöglich zu machen und die Nachrichtenmittel auszuschalten.

Endlich sollen durch diese Trupps aber Anschläge gegen kriegswichtige Unternehmen verübt werden, indem man nach einem wissenschaftlich erforschten Programm Schlüsselwerke durch Sprengungen vernichtet, um dadurch ganze Industrien praktisch lahmzulegen.

Die Folgen dieser Tätigkeit sind außerordentlich schwer. Ich weiß nicht, ob sich jeder Kommandeur und Offizier dessen bewußt ist, daß die Zerstörung eines einzigen Elektrizitätswerkes z.B. die Luftwaffe um viele tausend Tonnen Aluminium bringen kann und daß damit der Bau zahlreicher Flugzeuge ausfällt, die der Front in ihrem Kampfe fehlen und somit zu schwersten Schädigungen der Heimat und zu blutigen Verlusten der kämpfenden Soldaten führen.

Dabei ist diese Art von Krieg für den Gegner gänzlich gefahrlos. Denn indem er seine Sabotagetrupps in Uniform absetzt und andererseits aber auch Zivilkleidung mitgibt, können sie je nach Bedarf als Soldaten oder als Zivilisten in Erscheinung treten. Während sie selbst den Auftrag besitzen, ihnen hinderliche deutsche Soldaten oder sogar Landeseinwohner rücksichtslos zu beseitigen, laufen sie keinerlei Gefahr, bei ihrem Treiben wirklich ernsthafte Verluste zu erleiden, da sie ja schlimmstenfalls gestellt, sich augenblicklich ergeben und damit theoretisch unter die Bestimmungen der Genfer Konvention zu fallen glauben. Es gibt keinen Zweifel, daß dies aber einen Mißbrauch der Genfer Abmachungen schlimmster Art darstellt, um so mehr, als es sich bei diesen Elementen zum einem Teil sogar um Verbrecher handelt, die, aus Gefängnissen befreit, durch solche Aktionen ihre Rehabilitierung erreichen können.

England und Amerika werden für diese Kampfführung deshalb auch immer wieder so lange Freiwillige finden, als diesen mit Recht gesagt werden kann, daß irgendeine Lebensgefahr für sie nicht besteht. Im schlimmsten Falle brauchen sie nur ihre Attentate gegen Menschen, Verkehrseinrichtungen oder Sachanlagen glücklich zu vollbringen, um sich dann, vom Feinde gestellt, einfach zu ergeben.

Wenn nun die deutsche Kriegführung nicht durch ein solches Verfahren schwersten Schaden leiden soll, dann muß dem Gegner klargemacht werden, daß jeder Sabotagetrupp ausnahmslos bis zum letzten Mann niedergebrannt wird. Das heißt, daß die Aussicht, hier mit dem Leben davonzukommen, gleich Null ist. Es kann also unter keinen Umständen gestattet werden, daß ein

Spreng-, Sabotage- oder Terroristentrupp sich einfach stellt und gefangengenommen wird, um nach den Regeln der Genfer Konvention behandelt zu werden, sondern er ist unter allen Umständen restlos auszurotten.

Die Meldung, die darüber im Wehrmachtsbericht erscheinen soll, wird ganz kurz und lakonisch lauten, daß ein Sabotage-, Terror- oder Zerstörungstrupp gestellt und bis zum letzten Mann niedergemacht wurde.

Ich erwarte deshalb, daß sowohl die Befehlshaber der ihnen unterstellten Armeen als auch die einzelnen Kommandeure nicht nur die Notwendigkeit eines solchen Handelns begreifen, sondern daß sie sich mit aller Energie für die Durchführung dieses Befehls einsetzen. Offiziere oder Unteroffiziere, die aus irgendeiner Schwäche versagen, sind unnachsichtlich zu melden oder unter Umständen – wenn Gefahr im Verzug ist – selbst sofort zur schärfsten Verantwortung zu ziehen. Sowohl die Heimat als auch der kämpfende Soldat an der Front haben ein Recht darauf, zu erwarten, daß hinter ihrem Rücken die Basis der Ernährung sowie die Versorgung mit kriegswichtigen Waffen und Munition sichergestellt bleibt.

Dies sind die Gründe für den von mir erlassenen Befehl.

Sollte sich die Zweckmäßigkeit ergeben, aus Vernehmungsgründen einen oder zwei Mann zunächst noch auszusparen, so sind diese nach ihrer Vernehmung sofort zu erschießen.

[For. Doc. Section London PG 31755 p. 51.]

REGISTER

Namenregister

Maček, Vladimir, kroat. Bauernführer 17

Mach, slowak. Politiker 135

Machotka, Otokar, tschech. Widerständler 148

Magli, it. General 168

Magsaysay, phil. Präsident 174

Maiskij, Iwan, sowj. Botschaf ter 32, 46

Maitland Wilson, Henry, engl. General 36, 110

Malinowski, Rodion J., sowj. Marschall 132, 147, 149

Mandel, frz. Politiker 45

Mangin, Louis, frz. Widerständler 48

Mannerheim, Carl Gustav Frhr. von, finn. Marschall 72

Manstein, Erich von, Generalfeldmarschall 89

Mansura, Hamdi, tschetschen. Freiheitskämpfer 96

Manuel, frz. Widerständler 50

Mao Tse-tung, chin. Politiker 18, 57, 58, 174, 177

Marchand, Louis, frz. Widerständler 164

Marchesi, Theótime, frz. Widerständler 164

Marinow, Grigorij, sowj. Partisanenführer 44

Martin, Henry, frz. General 168

Marx, Karl, Philosoph 18, 24, 57

Mascherow, P.M., sowj. Partisanenführer 22, 81

Massus, frz. General 177

Masurow, Kirill T., sowj. Partisanenführer 22, 82

Mayer, Daniel, frz. Widerständler 50

McLean, Fitzroy, engl. Brigardier 11, 36, 107, 172

Medwedew, D.N., sowj. Par tisanenführer 102

Melinjow, sowj. General 96

Melnik, Je.M., sowj. Partisanenführer 16, 81, 92

Melnikow, ukr. Nationalist 86

Merezkow, Kyrill, sowj. General 76

Méstovic, DA, Julka, jug Ärztin 61

Meyer-Hetring, Konrad, SS-Führer 15

Michael I., König von Rumänien 132

Michailow, sowj. Partisanenführer 72, 73

Mihailović, Draža, jug. General 29 – 32, 35, 36, 102 – 106, 108, 109, 112, 114

Ortsregister

Sachregister